当代中国管理科学优秀研究成果丛书

组织创造力及其情境影响要素研究
——组织文化视角

顾琴轩　俞明传　许彦妮／著

本书研究成果得到
国家科学基金重点项目（71032003）的支持

科学出版社
北京

内 容 简 介

本书围绕组织创造力的情境影响因素，以组织文化视角，讨论企业战略导向、组织结构、最高管理者（首席执行官）完美主义特征对组织创造力的作用机理。本书内容包括三篇，共七章。第一篇是理论述评，包括组织创造力概念及理论述评、组织文化及对组织创造力和创新影响理论述评两章；第二篇是构念探究，包括基于成分理论的组织创造力建构与测量、基于竞争价值观框架的组织二元文化建构与测量两章；第三篇是作用验证，包括组织战略和二元文化对组织创造力的作用检验、组织结构和二元文化对组织创造力的作用检验、CEO完美主义和学习文化对组织创造力的作用检验三章。

本书适合企业管理者特别是关注创新的企业管理者、MBA 和 EMBA 学员、工商管理专业学生及创新管理研究人员参考阅读。

图书在版编目（CIP）数据

组织创造力及其情境影响要素研究：组织文化视角/顾琴轩，俞明传，许彦妮著. —北京：科学出版社，2020.8

（当代中国管理科学优秀研究成果丛书）

ISBN 978-7-03-061645-6

Ⅰ. ①组… Ⅱ. ①顾… ②俞… ③许… Ⅲ. ①组织管理学-研究 Ⅳ. ①C936

中国版本图书馆 CIP 数据核字（2019）第 116976 号

责任编辑：杭 玫 / 责任校对：贾娜娜

责任印制：张 伟 / 封面设计：蓝正设计

科 学 出 版 社 出版

北京东黄城根北街 16 号

邮政编码：100717

http://www.sciencep.com

北京虎彩文化传播有限公司印刷

科学出版社发行 各地新华书店经销

*

2020 年 8 月第 一 版 开本：720×1000 B5

2020 年11月第二次印刷 印张：14 3/4

字数：290 000

定价：150.00 元

（如有印装质量问题，我社负责调换）

当代中国管理科学优秀研究成果丛书编委会

总　　序

管理科学是促进经济发展与社会进步的重要因素之一，作为一门独立的学科，它主要在 20 世纪发展起来。在 20 世纪的前半叶，从泰勒式的管理科学发展到以运筹学为代表的着重于数据分析的管理科学；而在 20 世纪下半叶，管理科学与信息技术和行为科学共同演化，从一棵孤立的管理科学大树发展成为管理科学丛林。

现代管理科学在中国得到迅速发展得益于改革开放后管理实践的强烈需求。从 20 世纪 80 年代开始，管理科学与工程学科得到广泛关注并在管理实践中得到普及应用；随着市场经济"看不见的手"的作用逐渐增强，市场的不确定性增加，作为市场经济细胞的企业，想要更好地生存和发展就要掌握市场经济发展的规律，对工商管理学科的需求随之增加，从而推动了企业管理相关领域的研究。进入 21 世纪，公共管理与公共政策领域成为管理科学的后起之秀，而对它们的社会需求也越来越大。

"管理科学，兴国之道。"在转型期的中国，管理科学的研究成果对于国家富强、社会进步、经济繁荣等具有重要的推动作用。"当代中国管理科学优秀研究成果丛书"选录了国家自然科学基金委员会近几年资助的管理科学领域研究项目的优秀成果，本丛书的出版对于推动管理科学研究成果的宣传和普及、促进管理科学研究的学术交流具有积极的意义；对应用管理科学的最新研究成果服务于国家需求、促进管理科学的发展也有积极的推动作用。

本丛书的作者分别是国家杰出青年科学基金的获得者和国家自然科学基金重点项目的主持人，他们了解学术研究的前沿和学科的发展方向，应该说其研究成果基本代表了该领域国内的最高水平。丛书所关注的金融资产定价、大宗期货与经济安全、公共管理与公共政策、企业家成长机制与环境、电子商务系统的管理技术及其应用等，是国内当前和今后一段时期需要着力解决的管理问题，也关系到国计民生的长远发展。

希望通过本丛书的出版，能够推出一批优秀的学者和优秀的研究成果。相信通过几代中国管理科学研究者的共同努力，未来的管理科学丛林中必有中国学者所培育的参天大树。

国家自然科学基金委员会
管理科学部

前　　言

随着全球科技革命的深入推进、国际竞争日益激烈，一国要获得持久的竞争力，不能仅依靠资源禀赋和要素成本的比较优势，还必须适应当今世界新技术革命崛起的潮流，获取新的竞争优势，而其根本和关键是实行创新驱动。实施创新驱动发展战略，企业是创新主体。企业必须不断创新才能使创新驱动发展战略真正落到实处。为此，如何提升企业组织创造力（organizational creativity）、促进企业创新是亟待研究的重要问题。

组织创造力是企业创新的前端和基础，是企业实现自主创新、持续创新的内在动力。具有创造力的企业才能引领行业的发展方向，保持自身的竞争优势。因此，组织创造力对企业持续创新和发展、保持竞争优势具有至关重要的作用。

在理论界，创造力研究越来越多地受到学者关注。已有研究较多聚焦在组织情境因素对个体创造力或团队创造力（team creativity）的影响，较少从组织层面研究组织创造力及其形成机制。虽然 Woodman 等（1993）通过理论分析建构了广受关注的组织创造力输入—转换—输出模型，但对模型中的影响因素如何影响组织创造力还缺乏实证研究。

当前，我国正处于经济深化转型、产业结构优化升级时期，市场环境动态而复杂。在日趋动态而复杂的竞争环境下，以持续创新求发展的企业既需要保持内部一致以满足当前竞争需求，又需要适应未来环境变化。满足这种二元需求是组织获得成功的重要保障。在资源有限的前提下，组织在不断学习和进取的同时，可能倾向于容纳二元文化来解决这个两难取舍的问题。为此，特定的组织文化对组织创造力提升具有重要作用。

同时，企业在制度建设中既要以关注和响应市场为战略目标，又要不断研发新的技术/产品和开拓市场，还要有效地将企业内部的创造性实践系统地规范整合起来。为此，企业战略导向和组织结构既对组织内部文化有重要影响，也对组织创造力具有重要影响。

领导是影响组织创造力形成的另一个关键因素。CEO（chief executive officer,

首席执行官）作为企业的最高领导者，无疑对组织创造力的形成起着关键作用。CEO 的个人特性在组织和员工不同层次传递，进而影响组织不同层面的产出。适应性完美主义的个体在追求高标准的同时会通过更多努力去探索和创造，以实现其所设定的目标，与适应不良的完美主义个体相比，其追求完美的动机是为了取得成功，而非避免失败。

因此，本书围绕组织创造力的情境影响因素，以组织文化视角，讨论战略导向、组织结构、CEO 完美主义特征对组织创造力的作用机理。

本书的研究内容包括三篇，共七章。第一篇是理论述评，包括组织创造力概念及理论述评、组织文化及对组织创造力和创新影响理论述评两章；第二篇是构念探究，包括基于成分理论的组织创造力建构与测量、基于竞争价值观框架的组织二元文化建构与测量两章；第三篇是作用验证，包括组织战略和二元文化对组织创造力的作用检验、组织结构和二元文化对组织创造力的作用检验、CEO 完美主义和学习文化对组织创造力的作用检验三章。本书采用理论研究和实证研究相结合的方式，采用文献研究法、深度访谈法、田野调查法、问卷调查法等多种方法展开研究。

本书成果具有重要的理论价值和管理实践意义。理论价值主要体现在三个方面。①推进组织创造力理论的发展。目前对组织创造力的研究大多聚焦于组织情境因素对个体或团队创造力的影响，较少从组织层面探讨组织创造力内涵结构及形成机制。本书对组织创造力内涵结构及测量进行研究，从理论和实证层面研究战略导向、组织结构、CEO 完美主义特征对组织创造力的内在作用机理及潜在权变影响。②深化组织文化研究，丰富组织二元性理论。随着组织二元性理论从结构二元向情境二元转变的发展，组织二元文化概念初受创新研究者的关注，但其内涵的界定及测量有待探索。本书结合组织二元性理论和组织竞争价值观框架，对其概念和内涵进行研究，并开发相应的测量工具。这有助于推进组织二元文化研究，并丰富组织二元性理论。③拓展组织制度理论和高阶理论研究。本书关注组织战略导向、组织结构对组织文化和组织创造力的作用。并关注 CEO 完美主义特征对组织文化和组织创造力的作用。将战略导向理论、组织结构权变理论与组织创造力理论相整合、将高阶理论与组织创造力理论相整合展开研究。

本书研究成果还具有重要的管理实践意义。我国正处于经济深化转型和产业结构优化升级的关键时期，组织创造力是企业创新的前端和基础，是企业寻求生存和提升竞争力的关键。对组织创造力的情境影响因素进行研究，有助于推进国家创新驱动发展战略落实到企业层面，发挥企业科技创新的主体作用，进而推动国家科技创新能力的整体发展。具体而言，主要体现在两方面：①明确和引导企业组织创造力培育过程中组织文化建设的新方向，通过对组织文化的研究，特别是通过对组织二元文化及影响组织创造力因素的研究，为企业组织二元文化建设提供可支撑和借鉴的政策建议；②为致力于提升组织创造力的企业在战略导向制定、组织结构变革、CEO 选拔任用及培养方面提供理论参考。本书对市场导向与创业导向交互作用的探讨，有利于厘清不同战略导向对组织创造力的协同作用；将组织结构正规化与集权化作为研究变量，探讨这两者如何影响组织创造力，并以组织结构的优化促进组织创造力；研究 CEO 适应性完美主义对组织学习文化和组织创造力的作用。

本书由顾琴轩教授、俞明传副教授、许彦妮博士撰写完成。本书研究工作得到由顾琴轩教授主持完成的国家自然科学基金重点项目“组织文化与组织创造力研究——基于组织的二元情境视角”的支持，提炼了该项国家自然科学基金重点项目部分重要的研究成果。该项国家自然科学基金重点项目在结题评估中被评为“优秀”。在此，衷心感谢国家自然科学基金委员会给予的研究资助。

本书在组织创造力构念开发和测量、组织二元文化构念和测量、组织创造力的情境影响因素的作用检验研究中，采用深度访谈法和田野调查法、问卷调查法等多种方法。在此，向为本书研究成果提供大力支持的相关企业和人员表示衷心感谢。

最后，在本书完稿之际，还要衷心感谢科学出版社策划编辑魏如萍女士，衷心感谢科学出版社的支持和魏如萍编辑在本书编辑过程中付出的辛勤劳动。

顾琴轩

2019 年 5 月 16 日

目　　录

第一篇　理论述评

第二篇　构念探究

第三篇 作用验证

第一篇　理 论 述 评

第一章 组织创造力概念及理论述评

第一节 组织创造力研究起脉与态势

一、组织创造力研究起脉

组织创造力是组织行为学中新兴的研究领域，起源于对创造力的研究。追溯其研究起脉，最初可在心理学领域关于创造力的研究中找到其理论根基（Moulang，2015）。组织创造力研究领域的形成以早期心理学研究中对创造现象的探讨为基石。早在 19 世纪，研究者通过研究名人传记观察那些从事创造性工作的人们的生平和性格来分析是否存在影响创造力的特定的人格特征和智力类型（Cox，1926；Galton，1870）。1950 年，美国心理学家 Guilford 发表了有关创造力的演说，自此拉开了科学研究创造力的序幕。在 20 世纪五六十年代，美国心理学研究领域对创造活动有较多关注。一些心理学家开始对创造现象进行理论探索，创造力研究逐渐成为独立的研究领域。随后，创造力研究取得了许多新进展，并拓展了许多新领域。

早期心理学领域的创造力研究大多是一般意义上的个体创造力，很少研究个体在工作中的创造力（Stein，2014），且普遍侧重探讨创造力的个体特征差异及创造力涉及的认知过程。侧重前者的研究试图确定与创造力相关的性格、智力等个体特质（Guilford，1959）。这类研究认为与创造力有关的特质包括自信、进取、相信直觉、内向、敏感、自我肯定及不随他人意见改变等（MacKinnon，1962，1975）。侧重后者的研究则关注创造性问题解决过程背后的认知过程。Osbom 在 1954 年设立创造教育基金会，提出促进创造力认知过程的“头脑风暴法”，并创办《创造行为杂志》，为创造力研究成果展示提供了重要平台。Parnes 和 Noller 等研究者于 1954 年创建了创造性问题解决研究中心，而后该中心更名为现在的国际创造力研究中心，对美国的创造力研究发挥了重要的引导作用。

20 世纪七八十年代，心理学的迅速发展推动了关于一般创造力的理论研究，涌现出关于创造力过程或模式的成分理论、系统理论和投资理论等多种理论。在 20 世纪 70 年代，研究者基于现象心理学和发生认知论等多种心理学理论，对创造过程展开现象学研究及创造力激发研究。20 世纪 80 年代，研究者运用系统思维方法和社会心理学互动视角研究创造力，基于系统思维方法把创造力作为一个系统来研究，这个系统包括社会网络、问题领域和活动范围。基于社会心理学互动视角的创造力研究则聚焦个体的体验、行为及与环境之间的交互作用。为此，一些研究者指出应该构建一些更综合的创造力模型，将激发创造力和创新的情境因素包含在内。

Amabile（1983）从社会心理学视角提出了创造力成分理论，主要由领域相关技能、创造力相关技能和工作动机三个关键部分组成。其中，她尤其强调动机的重要性，提出了创造力的内在动机假设，并通过研究学龄前儿童和小学生的语言及艺术学习的表现，证明了内在动机有利于创造力的提升，外在动机不利于创造力的提升。

Csikszentmihalyi（1988，1997）采用系统观提出创造力是个体、领域和场域三个子系统互动的过程。其中，领域是由文化定义的象征符号系统，可以保存创造性成果，并将其传播给其他人及后代；场域则是对创造性成果进行评估和筛选的社会氛围。在创造过程中，个体首先学习并内化某领域中的知识和技能，通过其自身的性格、动机和认知过程转化并扩展这些信息；个体所产生的创意使该领域的演进产生一种变异，这种变异需要由另一个重要子系统的选择历程，即主导该领域的场域的守门人机制来决定其是否能成为改变该领域的创造成就，并决定是否留存和传播。根据这种系统观点，创造力不仅是个体现象，还涉及个体所处环境中领域的可接近性与可获得性，以及场域的积极主动倾向、守门人机制、场域的开放性与联结性等，即个体以外的单元，如学校、组织、社群、社会和国家等的总体创造力都包含系统的构成成分，其总体创造力不仅包括个体创造力，还包括总体系统的知识密度、知识的可接近性与可获得性、文化倾向、守门与选择的机制与结构、开放与联结的社群结构等。

创造力投资理论将有创造力的人视为一个优秀的投资者，认为创造力的要素包括智力过程、知识、思考方式、性格、动机和环境因素六个方面（Sternberg and Lubart，1991）。创造性的想法通常一开始会被认为愚蠢的或错误的，并遭到排斥，因为它挑战多数人的思想或对人们的现有利益造成威胁。这些想法就像被低估的股票，想法的拥有者需要说服他人认同自己的想法是有价值的，进而提高这些想法在他人眼中的投资价值，最终将它们高价卖出，然后转换思考其他问题。

20 世纪 80 年代末至 20 世纪 90 年代，随着心理学领域对创造力理论的不断深入探索，组织行为学领域开始关注创造力研究。创造力研究从一般意义上的创造力研究转向工作场所或组织中的创造力研究，并成为组织行为学的一个新兴研究领域。

研究者侧重从组织情境视角考察组织中的创造力，构建组织中的创造力的理论模型。其中，两个重要的模型是 Amabile（1996）的创造力成分理论模型和 Woodman 等（1993）的创造力多层次理论模型。本书将对这两个理论模型展开进一步讨论。Amabile（1996）基于其以往研究成果提出的成分理论强调组织情境因素对创造力的促进和抑制作用，并和其他研究者基于此模型进一步研究设计出 KEYS（关键点）创造性工作环境量表（简称 KEYS 量表）。Woodman 等（1993）整合了一系列影响组织创造力的个体、团队和组织层面的因素，提出了创造力多层次模型，认为组织中的创造性绩效是一系列个体、团队和组织特征的函数，这些特征的交互作用影响创造力的产生。这两个重要理论模型均强调情境因素对组织创造力的影响。以这两大理论模型为基础，越来越多的研究者关注和研究创造力及组织创造力。

二、组织创造力研究态势

随着全球化商业竞争的日益加剧、信息技术和互联网的快速发展，越来越多的企业重视和提升自身创造力，通过持续创新获得竞争优势和可持续发展，这也促使越来越多的理论研究者关注和研究组织创造力及创新。同时，组织创造力和创新的理论研究及观点又能影响和推动企业创造力的提升与创新实践。我们通过对国内外关于创造力研究的文献检索与分析，发现创造力的研究呈不断上升趋势。

首先，我们分别以员工创造力（employee creativity）、团队创造力、组织创造力为关键词在中国知网数据库中进行主题相关研究检索。检索发现，国内关于三个不同层次创造力研究论文发表数量呈明显上升趋势（图 1-1～图 1-3）。同时，我们对这些研究的发表机构进行整理与归纳，发现上海交通大学、浙江大学、南京大学等是创造力研究的代表性机构，见图 1-4～图 1-6。

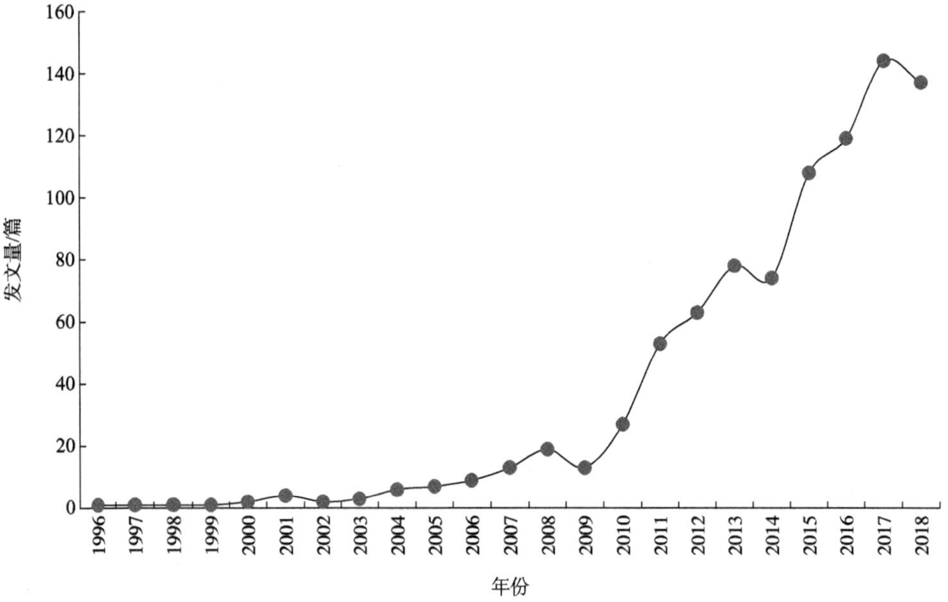

图 1-1 1996～2018 年国内员工创造力研究趋势（共 906 篇）

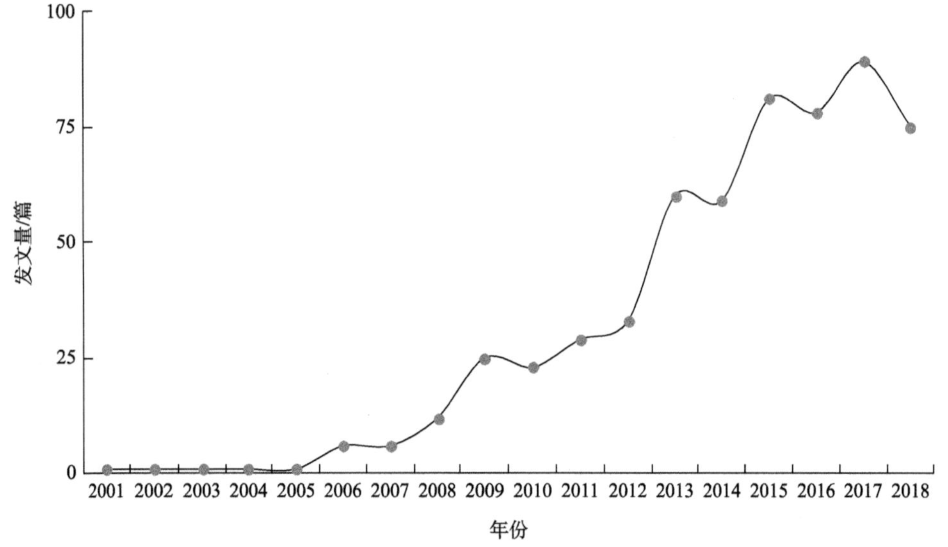

图 1-2 2001～2018 年国内团队创造力研究趋势（共 598 篇）

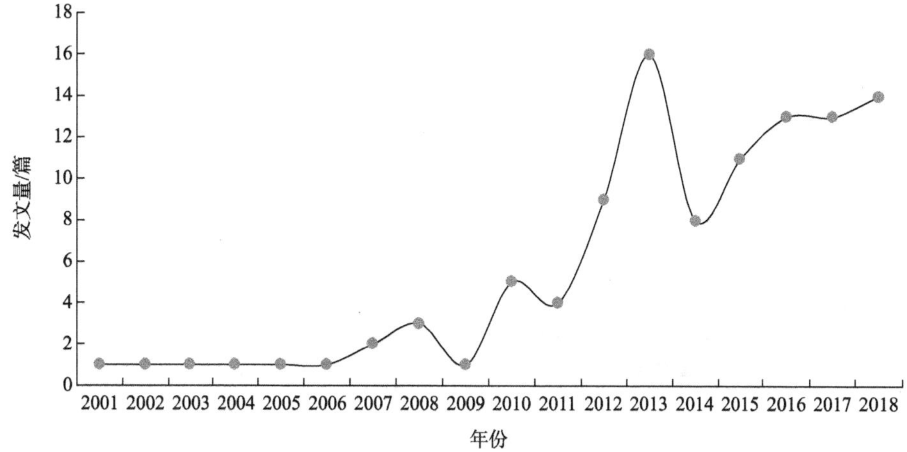

图 1-3　2001～2018 年国内组织创造力研究趋势（共 103 篇）

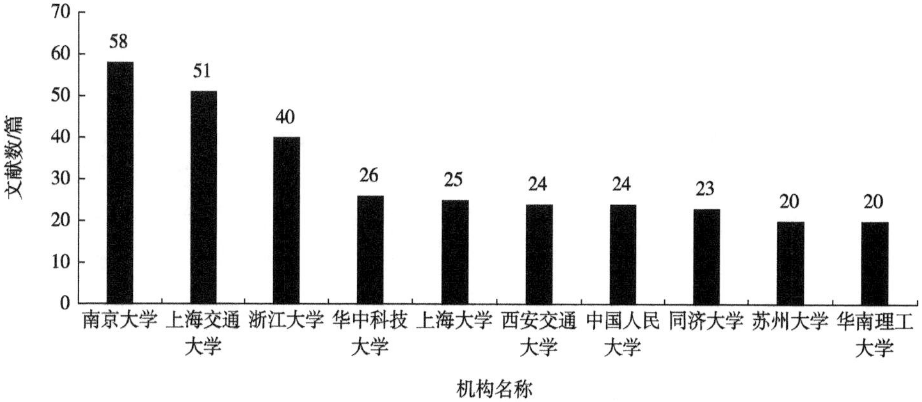

图 1-4　员工创造力研究机构分布（前 10）

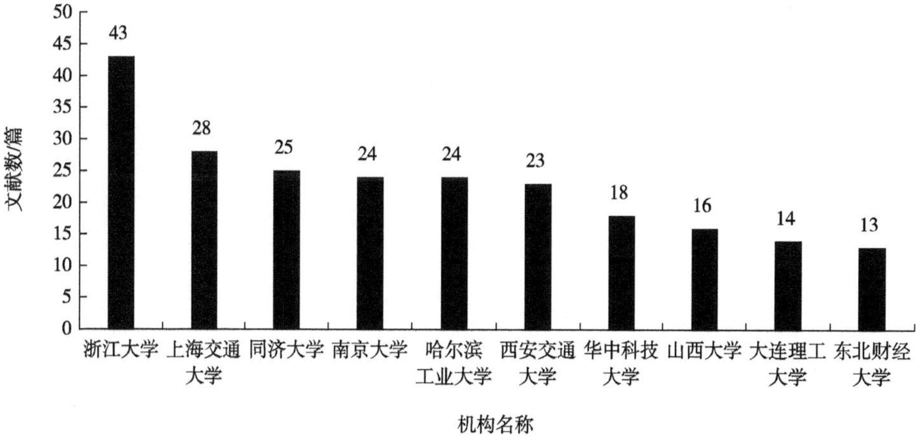

图 1-5　团队创造力研究机构分布（前 10）

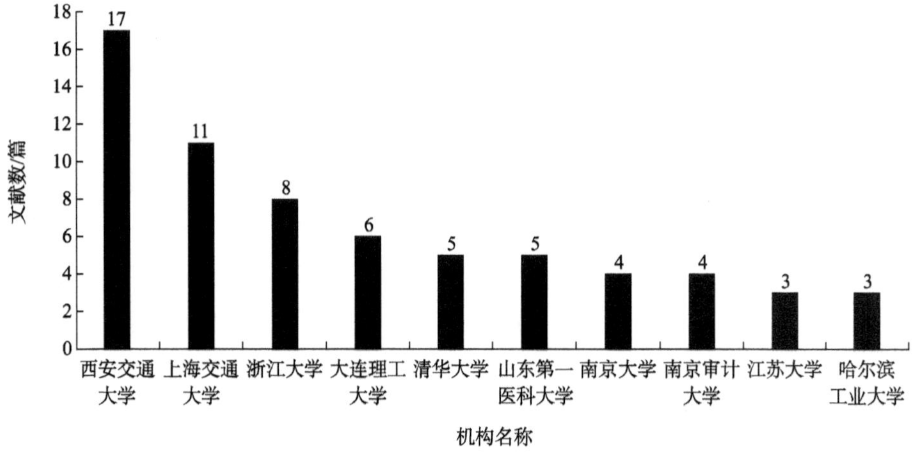

图 1-6　组织创造力研究机构分布（前 10）

此外，我们在 WOS（Web of Science，科学网）的社科领域数据库，分别以员工创造力、团队创造力和组织创造力为关键词进行主题相关文献检索。从每年发表数量上看，2000～2018 年以 employee creativity、team creativity、organizational creativity 为研究主题发表的论文数量总体呈上升趋势，如图 1-7～图 1-9 所示。通过文献检索，我们发现组织创造力的研究近年来受到国内外越来越多研究者的关注。

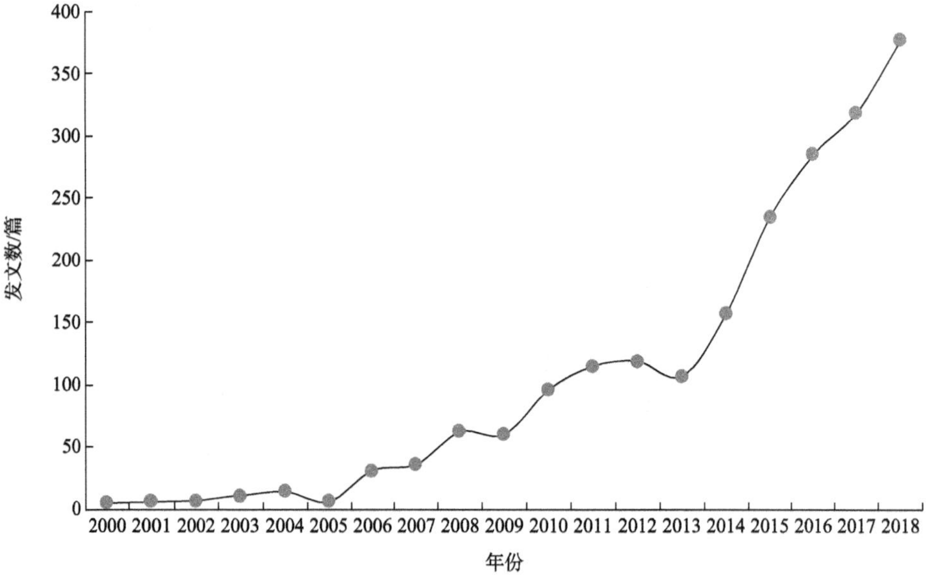

图 1-7　2000～2018 年国外员工创造力研究趋势（共 2047 篇）

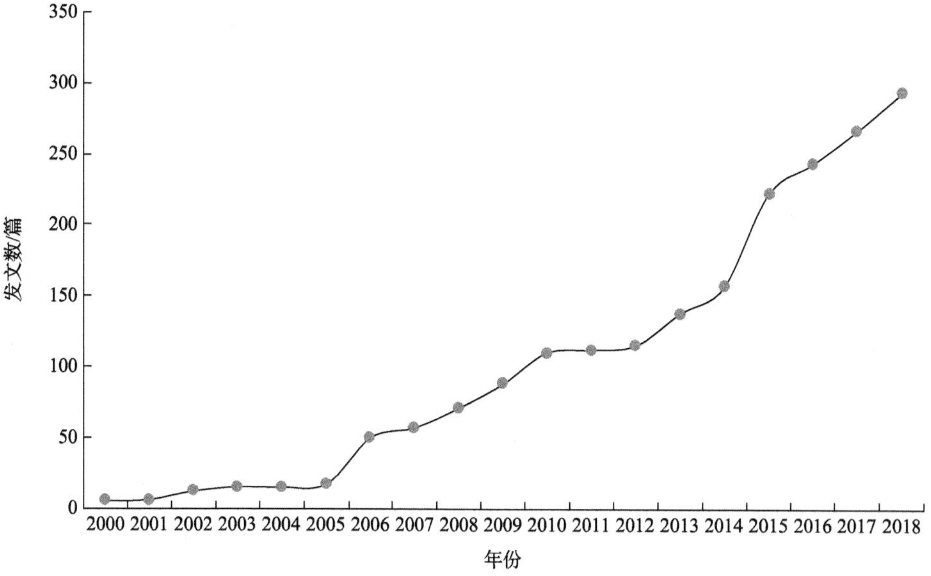

图 1-8　2000～2018 年国外团队创造力研究趋势（共 1996 篇）

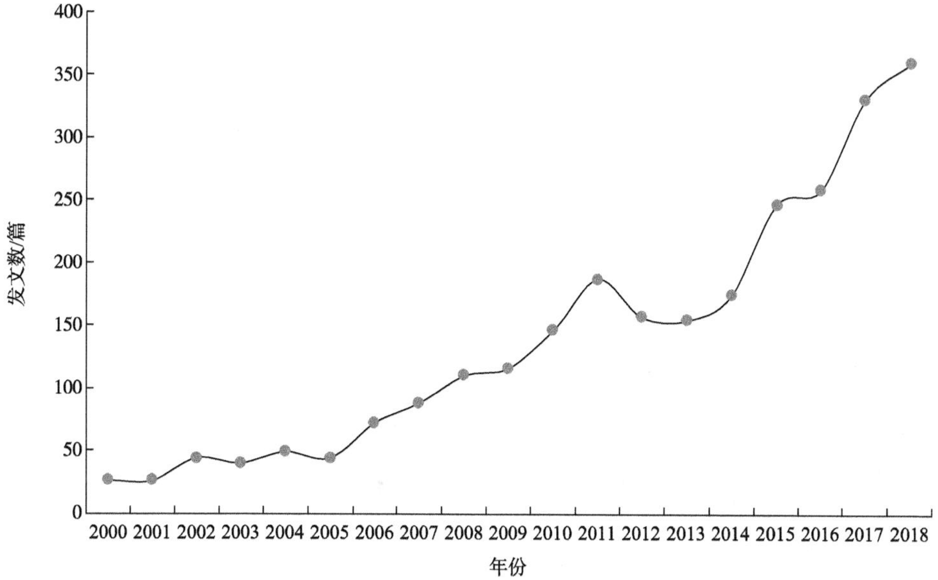

图 1-9　2000～2018 年国外组织创造力研究趋势（共 2630 篇）

第二节 组织创造力内涵

一、创造力概念

如在第一节所述，组织创造力研究源于创造力研究。在讨论组织创造力内涵之前，有必要回顾有关创造力内涵的研究。

创造力在人类生活中发挥着重要作用，任何新产品或新事物的产生都源于创造力，创造力可以说是推动人类社会进步的原动力。自 20 世纪 50 年代之后，研究者从不同角度对创造力概念进行了界定，其中最具代表的是从过程观、特质观和能力观三个视角对创造力概念进行界定。过程观认为员工创造力过程包含几个阶段：定义问题、收集信息、想法产生、想法的评价和修改（Majaro，1988）；特质观认为创造力的产生是人格特质所激发出来的新产物（Nicholls，1972）；而能力观则认为创造力是在人类活动中所产生的新的或适当的想法（Amabile et al.，1996；Amabile，1988），能力观同时强调人格特质、认知能力和环境对个体创造力的影响，主要研究者对个体创造力概念界定的整理如表 1-1 所示。Zhou 和 George（2001）延续了 Amabile（1988，1996）关于创造力的概念的定义，认为创造力是个体产生新的且有用想法的能力，这一定义被许多研究者所引用。

表 1-1 创造力概念界定

视角	定义	文献来源
过程观	创造性思考是一个联想的过程	Mednick（1962）
	创造性思考过程，包括对问题缺陷的察觉，进而发觉困难找寻答案，提出假设，而后求证或修正假设再求证，最后将结果报告传递给他人	Torrance（1966）
	创造力是一种帮助人们产生创意的思考过程，提供解决问题的新的不同观点与选择方案	Majaro（1988）
特质观	创造力是由个人的特质和动机因素所激发出的想象力，并将这些新的想法创造出独特的事物	Prabhu 等（2008）
	创造力可通过本身拥有的积极特性来使某些想法产生，亦即若是个体主动积极动脑筋来构想，是可产生创新事物的	Kim 等（2010）
能力观	创造力是在人类活动中所产生的新的或适当的想法	Amabile（1988）
	创造力是指产生新奇的产品、想法或流程	Mumford 和 Gustafson（1988）
	创造力是个体产生新的且有用的想法的能力	Zhou 和 George（2001）

创造力与创新是既不同又相关的两个概念（Anderson et al.，2014；Ghosh，2015；Sarooghi et al.，2015）。Amabile（1988）认为创造力与创新内涵不同，创造力是工作在一起的个体或群体产生并提出有用的新想法，而创新则是新想法的成功实施。创造力是创新的起点，创造力是创新发生的必要条件，但不是充分条件（Amabile et al.，1996）。因此，创新包括两个阶段：第一阶段是想法开发阶段——创造力的产生；第二阶段是想法实施阶段——工作中实施新想法以提升产品和服务水平及改进工作方法。Mumford（2012）也认为创造力与创新不同，创造力是创新的一种投入或者是创新过程的一部分。创造力需要个体能够自由提出解决问题的想法（Amabile，1988），创新需要一起努力才能使得新想法成功地实施（Dougherty and Hardy，1996）。Zhou 和 George（2001）在 Amabile（1988，1996）基础上提出创造力是指产生新的且有用的想法，而创新是将新的且有用的想法予以成功执行。因此，创造力是创新的起点，创新则是由新的构想衍生而来，并且建立在有形的基础上，是将创造力的想法附着在物体之中，使其成为全新的商品。相对于创造力，创新强调一个新想法获得成功实践的整体过程（Kanter，1988）。

二、组织创造力概念

随着创造力研究的不断深入，研究者开始在组织情境中理解创造力，并提出“组织创造力”的概念。与以往创造力研究视角相似，已有研究主要从过程观和能力观的角度界定组织创造力。基于创造力过程观的研究主张将组织创造力视为一种多层次现象（Ghosh，2015），而基于创造力的能力观的研究则主张将组织创造力视为组织的一个整体现象。

多层次的组织创造力观以 Woodman 等（1993）的研究为代表。Woodman 等（1993）认为组织创造力是在复杂社会系统中共同工作的个体创造有价值的和有用的新产品、服务、想法、步骤或流程的过程。基于过程观的组织创造力的界定，Woodman 等（1993）进一步提出了创造力多层次理论模型，将个体、团队、组织层面变量与创造性产出相联系，认为组织创造力是一个多层次构念，涉及个体、团队和组织层面的创造力之间的互动作用，它是一系列个体、团队和组织特征的函数，这些特征共同对组织创造力产生影响。根据 Woodman 等（1993）的研究，个体、团队、组织层面的特征及行为最终形成新产品、服务、流程等创造性产出，同时组织层面各种情境因素又影响个体、团队和组织的行为。

另一观点则认为组织创造力是组织的一种整体能力。Amabile（1983）认为创造力是有关产品、过程、流程等的新颖且有用的想法的产生。以此为基础，Amabile（1996）认为创造力并非只是个体现象，还包括组织社会情境这一重要成分，即创造力不仅是个体的人格、认知与经历的函数，更是组织社会情境的函数，个体或团队的创造力在组织社会情境下可以转化为组织创造力。类似地，Harrington（1990）考虑个体和情境间的互动，认为组织创造力的内涵包含四个方面的互动和整合，即组织创造力是创造性过程、创造性产品、富于创造力的个体和创造性环境整合及互动的结果。Lang 和 Lee（2010）、Choi 和 Lee（2003）研究认为，组织创造力是产生与创新性产品、服务、过程等有关想法的能力。陈德辉和王续琨（2012）认为组织创造力是指以组织为规模的整体创造力，组织创造力既取决于其成员能力和知识水平，以及能直接提供创新要素并整合其创造性工作的团队，能激发个体和团队进行创造性思考及行动的动力学机制，也取决于组织结构和特性，并受到组织外部环境影响。因此，组织创造力是被激发的组织成员的创意，在组织外部环境的影响下，通过组织中个人、团队和组织及其构成要素对其校正、整合和反馈，最终在产出新颖产品或服务的过程中表现出的整体创造力。刘新梅等（2013a，2013b）采用整体的系统视角，将组织创造力定义为在复杂的社会系统下，组织产生一系列新的有价值的想法，形成与新产品、新服务、新工艺、新过程、新方法等有关问题的解决方案的能力，它包括创造过程、创造环境、创造动机和创造产品四方面互动。基于这些文献回顾，我们对组织创造力的概念进行整理，如表 1-2 所示。

表 1-2 组织创造力概念界定

角度		概念	文献来源
多层次观	过程	组织创造力是在复杂社会系统中共同工作的个体创造有价值的和有用的新产品、服务、想法、步骤或流程的过程。这一过程涉及个体、团队和组织层面的创造力之间的互动作用	Woodman 等（1993）
整体观	能力	创造力并非只是个体现象，还包括组织社会情境这一重要成分。个体或团队的创造力在组织社会情境下可以转化为组织创造力	Amabile（1996）
	能力	组织创造力是创造性过程、创造性产品、富于创造力的个体和创造性环境整合及互动的结果	Harrington（1990）
	能力	组织创造力是产生与创新性产品、服务、过程等有关想法的能力	Lang 和 Lee（2010）；Choi 和 Lee（2003）
	能力	组织创造力是被激发的组织成员的创意，在组织外部环境的影响下，通过组织中个人、团队和组织及其构成要素对其校正、整合和反馈，最终在产出新颖产品或服务的过程中表现出的整体创造力	陈德辉和王续琨（2012）
	能力	在复杂的社会系统下，组织产生一系列新的有价值的想法，形成与新产品、新服务、新工艺、新过程、新方法等有关问题的解决方案的能力	刘新梅等（2013a，2013b）

三、组织创造力与组织创新和组织创新能力

为了进一步探究组织创造力的内涵与本质，有必要将组织创造力和与其相近的组织创新及组织创新能力的概念加以梳理和区分。创新是组织内创造性观点的成功实施（Amabile，1996），组织创新是组织内有价值和有用的新产品、新服务、新技术或者新式管理实践的产生（Woodman et al.，1993；Sadriev and Pratchenko，2014）。组织创新能力则是企业为了自身利益将知识和想法不断转化成新产品的能力，通常指企业整合组织中的关键能力和资源以成功促使创新产生的能力（Lawson and Samson，2001；顾琴轩，2012）。这两个与组织创造力相近的概念在内涵本质和涉及要素方面都与组织创造力存在区别，具体差异内容如表 1-3 所示。同时，三者也相互联系。组织创造力是组织创新的起点和基本要素，是组织创新能力的重要部分。组织创造力是组织创新的必要条件之一，即具有创造力的组织有可能实现组织创新，但只有当组织具备创新能力时才能实现创新。

表 1-3　组织创造力、组织创新、组织创新能力比较

术语	定义	涉及要素	文献来源
组织创造力	组织产生有关产品、流程等新颖的、有用的想法的过程或能力	个体、团队、组织及创造性产品、过程、情境	Harrington（1990）；Woodman 等（1993）；Lang 和 Lee（2010）
组织创新	组织内有价值和有用的新想法的实施及结果	服务/产品创新、产品工艺创新和市场创新；产品/流程创新、职位创新、模式创新；技术创新和管理创新	Woodman 等（1993）；Gumusluoglu 和 Ilsev（2009）；Sadriev 和 Pratchenko（2014）；Bessant 和 Tidd（2007）；Damanpour（1987）
组织创新能力	整合组织中的关键能力和资源以成功促使创新产生的能力	愿景与战略、基础能力应用、组织智力、创造力和创意管理、组织结构和体系、文化和气氛、技术管理	Lawson 和 Samson（2001）；Teece 等（1997）；顾琴轩（2012）

第三节　组织创造力理论基础

组织创造力研究最初侧重于评估工作场合中人的创造力，研究重点是组织对

人的创造能力的激发作用，后来研究者将创造主体从个体扩展为集体，逐渐开始对组织本身的创造问题进行研究，并在探讨组织创造力的概念框架的同时尝试构建相应理论模型。如前所述，Amabile（1983，1997）的创造力成分理论模型和Woodman等（1993）的创造力多层次理论模型是组织创造力研究的两大重要理论模型。

一、Amabile 的创造力成分理论

创造力成分理论为组织创造力的研究提供了理论基础。Amabile（1988）从产品导向对创造力进行界定，认为创造力有创造性反应或工作产出，强调产出或可观察的反应才是创造力的最终证明，即将新想法的产生视为一种产品。Amabile在1983年从社会心理学视角首次提出了创造力产生的三类来源的模型，即创造力成分理论，包括领域相关技能、创造力相关技能和工作动机。具体而言，领域相关技能包含任务相关领域的知识、技能；创造力相关技能包括适当的认知形态、启发式思维方式及有助于创造力产生的工作经验；工作动机包括工作的内在动机和外在动机，工作内在动机指源于内在兴趣和自我驱动的动机，工作外在动机指在外在约束或外在驱动下工作的动机。

随后，Amabile（1996）对创造力成分理论进行了修改，将创造力相关技能改成创造力相关过程（creativity-relevant processes），于是创造力三成分变为领域相关技能、创造力相关过程及工作动机。Amabile（1998）进而将领域相关技能改为专业知识（expertise），创造力相关过程改为创造性思考技能（creativity-thinking skills）。这是因为领域相关技能所包含的知识、技术和能力可以用专业知识进行概括；而创造力相关过程包含尝新求变的技能与解决问题的技能，亦即倾向于在看待问题时采用新的视角，产生新奇而有用的点子或创造力技巧，以及以不同的观点看待相同事物与解决问题，因此可以用创造性思考技能概括。最终的创造力成分理论包括专业知识、创造性思考技能、工作动机三个成分，三者的交集区越大个体创造力越高，个体创造力是专业知识、创造性思考技能与工作动机的综合表现（Amabile，1998），图1-10所示的是Amabile的创造力成分理论模型的变化过程。

Amabile（1997）在创造力成分理论模型中加入工作环境，将工作环境分成管理实践（management practices）、资源（resources）、组织创新动机（organizational motivation to innovation）三个维度，这三个维度的交集即组织创造力（图1-11）。

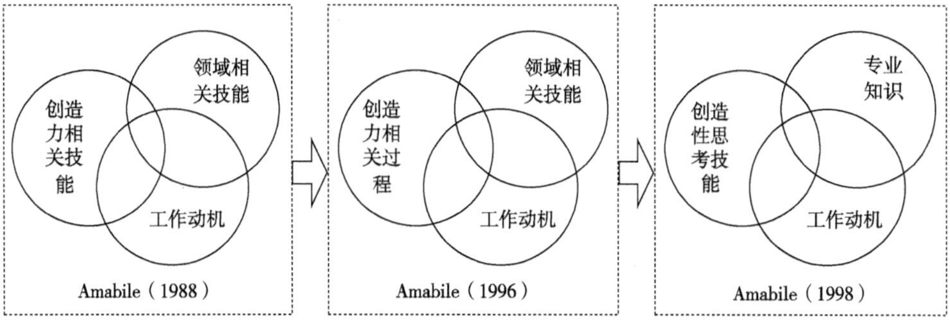

图 1-10　创造力成分理论的变化过程

资料来源：根据 Amabile（1988，1996，1998）的研究整理

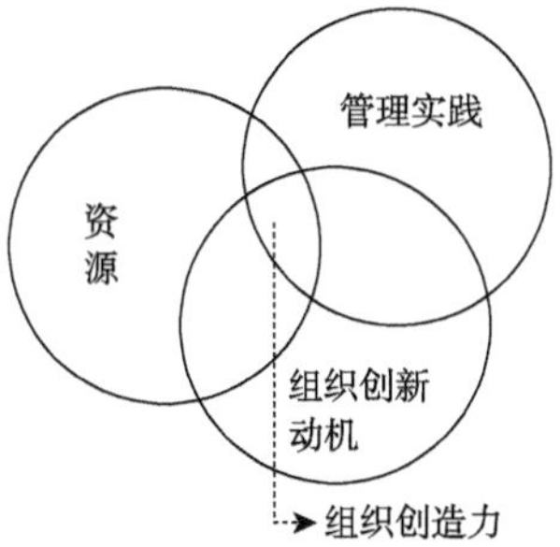

图 1-11　组织创造力成分

同时，Amabile 等（1996）设计了 KEYS 量表来测量影响组织内个体创造力情境因素及感知的组织整体性能力。KEYS 量表共包括十个维度，其中，组织支持、主管支持、团队支持、充足的资源、挑战性工作和工作自由度测量促进创造力的因素；组织障碍和工作压力测量抑制创造力的因素；另外创造力和生产力分别测量个体对组织的创造力和生产力水平的感知。

二、Woodman 等的创造力多层次理论模型

Woodman 等（1993）基于互动视角（interactionist perspective）提出了创造力多层次理论模型。该理论模型将个体、团队、组织层面变量与创造性绩效相联系，从互动视角构建了组织创造力的概念框架，如图 1-12 所示。该模型将组织创造力划分为个体、团队、组织三个层面。个体创造力是前因条件（如过去的强化经历和履历变量）、认知风格/能力（如思维发散性、观念流畅性）、个体特征（如自尊、控制轨迹、心理控制源）、相关知识、内在动机、社会影响（如社会促进和社会奖励）和情境影响因素（如客观环境、任务和时间限制）的函数；团队创造力是个

体创造力、团队竞争力、团队特征（如团队构成多样性、规范、凝聚力、规模）、团队过程（如问题解决过程）和情境影响因素（如组织规模、组织文化、组织资源、团队任务特征等）的函数；组织创造力是个体及团队层面创造力及组织情境影响因素（如组织战略、组织结构、组织文化、奖励系统、资源限制、系统外的大环境等）的函数。

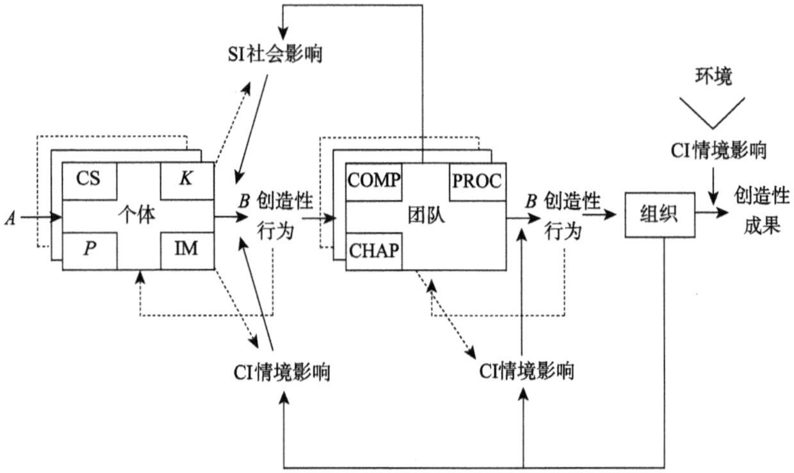

个体创造力	团队创造力	组织创造力
$C_{个体}=f(A,CS,P,K,IM,SI,CI)$	$C_{团队}=f(C_{个体},G_{COMP},G_{CHAP},G_{PROC},CI)$	$C_{组织}=f(C_{团队},CI)$
A=前因条件	K=相关知识	G_{COMP}=团队竞争力
B=创造性行为	IM=内在动机	G_{CHAP}=团队特征
CS=认知风格/能力	SI=社会影响	G_{PROC}=团队过程
P=个体特征	CI=情境影响	

图 1-12　创造力多层次理论模型

资料来源：Woodman 等（1993）

在图 1-12 的概念模型基础上，Woodman 等（1993）基于输入—转化—输出模型，提出联结创造性个体、过程、情境和产品关系的概念模型，如图 1-13 所示，输入为创造性的个体、团队和组织特征，转化为创造性行为和创造性情境，输出为组织创造力。该输入—转化—输出模型将创造性的个体、团队和组织作为投入品，认为它们经过创造性行为和创造性情境的转变可能得到创造性产出，由此为组织创造力的后续实证研究奠定了理论基础。

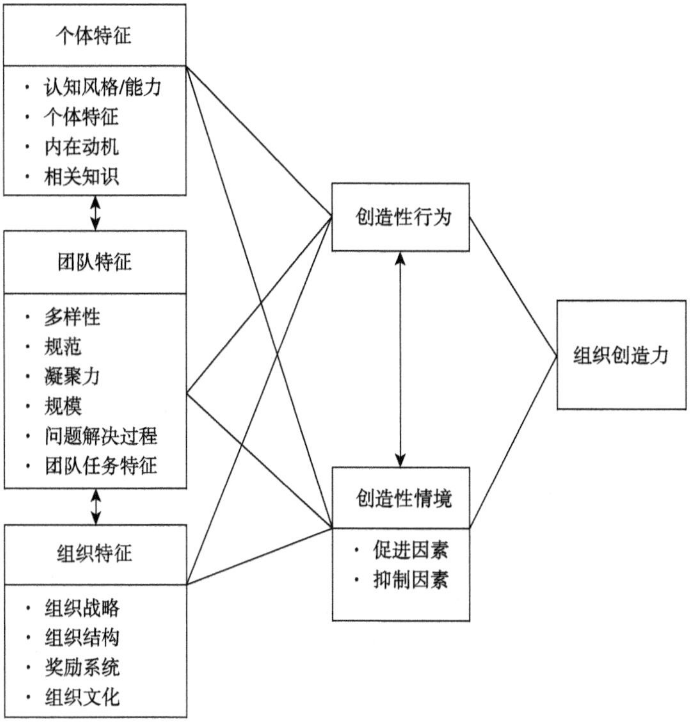

图 1-13　组织创造力输入—转化—输出模型

资料来源：Woodman 等（1993）

第四节　组织创造力影响因素

从对创造力研究态势分析中我们可看出，组织创造力研究虽然处于起步阶段，但呈上升趋势。基于 Woodman 等（1993）创造力多层次理论模型，我们认为，个体创造力是组织创造力的基本单元。一个组织具有创造力，其必要前提是组织中的个体具有创造力。个体组成团队，但个体具有创造力，团队未必具有创造力。个体创造力只是团队特征之一，团队创造力还取决于团队层面其他诸多因素，如团队特征、团队过程等。同理，如果个体和团队具有创造力，其组成的组织未必具有创造力。组织创造力不仅取决个体和团队创造力，还取决于组织层面影响因素。组织创造力包括个体创造力和团队创造力及影响个体和团队创造力的组织要素。

基于这样的思路，我们在讨论组织创造力之前，对个体创造力影响因素和团队创造力影响因素分别进行讨论。

一、个体创造力影响因素

我们讨论的个体创造力主要是工作场所的个体创造力，又称员工创造力或员工个体创造力（Sigala and Chalkiti，2015）。Amabile（1988，1996）、Woodman 等（1993）的理论模型为我们提供了解释促进或抑制员工创造力相关因素的研究思路。从现有文献研究来看，影响个体创造力的因素分为两大类：个体特征和情境影响因素。

（一）个体特征与员工创造力

在个体特征与员工创造力研究方面，研究者指出个体特征（如大五人格）、自我效能、内在动机、情绪、认知方式和能力及专业知识与员工创造力存在关系，相关整理见表 1-4。

表 1-4 个体特征与员工创造力

个体特征		主要文献来源	结论
大五人格	开放性	Raja 和 Johns（2010）；Feist（1998）	个体开放性与员工创造力存在稳定的正相关关系
	外向性	Furnham 和 Bachtiar（2008）（+）	外向性能有效促进员工创造力
	责任心	George 和 Zhou（2007）（−）	在特定的情境下会对员工创造力产生影响
	神经质	Kaufman（2001）（+）； Batey 等（2010）（−）； McCrae 和 Costa（1987）（0）	未得到一致结论，神经质对员工创造力的作用关系受到情境因素的影响
	宜人性	King 等（1996）（−）； Silvia 等（2008）（+）	宜人性对员工创造力的影响未得到一致验证
自我效能		Gong 等（2009）； Tierney 和 Farmer（2002）	自我效能与员工创造力正向相关
内在动机		Amabile 和 Gryskiewicz（1987）； Zhou（2003）；Dewett（2007）	内在动机与员工创造力正向相关
情绪	积极情绪	George 和 Zhou（2007）（+）； Yang 和 Hung（2015）（−）	情绪与员工创造力的关系并未有一致结论。导致这种不一致的原因是情绪对员工创造力的效应取决于个体所处情境
	消极情绪	George 和 Zhou（2007）（+）； Vosburg（1998）（−）； Yang 和 Hung（2015）（−）	

续表

个体特征	主要文献来源	结论
认知方式和能力	Amabile（1988）； Amabile 等（1996）	创造性思维、提出备选方案、发散思维或延缓判断的能力
	Vincent 等（2002）； Shalley 和 Gilson（2004）	发现、建构和组合问题，观点评估
专业知识	Amabile（1988）； Shalley 和 Gilson（2004）； 顾琴轩和王莉红（2009）	拥有知识的深度和广度 专业工作经验

注：+表示正向关系；-表示负向关系；0 表示未发现有显著相关关系

大五人格与员工创造力。已有研究者研究了大五人格对员工创造力的影响，研究发现开放性和外向性与员工创造力存在稳定的正相关关系，如 Raja 和 Johns（2010）、Feist（1998）研究发现开放性与员工创造力存在正相关关系，Furnham 和 Bachtiar（2008）的研究结果显示外向性能有效促进员工创造力。另外，有研究者发现责任心在特定情境下会对员工创造力产生影响，如在主管密切监控和同事不支持的环境下会抑制员工创造力。而另外两个特征（宜人性、神经质）对员工创造力的影响并未得到一致结论。McCrae 和 Costa（1987）的研究并未发现神经质与员工创造力之间存在相关关系，Kaufman（2001）研究发现神经质与员工创造力有正相关关系，而 Batey 等（2010）则研究发现神经质会抑制员工创造力。

造成这种不一致的结论的可能原因是研究的情境不同。在宜人性方面也有不一致的结论。King 等（1996）研究认为宜人性不利于员工创造力的提升，而 Silvia 等（2008）研究发现宜人性会促进员工创造力提升。Karwowski 等（2013）认为这两个研究对概念的界定不同，因此研究结论不一致。

自我效能与员工创造力。研究者认为自我效能对不同领域的员工的创造力都是很重要的核心特质（Barron and Harrington，1981；Gough，1979）。已有相关研究者通过实证检验证实这一观点，如 Tierney 和 Farmer（2002）认为创造性自我效能是员工创造力的重要前因变量，并实证检验这一关系，Gong 等（2009）的研究也为自我效能与员工创造力呈正相关关系提供了有效证据。

内在动机与员工创造力。员工创造力还需要一些内在的、持续的驱动力，使个人在面临挑战时仍能创造性地解决问题。在这方面，许多研究者聚焦于内在动机对创造力影响的研究（Amabile，1987，1988；Shalley，1991；Shalley and Oldham，1997）。例如，Amabile 和 Gryskiewicz（1987）研究发现研发人员的内在动机对创造力有至关重要的作用。Shin 和 Zhou（2003）、Dewett（2007）的研究也均发现内在动机能促进员工创造力的提升。内在动机对员工创造力的促进作用已得到研究者的一致认可。

情绪与员工创造力。情绪分为积极情绪和消极情绪，研究发现积极情绪和消极情绪均有可能促进或抑制员工创造力。George 和 Zhou（2007）研究发现积极情绪与员工创造力呈正相关关系，而消极情绪在支持创新的环境下也可促进员工创造力；Hirst 等（2009）研究发现消极情绪与员工创造力呈正向相关关系，而 Vosburg（1998）的研究则发现相反结论，消极情绪与员工创造力呈负向相关关系；Yang 和 Hung（2015）研究发现消极情绪与员工创造力呈负向相关关系。张燕等（2011）认为造成情绪与员工创造力关系结论不一致的原因是情绪对创造力的效应取决于个体所处情境。

专业知识和经验对个体创造力的产生具有积极作用（Amabile，1988；Shalley and Gilson，2004；顾琴轩和王莉红，2009）。专业知识反映个体的教育水平、培训、经验及在特定情境下的知识。教育为个体提供了掌握各种经验、观点和知识基础的机会，强化个体利用实验和发散式思维解决问题的能力，提高个体的认知水平，从而使他们可能采用更多种视角和更复杂的模型看待和解决问题。培训也能够引导员工，使他们将如何产生新颖想法作为本职工作之一。专业领域的工作经验对创造性的成功也是必要的，因为个体只有对该领域有足够的了解才能从事创造性工作。

（二）情境影响因素与员工创造力

研究者主要从人力资源管理实践、组织氛围、领导和同事、工作特征等方面，研究了这些情境影响因素与员工创造力之间的关系，如表 1-5 所示。

表 1-5　情境影响因素与员工创造力

<table>
<tr><th colspan="2">影响因素</th><th>主要文献来源</th><th>研究结论</th></tr>
<tr><td rowspan="2">人力资源管理实践</td><td>评价</td><td rowspan="2">Jiang 等（2012）</td><td rowspan="2">支持型与信息型评价促进员工创造力；支持创新的薪酬体系可促进员工创造力</td></tr>
<tr><td>薪酬</td></tr>
<tr><td colspan="2" rowspan="2">组织氛围</td><td>Amabile 等（1996）</td><td rowspan="2">理论指出支持创新的组织氛围促进员工创造力</td></tr>
<tr><td>Woodman 等（1993）</td></tr>
<tr><td colspan="2" rowspan="2">团队氛围</td><td>Zhu 等（2018）</td><td>团队合作氛围和竞争氛围促进员工创造力</td></tr>
<tr><td>Sung 等（2018）</td><td>团队创造氛围促进员工创造力</td></tr>
<tr><td rowspan="6">领导</td><td rowspan="4">变革型领导</td><td>Shin 和 Zhou（2003）</td><td rowspan="4">变革型领导促进员工创造力</td></tr>
<tr><td>Gong 等（2009）</td></tr>
<tr><td>Mittal 和 Dhar（2015）</td></tr>
<tr><td>Dong 等（2017）</td></tr>
<tr><td rowspan="2">授权型领导</td><td>Zhang 和 Bartol（2010）</td><td rowspan="2">授权型领导促进员工创造力</td></tr>
<tr><td>Slatten 等（2011）</td></tr>
</table>

续表

影响因素		主要文献来源	研究结论
领导	辱虐型领导	Jiang 和 Gu（2017）；Liu 等（2012）；Zhang 等（2012）	辱虐型领导与员工创造力负向相关
		Lee 等（2013）	辱虐型领导与员工创造力呈倒“U”形关系
	德行领导	Gu 等（2015）	德行领导通过员工对领导认同和领导—成员交换促进员工创造力
	仁慈领导	Wang 和 Cheng（2009）	仁慈领导促进员工创造力
	领导期望	Jiang 和 Gu（2017）	领导创造力期望通过激发员工创造性自我效能影响其创造力
	领导与成员交换	Scott 和 Bruce（1994）；Gu 等（2015）；Tierney 等（1999）	领导与员工之间社会交换关系促进员工创造力
同事	同事创造力	Zhou（2003）	同事创造力促进员工创造力
	与同事竞争关系	Shalley 和 Oldham（1997）	与同事竞争关系促进员工创造力
工作特征	工作复杂性	Choi（2007）；Shalley 等（2009）；谢瑶和顾琴轩（2015）	工作复杂性需要技能多样性，有利于员工创造力提升
	工作常规性	Choi 等（2009）	工作常规性与员工创造力负向相关
		Ohly 等（2006）	工作常规性与员工创造力正向相关
	工作自主性	Amabile 等（1996）	工作自主性能促进员工创造力的提升
		Grant 和 Berry（2011）	
	工作反馈	Oldham 和 Cummings（1996）	工作反馈与员工创造力正向相关

1. 人力资源管理实践与员工创造力

由于个体在创造能力上存在差异，学者研究发现一系列人力资源管理实践可以保证创造性的环境，促进员工创造力的提升（Chang et al., 2014；Liu et al., 2017）。例如，甄选员工的工具可以被用来挑选更有创造力或更有创造力潜质的人。组织可以通过挑选具有较高的任务技能、内在动机和认知能力等特征的个体，来保障组织内员工具备创造力。有研究者研究发现支持型与信息型的员工评价有助于员工创造力的提升（Jiang et al., 2012）。另外，Jiang 等（2012）还认为，支持创新的薪酬体系与员工创造力正向相关。综上所述，聚焦创造力的人力资源管理实践能有效促进员工创造力的提升。

2. 组织氛围与员工创造力

研究发现鼓励和促进员工创造力及创新的组织文化对于寻求竞争优势的组织来说必不可少（Taha et al., 2016）。Amabile 等（1996）和 Woodman 等（1993）识别了一系列不同的、能对员工创造力产生影响的组织氛围。Isaksen 等（2001）研究提出组织的价值观、信念、历史和传统能够影响员工创造性倾向。如果领导者重视并期望员工具有创造性，他们必须创造一个鼓励冒风险和勇于面对不确定性的组织氛围，这种氛围给员工提供了心理安全感，在这种情境下尝试新想法或打破常规不会受到责备或惩罚（Blake and Mouton，1985）。Nyström（1990）与Abbey 和 Dickson（1983）研究发现了与此相似的结论，Nyström（1990）研究发现，当组织文化或氛围具有冒险和鼓励挑战的特征时，组织往往会有更高的创新绩效；Abbey 和 Dickson（1983）提出氛围是研发创新性的重要影响因素。本质而言，如果员工相信创造力是组织关注的结果，他们倾向于对新想法的实践，通过交流了解别人对新想法的反馈，这些行为会导致创造性产出（Shalley and Gilson，2004）。

另一个被认为对创造力有重要影响的因素是组织内的公平氛围。公平可被概念化为一种情境现象（James，1993），在这种情境下员工可以致力于他们的工作，因为他们不需要担忧组织如何对待他们，如投入产出回报是否平等。有研究者提出当员工感知到组织以公平的方式对待他们时，有利于促进创造力的提升（Shalley and Gilson，2004）。但除了 Clark 和 James（1999）的研究外，并未有其他实证研究发现公平氛围对员工创造力存在影响。尽管如此，组织的程序公平对创造力的影响已被创造力研究者进行了深入的分析与研究。例如，作为程序公平关键环节的员工参与决策过程被认为是提出创造性想法的一个关键过程。同样，参与安全（如参与过程中不被嘲笑）与创造力正相关（de Dreu and West，2001）。

3. 领导、同事与员工创造力

领导支持、期望及互动与员工创造力。许多研究者证实领导支持与员工创造力之间存在密切联系。Oldham 和 Cummings（1996）发现支持和非控制性的领导者能够创造出有利于员工创造力发展的环境。Tierney 等（1999）研究发现与领导者的开放性互动，以及领导的鼓励与支持能够促进员工创造力的提升。Jiang 和 Gu（2017）发现，领导期望通过激发员工创造性自我效能影响其创造力。研究发现，上级与他的下级之间的关系影响员工创造性（Scott and Bruce，1994；Tierney et al.，1999）。

许多研究者研究了不同领导风格和行为对员工创造力的影响，如 Shin 和 Zhou（2003）、Gong 等（2009）研究发现变革型领导能促进员工创造力的提升；Zhang 和 Bartol（2010）、Slatten 等（2011）研究发现授权型领导与员工创造力正向相关。另外一些研究者则研究负向领导行为对于创造力的影响，如 Jiang 和 Gu（2017）、Liu 等（2012）、Zhang 等（2012）研究辱虐型领导与员工创造力的关系时发现，二者呈负相关关系；而 Lee 等（2013）的研究则发现不一致结论，其研究发现辱虐型领导与员工创造力呈倒“U”形关系。此外，还有部分研究者针对中国情境下发展起来的家长型领导风格与创造力的关系进行探析，Gu 等（2015）研究认为德行领导能有效促进员工创造力的提升，Wang 和 Cheng（2009）研究则发现仁慈领导与员工创造力正向相关。综合以上文献研究，我们可发现，正面领导行为能促进员工创造力，而负面领导行为与员工创造力之间的关系并未得到一致结论。因此，领导者应该鼓励和支持员工，并培养与员工的高质量关系，这能有效促进员工创造力。如果领导者支持员工创造性活动，组织内的创造性活动往往更有可能发生（Shalley and Gilson，2004）。

同事关系与员工创造力。同事特征及与同事的关系也会影响员工的创造力（张燕等，2011）。在同事特征方面，有研究者研究指出与创造力水平高的同事一起工作，员工会把高创造力水平的同事作为自己的榜样，观察、学习同事的行为，进而提升自身创造力水平（Zhou，2003）。Shalley 和 Oldham（1997）研究发现与同事的竞争关系能有效促进员工创造力的提升。

4. 工作特征与员工创造力

有关工作特征对员工内在动机和态度影响的研究已进行了很长时间（Hackman and Oldham，1975）。根据 Amabile（1988）的创造力成分理论模型，工作特征对员工创造力的动机成分有重要影响，有研究者认为工作特征能够促进员工的内在动机和工作中的创造性输出（Oldham and Cummings，1996）。

（1）工作复杂性与员工创造力。具体而言，当工作具有复杂性和高要求性（如高挑战、高自主、高复杂）时，技能需要多样性，个体往往聚焦注意力和努力于工作之上，持续思考不同的替代选择，从而能够输出更高的创造性结果。换言之，简单和重复性的工作设计往往不能对员工产生激励作用，或者不能使他们在工作中尝试新想法或做出冒风险行为，而这些是员工创造力的潜在影响因素。Shalley 等（2000）研究发现当工作环境对工作的创造性有要求时，个人往往有较高的工作满意度和较低的离职意向。已有研究者验证了工作复杂性与员工创造力的关系，即工作复杂性能有效促进员工创造力的提升（Choi，2007；谢瑶和顾琴轩，2015）。

（2）工作常规性与员工创造力。研究者对与工作复杂性相对的工作常规性和员工创造力之间的关系亦进行了相应研究，并发现不一致结论，如 Choi 等（2009）研究发现简单重复的工作不利于员工创造力的提升，而 Ohly 等（2006）的研究则发现工作常规性与员工创造力呈正相关关系，导致这一结论不一致的原因是这两个研究对工作常规性的界定上存在差异。

（3）工作自主性与员工创造力。在所有的工作特征对员工创造力影响的研究中，工作自主性受到较高关注（Ford，1996）。研究发现，当员工认为他们在时间分配上及如何去工作方面拥有一定的自主权时，会促进其新想法的产生和创造力的提升（Shalley and Gilson，2004），因此给予员工一定的自主权会带来很多积极结果。例如，一项研究发现，如果专业的研发人员能够决定他们所做研究的工作方式和时间，那么他们会对工作有较高的满意度（Bailyn，1988）。Amabile等（1996）与Grant和Berry（2011）研究发现相同结论，工作自主性能促进员工创造力的提升。

（4）工作反馈与员工创造力。信息分享与反馈是培养员工创造力的重要方式（Shalley and Gilson，2004），工作完成程度的反馈能够使员工清楚地了解哪些工作需要改进，促进其思考改进方法。因此，能否反馈给员工建设性的工作信息对员工创造力有重要影响。有相关研究者研究发现，工作反馈能促进员工创造力的提升（Oldham and Cummings，1996）。

二、团队创造力影响因素

团队创造力不是团队成员个体创造力的平均或总和。如前所述，团队成员个体创造力只是团队特征之一，团队创造力还取决于团队层面其他诸多因素，如团队特征、团队过程、团队情境等。

（一）团队特征

团队特征是影响团队创造力的重要因素。团队特征主要包括团队规模、成员构成、团队认知和知识构成等。研究者（Leenders et al.，2003；Gu et al.，2013）认为团队规模过小，可能产生的多样化观点也较少，不利于产生新的有用的观点；团队规模过大，成员之间互动就受到限制，也不利于产生新的有用的观点。团队成员构成的稳定状态也会影响团队创造力。研究者发现，团队成员保持不变的团队，与团队成员有变化的团队相比，其团队创造力要低（Choi and Thompson，2005；Nemeth and Ormiston，2007）。

团队多样性是影响团队创造力的重要因素（Shalley and Gilson，2004）。团队多样性包括人口特征多样性、成员倾向和文化价值观多样性、专业知识经验多样性。研究者认为团队多样性会导致不同观点的产生并有利于个体创造性地解决问题。该观点在某种程度上基于一个假设，即提高团队多样性能够拓展团队内部的知识、技能和观点的范围，从而对员工创造力产生积极的作用。此外，在多样化团队中工作能够激励员工考虑不明显的备选方案。有关文化多样性团队的纵向研究发现，异质性团队能够产生更多的备选方案（Watson et al.，1993）。多样化团队可能会面临更多冲突，从而激励成员寻找不同的答案和替代方案。Gilson（2001）研究发现，相比在以单一性别为主的团队中工作的个体，在不同性别团队中工作的个体表现出更高创造力。团队多样性有利于产生新的有用的观点，但同时需要意识到，团队领导与多样性的团队成员需要一起积极地工作，开发一种团队观和共享心智模式或愿景。梁冰倩和顾琴轩（2015）研究发现，团队成员学习目标导向多样化抑制团队创造力，团队学习行为在团队成员学习目标导向多样化与团队创造力之间发挥中介作用；共享团队愿景显著减缓团队成员学习目标导向多样化对团队学习行为的负向作用及对团队创造力的负向影响。

（二）团队过程

团队创造力是团队成员在互动、交流、分享、学习和合作过程中产生的。团队社会资本，即具有共享目标和愿景、互动和分享、相互信任和合作特征的社会资本能促进团队创造力（Gu et al.，2013；Chen et al.，2007）。团队规范和凝聚力正向影响团队创造力（Woodman et al.，1993）。团队学习（包括从错误中学习）促使成员之间知识共享和交流，帮助成员发现目前的工作方法是否能够适应环境变化，并有利于成员开发新工作方法。团队学习有助于成员创造力的提高（Wong，2004；Hirst et al.，2009）。

（三）团队情境

团队情境是影响团队创造力的重要因素。研究者发现：团队领导风格、团队氛围、上级或组织支持、团队任务特征等都会影响团队创造力，见表 1-6。在团队领导风格方面，研究者发现变革型领导（Shin and Zhou，2007；程国梁，2012；蔡亚华等，2013）、双元领导（管建世等，2016）、魅力型领导（罗瑾琏等，2014）、仁慈领导与德行领导（常涛等，2016）、共享领导（Lee et al.，2015）、谦卑型领导（Hu et al.，2018）等都会对团队创造力产生正向的促进作用，辱虐型领导（Zhang et al.，2011）、威权领导（常涛等，2016）会抑制团队创造力。在团队氛围方面，研究者探讨不同的氛围对团队创造力影响。研究发现团队合作氛围（Barczak et al.，2010）、团队支持性氛围（Gilson and Shalley，2004）、支持学习型氛围（Yoon et al.，2010；Joo et al.，2012）、支持创新型氛围（Burningham and West，1995；Eisenbeiss et al.，2008）等有利于促进团队创造力的提升。在上级或组织的支持方面，研究者研究发现组织支持（张景焕等，2016）、CEO 的支持（Carmeli and Paulus，2015）、团队主管的公平支持（尤树洋等，2013）有利于团队创造力的提升。在团队任务特征方面，研究发现创新要求型任务（Curral et al.，2001）、互动要求型任务（Leenders et al.，2003）有利于团队创造力的提升。

表 1-6　团队情境与团队创造力

团队情境	变量	研究	结论
领导风格	变革型领导	程国梁（2012）； 蔡亚华等（2013）； Shin 和 Zhou（2007）	变革型领导有利于团队创造力的提升 变革型领导通过团队交流与团队知识共享影响团队创造力
	魅力型领导	罗瑾琏等（2014）	魅力型领导促进团队创造力的提升
	双元领导	管建世等（2016）	变革型领导、交易型领导促进团队创造力
	家长式领导	常涛等（2016）	仁慈领导、德行领导对创造力有正向作用；威权领导对创造力有负向作用
	共享领导	Lee 等（2015）	共享领导对团队创造力有正向促进作用
	辱虐型领导	Zhang 等（2011）	辱虐型领导抑制团队创造力
	谦卑型领导	Hu 等（2018）	谦卑型领导促进团队创造力
团队氛围	团队合作氛围	Barczak 等（2010）	合作氛围有利于创造力的提升
	团队支持型氛围	Gilson 和 Shalley（2004）	支持性氛围有利于团队创造力提升
	支持学习型氛围	Yoon 等（2010）； Joo 等（2012）	支持学习型氛围有利于创造力的提升
	支持创新型氛围	Burningham 和 West（1995）； Eisenbeiss 等（2008）	支持创新型氛围有利于团队创造力提升
上级或组织的支持	组织支持	张景焕等（2016）	组织支持（情感支持与工具支持）有利于促进创造力
	团队主管的公平支持	尤树洋等（2013）	公平支持有利于团队力的提升
	CEO 支持	Carmeli 和 Paulus（2015）	CEO 的支持有利于团队创造力的提升
团队任务特征	创新要求型任务	Curral 等（2001）	创新要求型任务有利团队创造力的提升
	互动要求型任务	Leenders 等（2003）	互动要求型任务有利团队创造力的提升

三、组织创造力的组织层影响因素

虽然组织创造力研究处于起步阶段，但其越来越多受到学者的关注。现有文献对组织创造力的影响因素主要包括领导者、组织结构、组织战略、人力资源管理实践等方面，主要内容如表 1-7 所示。

表 1-7　组织创造力的主要影响因素

影响因素		主要文献来源	结论
领导者	变革型领导	Gumusluoglu 和 Ilsev（2009）； 胡泓等（2012）	变革型领导促进组织创造力提升
	专业态度	Thamhain（1990，1996）； McDonough（1993）	专业态度能有效促进组织内新想法的产生和实施
组织结构	结构集权化	Damanpour（1991）	结构集权化抑制组织内新想法的产生和实施

续表

影响因素		主要文献来源	结论
组织战略	市场导向	刘新梅等（2013a）；耿紫珍等（2012）	市场导向与组织创造力呈倒“U”形关系
	创业导向	刘新梅等（2013b）；耿紫珍等（2012）	创业导向与组织创造力正向相关
人力资源管理实践	承诺型	刘新梅和王文隆（2013）	承诺型人力资源管理实践与组织创造力正向相关
	控制型	刘新梅和王文隆（2013）	控制型人力资源管理实践与组织创造力负向相关
	创造力导向型	Song 等（2019）	创造力导向型人力资源管理实践与组织创造力正向相关
组织学习	探索式	刘新梅等（2013a）	组织探索式学习与组织创造力正向相关
	利用式		组织利用式学习与组织创造力正向相关
	转化式		组织转化式学习与组织创造力正向相关
组织中个体创造力和团队创造力与情境影响因素互动		陈德辉和王续琨（2012）	基于创造力的层次理论，提出组织创造力受到组织中个体和团队创造力与情境因素互动的影响

（一）领导者与组织创造力

领导者对组织创造力的重要性。领导者可以通过激励使组织内员工共同努力产生新的有用的想法（Vroom and Jago，2007）。研究指出：变革型领导能促进组织创造力（Gumusluoglu and Ilsev，2009；胡泓等，2012）。变革型领导通过塑造支持创新的氛围，影响追随者的创造力，进而影响组织的创造性（Gumusluoglu and Ilsev，2009）。Gumusluoglu 和 Ilsev（2009）以土耳其的 43 家软件开发公司的 163 名员工为样本，检验了变革型领导对组织创造力的影响，研究发现变革型领导会通过影响组织内员工创造力，进而影响组织创造力。领导者通过决策制定、确定管理有限顺序对组织结果产生影响，领导者既可以通过直接的决策对组织产生影响，也可以通过自己行为对员工内整体感知产生影响。Thamhain（1990，1996）和 McDonough（1993）研究发现领导者的领导风格和专业态度能够有效促进组织内新想法的产生和实施。Shalley 和 Gilson（2004）对大量影响不同层次创造力的文献研究发现，领导者是阻碍或促进组织创造力的关键因素。de Jong 和 den Hartog（2007）研究发现，13 种领导行为能够有效促进组织内新想法的产生和实施，如创造性角色模范、激励知识扩散、设立愿景、创造性活动支持等。

（二）组织结构与组织创造力

不同组织结构会为促进或抑制员工分享新想法的行为（Amabile，1996）。目前只有较少研究探索组织结构对组织创造力的影响，且观点并不一致。例如，Burns

和 Stalker（1994）、Damanpour（1991）发现集权化的组织结构模式会抑制新想法的产生和实施。Burgelman（1983）认为建立新的组织分支、合并组织或者重组组织等都是组织进行积极创新时所采用的方法。

（三）组织学习与组织创造力

组织文化可以被解释成一套被组织成员共享的信仰（Schein，1985）。通过组织文化可以激发员工创造性行为的产生并输出令人满意的创造性成果（Amabile et al.，1996），相反地，过分强调社会现状、内部竞争、避免危险的价值观等将不利于组织创新文化，进而会破坏创造力的表现。Amabile 等（1996）研究发现支持创新的组织文化或氛围有利于创造力的提升。

组织学习和知识分享作为一种重要的组织文化形式，对促进组织创造力具有重要影响。如刘新梅等（2013a）研究发现组织的利用式学习、探索式学习和转化式学习能够有效促进组织知识开发，进而促进组织创造力的提升。因此，有利于知识吸收、开发和转换的组织学习是组织创造力的重要影响因素。Koh（2000）通过对来自韩国、新加坡、日本等亚洲国家的企业进行案例研究，探讨了学习水平、知识创造和组织创造力间的关系。研究表明，组织创造力水平随着组织学习水平的提高而逐渐提升；从简单的低层次学习水平到复杂的高层次学习水平的转变实际上包含了知识创造的过程；不同的创造力前提条件所对应的学习曲线不尽相同；当组织创造力的前提发生改变时，处于高层次学习水平的组织的创造力高于低层次学习水平的组织。

（四）组织战略与组织创造力

虽然已有研究分析不同战略导向对组织结果的影响机制（Tang et al.，2007；Nasution et al.，2011），但关于战略导向与组织创造力的直接研究还比较少。国内仅有少数研究者进行了研究。研究者主要聚焦战略导向下的市场导向与创业导向对组织创造力的影响。例如，耿紫珍等（2012）研究发现市场导向与组织创造力呈倒“U”形关系；耿紫珍等（2012）研究还发现创业导向与组织创造力正向相关。刘新梅等（2013b）研究发现了与耿紫珍等（2012）相同的结论，即市场导向与组织创造力呈倒“U”形关系，创业导向与组织创造力正向相关。

（五）人力资源管理实践与组织创造力

刘新梅和王文隆（2013）研究发现，承诺型人力资源管理实践有利于员工与组织间建立相互信任的关系，这种关系促使员工为了组织发展而参与组织的学习活动，这些学习活动为组织的创造性活动提供了必要的资源储备，有利于提高组织创造力水平；刘新梅和王文隆（2013）对于控制型人力资源管理实践的研究发现了相反的结论，该研究发现控制型人力资源管理实践不利于组织内部员工的学习，进而不利于组织创造力的提升。Song 等（2019）从创新导向的人力资源管理实践角度出发，研究聚焦于创新的人力资源管理实践对组织创造力的影响，研究发现创造力导向型人力资源管理实践能够有效提升组织创造力。以上研究发现，利于员工创造力发展的人力资源管理实践促进组织创造力，即有利于员工学习、技能提升或创造性动机提升的人力资源管理实践活动可以为组织创造性活动提供必要的人力资源储备，进而提升组织创造力。

（六）组织中个体创造力和团队创造力与情境影响因素互动

基于创造力多层次理论，陈德辉和王续琨（2012）实证研究表明，组织创造力受组织中个体创造力和团队创造力与情境影响因素互动的影响。个体创造力是个人创造动机、领域技能和创造技能的函数；团体创造力是个体创造行为、团队创作和团队执行的结果；组织创造力取决于团体创造力、组织特性和环境的扰动。跨越个体创造、团体创造和组织创造的组织创造力模型是认识组织创新的最可靠途径。组织成员迸发的创意，在组织的反馈条件下，生成创造动机，经过领域技能放大，创造技能校正，成为个体创造力；而个体创造力在团队约束下产生实际的创造力，经过团队共同创作和执行，变成团体创造力；在一定社会环境的作用下，团队创造力经过组织变换和认同，最终产生组织创造力。

参 考 文 献

蔡亚华，贾良定，尤树洋，等. 2013. 差异化变革型领导对知识分享与团队创造力的影响:社会网络机制的解释. 心理学报，45（5）：585-598.

常涛，刘智强，景保峰. 2016. 家长式领导与团队创造力：基于三元理论的新发现. 研究与发展管理，28（1）：62-72.

陈德辉，王续琨. 2012. 组织创造力的模型建构与实证分析. 科学学与科学技术管理，33（9）：128-134.

程国梁. 2012. 变革型领导、团队沟通、创新氛围与团队创造力关系研究. 广州：华南理工大学.

耿紫珍，刘新梅，杨晨辉. 2012. 战略导向、外部知识获取对组织创造力的影响.南开管理评论，15（4）：15-27.

顾琴轩. 2012. 促进企业创新：理论与实践. 上海：上海交通大学出版社.

顾琴轩，王莉红. 2009. 人力资本与社会资本对创新行为的影响——基于科研人员个体的实证研究. 科学学研究，27（10）：1564-1570.

管建世，罗瑾琏，钟竞. 2016. 动态环境下双元领导对团队创造力影响研究——基于团队目标取向视角. 科学学与科学技术管理，37（8）：159-169.

胡泓，顾琴轩，陈继祥. 2012. 变革型领导对组织创造力和创新影响研究述评. 南开管理评论，15（5）：26-35.

梁冰倩，顾琴轩. 2015. 团队成员学习目标导向离散化与团队创造力研究. 管理学报，12（1）：72-79.

刘新梅，耿紫珍，朱睿，等. 2013a. 战略导向与组织创造力——三种类型组织学习的中介效应. 研究与发展管理，25（4）：104-115.

刘新梅，韩骁，白杨，等. 2013b. 控制机制、组织双元与组织创造力的关系研究. 科研管理，34（10）：1-9.

刘新梅，王文隆. 2013. 战略人力资源管理实践与组织创造力关系研究——组织学习能力的中介作用. 科技进步与对策，30（21）：19-24.

罗瑾琏，赵佳，薛倩雯，等. 2014. 团队领导社会网络和领导风格对团队创造力的影响——来自上海大众的案例研究. 华东经济管理，28（7）：162-166.

谢瑶，顾琴轩. 2015. 技能多样性对员工创造力及工作绩效的影响研究——心理所有权与工作反馈视角. 科学学与科学技术管理，36（4）：162-169.

尤树洋，贾良定，蔡亚华. 2013. 主管支持感差异性，知识分享与创造力——基于团队层面的研究. 经济管理，35（1）：70-79.

张景焕，刘欣，任菲菲，等. 2016. 团队多样性与组织支持对团队创造力的影响. 心理学报，48（12）：1551-1560.

张燕，怀明云，章振，等. 2011. 组织内创造力影响因素的研究综述. 管理学报，8（2）：226-232.

Abbey A，Dickson J W. 1983. R&D work climate and innovation in semiconductors. Academy of Management Journal，26（2）：362-368.

Allen-King R M，Gillham R W，Barker J F，et al. 1996. Fate of dissolved toluene during steady infiltration through unsaturated soil：II. biotransformation under nutrient-limited conditions. Journal of Environmental Quality，25（2）：287-295.

Amabile T M. 1983. The social psychology of creativity：a componential conceptualization. Journal of Personality and Social Psychology，45（2）：357-376.

Amabile T M. 1987. The Motivation to be Creative//Isaksen S G. Frontiers of Creativity Research：Beyond the Basics. Buffalo：Bearly Limited：223-254.

Amabile T M. 1988. A model of creativity and innovation in organizations. Research in Organizational Behavior，10（1）：123-167.

Amabile T M. 1996. Creativity in Context. Boulder：Westview press.

Amabile T M. 1997. Motivating creativity in organizations：on doing what you love and loving what you do. California Management Review，40（1）：39-58.

Amabile T M. 1998. How to Kill Creativity. Boston：Harvard Business School Press.

Amabile T M，Conti R，Coon H，et al. 1996. Assessing the work environment for creativity. Academy of Management Journal, 39（5）: 1154-1184.

Anderson N, Potočnik K, Zhou J. 2014. Innovation and creativity in organizations: a state-of-the-science review, prospective commentary, and guiding framework. Journal of Management, 40（5）: 1297-1333.

Bailyn L. 1988. Freeing work from the constraints of location and time. New Technology, Work and Employment, 3（2）: 143-152.

Barczak G, Lassk F G, Mulki J P. 2010. Antecedents of team creativity: an examination of team emotional intelligence, team trust and collaborative culture. Creativity and Innovation Management, 19（4）: 332-345.

Barron F, Harrington D M. 1981. Creativity, intelligence, and personality. Annual Review of Psychology, 32（1）: 439-476.

Batey M, Furnham A, Safiullina X. 2010. Intelligence, general knowledge and personality as predictors of creativity. Learning and Individual Differences, 20（5）: 532-535.

Bessant J, Tidd J. 2007. Innovation and Entrepreneurship. Hoboken: John Wiley & Sons.

Blake R R, Mouton J S. 1985. The Managerial Grid III. Houston: Gulf Publishing.

Burgelman R A. 1983. Corporate entrepreneurship and strategic management: insights from a process study. Management Science, 29（12）: 1349-1364.

Burningham C, West M A. 1995. Individual, climate, and group interaction processes as predictors of work team innovation. Small Group Research, 26（1）: 106-117.

Burns T, Stalker G M. 1994. The Management of Innovation. 3rd ed. Oxford: Oxford University Press.

Carmeli A, Paulus P B. 2015. CEO ideational facilitation leadership and team creativity: the mediating role of knowledge sharing. Journal of Creative Behavior, 49（1）: 53-75.

Chae S W, Seo Y, Lee K C. 2015. Effects of task complexity on individual creativity through knowledge interaction: a comparison of temporary and permanent teams. Computers in Human Behavior, 42: 138-148.

Chang S, Jia L D, Takeuchi R, et al. 2014. Do high-commitment work systems affect creativity? a multilevel combinational approach to employee creativity. Journal of Applied Psychology, 99（4）: 665-680.

Chen M H, Chang Y C, Hung S C. 2007. Social capital and creativity in R&D project teams. R&D Management, 38（1）: 21-34.

Choi B, Lee H. 2003. An empirical investigation of KM styles and their effect on corporate performance. Information & Management, 40（5）: 403-417.

Choi H S, Thompson L. 2005. Old wine in a new bottle: impact of membership change on group creativity. Organizational Behavior and Human Decision Processes, 98（2）: 121-132.

Choi J N. 2007. Group composition and employee creative behaviour in a Korean electronics company: distinct effects of relational demography and group diversity. Journal of Occupational and Organizational Psychology, 80（2）: 213-234.

Choi J N, Anderson T A, Veillette A. 2009. Contextual inhibitors of employee creativity in organizations: the insulating role of creative ability. Group & Organization Management, 34(3): 330-357.

Clark K, James K. 1999. Justice and positive and negative creativity. Creativity Research Journal,

12（4）：311-320.

Cox C M. 1926. The Early Mental Traits of Three Hundred Geniuses. Stanford：Stanford University Press.

Csikszentmihalyi M. 1988. Motivation and creativity：toward a synthesis of structural and energistic approaches to cognition. New Ideas in Psychology，6（2）：159-176.

Csikszentmihalyi M. 1997. Flow and creativity. NAMTA Journal，22（2）：60-97.

Curral L A，Forrester R H，Dawson J F，et al. 2001. It's what you do and the way that you do it：team task，team size，and innovation-related group processes. European Journal of Work and Organizational Psychology，10（2）：187-204.

Damanpour F. 1987. The adoption of technological，administrative，and ancillary innovations：impact of organizational factors. Journal of Management，13（4）：675-688.

Damanpour F. 1991. Organizational innovation：a meta-analysis of effects of determinants and moderators. Academy of Management Journal，34（3）：555-590.

de Dreu C K W，West M A. 2001. Minority dissent and team innovation：the importance of participation in decision making. Journal of Applied Psychology，86（6）：1191-1201.

de Jong J P J，den Hartog D N. 2007. How leaders influence employees' innovative behaviour. European Journal of Innovation Management，10（1）：41-64.

Dewett T. 2007. Linking intrinsic motivation，risk taking，and employee creativity in an R&D environment. R&D Management，37（3）：197-208.

Dong Y T，Bartol K M，Zhang Z X，et al. 2017. Enhancing employee creativity via individual skill development and team knowledge sharing：influences of dual-focused transformational leadership. Journal of Organizational Behavior，38（3）：439-458.

Dougherty D，Hardy C. 1996. Sustained product innovation in large，mature organizations：overcoming innovation-to-organization problems. Academy of Management Journal，39（5）：1120-1153.

Eisenbeiss S A，van Knippenberg D，Boerner S. 2008. Transformational leadership and team innovation：integrating team climate principles. The Journal of Applied Psychology，93（6）：1438-1446.

Farh J L，Lee C，Farh C I C. 2010. Task conflict and team creativity：a question of how much and when. Journal of Applied Psychology，95（6）：1173-1180.

Feist G J. 1998. A meta-analysis of personality in scientific and artistic creativity. Personality and Social Psychology Review，2（4）：290-309.

Ford C M. 1996. A theory of individual creative action in multiple social domains. Academy of Management Review，21（4）：1112-1142.

Furnham A，Bachtiar V. 2008. Personality and intelligence as predictors of creativity. Personality and Individual Differences，45（7）：613-617.

Galton F. 1870. Hereditary genius. New York：Appleton.

George J M，Zhou J. 2007. Dual tuning in a supportive context：joint contributions of positive mood，negative mood，and supervisory behaviors to employee creativity. Academy of Management Journal，50（3）：605-622.

Ghosh K. 2015. Developing organizational creativity and innovation：toward a model of self-leadership，employee creativity，creativity climate and workplace innovative orientation. Management Research Review，38（11）：1126-1148.

Gilson L L. 2001. Diversity，dissimilarity and creativity：does group composition or being different enhance or hinder creative performance. Washington: Academy of Management Meetings.

Gilson L L, Shalley C E. 2004. A little creativity goes a long way: an examination of teams' engagement in creative processes. Journal of Management, 30（4）: 453-470.

Gong Y P, Huang J C, Farh J L. 2009. Employee learning orientation, transformational leadership, and employee creativity: the mediating role of employee creative self-efficacy. Academy of Management Journal, 52（4）: 765-778.

Gough H G. 1979. A creative personality scale for the adjective check list. Journal of Personality and Social Psychology, 37（8）: 1398-1405.

Grant A M, Berry J W. 2011. The necessity of others is the mother of invention: intrinsic and prosocial motivations, perspective taking, and creativity. Academy of Management Journal, 54（1）: 73-96.

Gu Q X, Tang T L P, Jiang W. 2015. Does moral leadership enhance employee creativity? Employee identification with leader and leader-member exchange（LMX） in the Chinese context. Journal of Business Ethics, 126（3）: 513-529.

Gu Q X, Wang G G, Wang L H. 2013. Social capital and innovation in R&D teams: the mediating roles of psychological safety and learning from mistakes. R&D Management, 43（2）: 89-102.

Guilford J P. 1959. Creativity and Its Cultivation. New York: Harper & Brothers.

Gumusluoglu L, Ilsev A. 2009. Transformational leadership, creativity, and organizational innovation. Journal of Business Research, 62（4）: 461-473.

Hackman J R, Oldham G R. 1975. Development of the job diagnostic survey. Journal of Applied Psychology, 60（2）: 159-170.

Harrington D M. 1990. The ecology of human creativity: a psychological perspective//Runco M A, Albert R S（Eds.）. Theories of Creativity. Newbury Park: Sage: 143-169.

Hirst G, van Knippenberg D, Zhou J. 2009. A cross-level perspective on employee creativity: goal orientation, team learning behavior, and individual creativity. Academy of Management Journal, 52（2）: 280-293.

Hu J, Erdogan B, Jiang K F, et al. 2018. Leader humility and team creativity: the role of team information sharing, psychological safety, and power distance. Journal of Applied Psychology, 103（3）: 313-323.

Hur W M, Moon T W, Ko S H. 2018. How employees' perceptions of CSR increase employee creativity: mediating mechanisms of compassion at work and intrinsic motivation. Journal of Business Ethics, 153（3）: 629-644.

Isaksen S G, Lauer K J, Ekvall G, et al. 2001. Perceptions of the best and worst climates for creativity: preliminary validation evidence for the situational outlook questionnaire. Creativity Research Journal, 13（2）: 171-184.

James K. 1993. The Social Context of Organizational Justice: Cultural, Intergroup, and Structural Effects on Justice Behaviors and Perceptions//Cropanzano R. Justice in the Workplace: Approaching Fairness in Human Resource Management. Hillsdale: Lawrence Erlbaum Associates: 21-50.

Jiang W, Gu Q X. 2016. How abusive supervision and abusive supervisory climate influence salesperson creativity and sales team effectiveness in China. Management Decision, 54（2）: 455-475.

Jiang W, Gu Q X. 2017. Leader creativity expectations motivate employee creativity: a moderated mediation examination. The International Journal of Human Resource Management, 17 (5): 724-749.

Jiang J W, Wang S, Zhao S M. 2012. Does HRM facilitate employee creativity and organizational innovation? A study of Chinese firms. The International Journal of Human Resource Management, 23 (19): 4025-4047.

Joo B K, Song J H, Lim D H, et al. 2012. Team creativity: the effects of perceived learning culture, developmental feedback and team cohesion. International Journal of Training and Development, 16 (2): 77-91.

Kanter R M. 1988. Three tiers for innovation research. Communication Research, 15 (5): 509-523.

Karwowski M, Lebuda I, Wisniewska E, et al. 2013. Big five personality traits as the predictors of creative self efficacy and creative personal identity: does gender matter?. The Journal of Creative Behavior, 47 (3): 215-232.

Kaufman G D. 2001. On thinking of god as serendipitous creativity. Journal of the American Academy of Religion, 69 (2): 409-426.

Kim T Y, Hon A H Y, Lee D R. 2010. Proactive personality and employee creativity: the effects of job creativity requirement and supervisor support for creativity. Creativity Research Journal, 22 (1): 37-45.

King L A, Walker L M, Broyles S J. 1996. Creativity and the five-factor model. Journal of Research in Personality, 30 (2): 189-203.

Koh A T. 2000. Linking learning, knowledge creation, and business creativity: a preliminary assessment of the east Asian quest for creativity. Technological Forecasting and Social Change, 64 (1): 85-100.

Lang J C, Lee C H. 2010. Workplace humor and organizational creativity. The International Journal of Human Resource Management, 21 (1): 46-60.

Lawson B, Samson D. 2001. Developing innovation capability in organisations: a dynamic capabilities approach. International Journal of Innovation Management, 5 (3): 377-400.

Lee H, Choi B. 2003. Knowledge management enablers, processes, and organizational performance: an integrative view and empirical examination. Journal of Management Information Systems, 20 (1): 179-228.

Lee D S, Lee K C, Seo Y W, et al. 2015. An analysis of shared leadership, diversity, and team creativity in an e-learning environment. Computers in Human Behavior, 42: 47-56.

Lee S, Yun S, Srivastava A. 2013. Evidence for a curvilinear relationship between abusive supervision and creativity in South Korea. The Leadership Quarterly, 24 (5): 724-731.

Leenders R T A J, van Engelen J M L, Kratzer J. 2003. Virtuality, communication, and new product team creativity: a social network perspective. Journal of Engineering and Technology Management, 20 (1): 69-92.

Liu D, Gong Y P, Zhou J, et al. 2017. Human resource systems, employee creativity, and firm innovation: the moderating role of firm ownership. Academy of Management Journal, 60 (3): 1164-1188.

Liu D, Liao H, Loi R. 2012. The dark side of leadership: a three-level investigation of the cascading effect of abusive supervision on employee creativity. Academy of Management Journal, 55 (5): 1187-1212.

MacKinnon D W. 1962. The Personality Correlates of Creativity：A Study of American Architects// Nielson G A.Proceedings of the 14th International Congress of Applied Psychology，Volume 2. Copenhagen：Munksgaard：11-39.

MacKinnon D W. 1975. The creative person. The American Biology Teacher，37（9）：535.

Majaro S. 1988. The Creative Gap：Managing Ideas for Profit. London：Longman.

McCrae R R，Costa P T. 1987. Validation of the five-factor model of personality across instruments and observers. Journal of Personality and Social Psychology，52（1）：81-90.

McCrae R R，Costa P T. 1995. Trait explanations in personality psychology. European Journal of Personality，9（4）：231-252.

McDonough E F. 1993. Faster new product development：investigating the effects of technology and characteristics of the project leader and team. Journal of Product Innovation Management，10（3）：241-250.

Mednick S. 1962. The associative basis of the creative process. Psychological Review，69（3）：220-232.

Mittal S，Dhar R L. 2015. Transformational leadership and employee creativity：mediating role of creative self-efficacy and moderating role of knowledge sharing. Management Decision，53（5）：894-910.

Moulang C. 2015. Performance measurement system use in generating psychological empowerment and individual creativity. Accounting & Finance，55（2）：519-544.

Mumford M D. 2012. Handbook of Organizational Creativity. Waltham：Academic Press.

Mumford M D，Gustafson S B. 1988. Creativity syndrome：integration，application，and innovation. Psychological Bulletin，103（1）：27-43.

Nasution H N，Mavondo F T，Matanda M J，et al. 2011. Entrepreneurship：its relationship with market orientation and learning orientation and as antecedents to innovation and customer value. Industrial Marketing Management，40（3）：336-345.

Nemeth C J，Ormiston M E. 2007. Creative idea generation：harmony versus stimulation. European Journal of Social Psychology，37（3）：524-535.

Nicholls J G. 1972. Creativity in the person who will never produce anything original and useful：the concept of creativity as a normally distributed trait. American Psychologist，27（8）：717-727.

Nyström H. 1990. Organizational Innovation// Michael W A，James F L. Innovation and Creativity at Work：Psychological and Organizational Strategies. New York：John & Wiley & Sons：143-161.

Ohly S，Sonnentag S，Pluntke F. 2006. Routinization，work characteristics and their relationships with creative and proactive behaviors. Journal of Organizational Behavior，27（3）：257-279.

Oldham G R，Cummings A. 1996. Employee creativity：personal and contextual factors at work. Academy of Management Journal，39（3）：607-634.

Osborn A F. 1953. Applied Imagination：Principles and Procedures of Creative Thinking. New York：Scribner.

Parnes S J，Noller R B. 1972. Applied creativity：the creative studies project. The Journal of Creative Behavior，6（3）：164-186.

Prabhu V，Sutton C D，Sauser W I. 2008. Creativity and certain personality traits：understanding the mediating effect of intrinsic motivation. Creativity Research Journal，20（1）：53-66.

Qu R，Janssen O，Shi K. 2017. Leader-member exchange and follower creativity：the moderating roles

of leader and follower expectations for creativity. The International Journal of Human Resource Management，28（4）：603-626.
Raja U，Johns G. 2010. The joint effects of personality and job scope on in-role performance，citizenship behaviors，and creativity. Human Relations，63（7）：981-1005.
Sadriev A R，Pratchenko O V. 2014. Idea management in the system of innovative management. Mediterranean Journal of Social Sciences，5（12）：155-158.
Sarooghi H，Libaers D，Burkemper A. 2015. Examining the relationship between creativity and innovation：a meta-analysis of organizational，cultural，and environmental factors. Journal of Business Venturing，30（5）：714-731.
Schein E H. 1985. Organizational Culture and Leadership：A Dynamic View. San Francisco：Jossey-Bass.
Scott S G，Bruce R A. 1994. Determinants of innovative behavior：a path model of individual innovation in the workplace. Academy of Management Journal，37（3）：580-607.
Shalley C E. 1991. Effects of productivity goals，creativity goals，and personal discretion on individual creativity. Journal of Applied Psychology，76（2）：179-185.
Shalley C E，Gilson L L. 2004. What leaders need to know：a review of social and contextual factors that can foster or hinder creativity. The Leadership Quarterly，15（1）：33-53.
Shalley C E，Gilson L L，Blum T C. 2000. Matching creativity requirements and the work environment：effects on satisfaction and intentions to leave. Academy of Management Journal，43（2）：215-223.
Shalley C E，Gilson L L，Blum T C. 2009. Interactive effects of growth need strength，work context，and job complexity on self-reported creative performance. Academy of Management Journal，52（3）：489-505.
Shalley C E，Oldham G R. 1997. Competition and creative performance：effects of competitor presence and visibility. Creativity Research Journal，10（4）：337-345.
Shin S J，Zhou J. 2003. Transformational leadership，conservation，and creativity：evidence from Korea. Academy of Management Journal，46（6）：703-714.
Shin S J，Zhou J. 2007. When is educational specialization heterogeneity related to creativity in research and development teams? Transformational leadership as a moderator. Journal of Applied Psychology，92（6）：1709-1721.
Sigala M，Chalkiti K. 2015. Knowledge management，social media and employee creativity. International Journal of Hospitality Management，45：44-58.
Silvia P J，Winterstein B P，Willse J T，et al. 2008. Assessing creativity with divergent thinking tasks：exploring the reliability and validity of new subjective scoring methods. Psychology of Aesthetics，Creativity，and the Arts，2（2）：68-85.
Slatten L A D，Carson K D，Carson P P. 2011. Compassion fatigue and burnout：what managers should know. The Health Care Manager，30（4）：325-333.
Song Z G，Gu Q X，Wang B Y. 2019. Creativity-oriented HRM and organizational creativity：a complementary perspective of innovativeness. International Journal of Manpower，40（5）：834-849.
Soroa G，Balluerka N，Hommel B，et al. 2015. Assessing interactions between cognition，emotion，and motivation in creativity：the construction and validation of EDICOS. Thinking Skills and Creativity，17：45-58.

Stein M I. 2014. Stimulating Creativity：Individual Procedures. New York：Academic Press.

Sternberg R J，Lubart T I. 1991. An investment theory of creativity and its development. Human Development，34（1）：1-31.

Sung S Y，Du J，Choi J N. 2018. Cognitive pathways of team climate for creativity：implications for member creativity and job performance. Human Performance，31（4）：197-215.

Taha V A，Sirkova M，Ferencova M. 2016. The impact of organizational culture on creativity and innovation. Polish Journal of Management Studies，14（1）：7-17.

Tang J T，Tang Z，Marino L D，et al. 2007. Exploring an inverted U-shape relationship between entrepreneurial orientation and performance in Chinese ventures. Entrepreneurship Theory and Practice，32（1）：219-239.

Teece D J，Pisano G P，Shuen A. 1997. Dynamic capabilities and strategic management. Strategic Management Journal，18（7）：509-533.

Thamhain H J. 1990. Managing technologically innovative team efforts toward new product success. Journal of Product Innovation Management，7（1）：5-18.

Thamhain H J. 1996. Managing self-directed teams' efforts toward innovative results. Engineering Management Journal，8：31-39.

Tierney P，Farmer S M. 2002. Creative self-efficacy：its potential antecedents and relationship to creative performance. Academy of Management Journal，45（6）：1137-1148.

Tierney P，Farmer S M，Graen G B. 1999. An examination of leadership and employee creativity：the relevance of traits and relationships. Personnel Psychology，52（3）：591-620.

Torrance E P. 1966. Nurture of creative talents. Theory into Practice，5（4）：167-173.

Vincent A S，Decker B P，Mumford M D. 2002. Divergent thinking，intelligence，and expertise：a test of alternative models. Creativity Research Journal，14（2）：163-178.

Vosburg S K. 1998. The effects of positive and negative mood on divergent-thinking performance. Creativity Research Journal，11（2）：165-172.

Vroom V H，Jago A G. 2007. The role of the situation in leadership. American Psychologist，62（1）：17-24.

Wang A C，Cheng B S. 2009. When does benevolent leadership lead to creativity? The moderating role of creative role identity and job autonomy. Journal of Organizational Behavior，31（1）：106-121.

Watson W E，Kumar K，Michaelsen L K. 1993. Cultural diversity's impact on interaction process and performance：comparing homogeneous and diverse task groups. Academy of Management Journal，36（3）：590-602.

West M A，Anderson N R. 1996. Innovation in top management teams. Journal of Applied Psychology，81：680-693.

Wong S S. 2004. Distal and local group learning：performance trade-offs and tensions. Organization Science，15（6）：645-656.

Woodman R W，Sawyer J E，Griffin R W. 1993. Toward a theory of organizational creativity. Academy of Management Review，18（2）：293-321.

Yang J S，Hung H V. 2015. Emotions as constraining and facilitating factors for creativity：companionate love and anger. Creativity and Innovation Management，24（2）：217-230.

Yoon S W，Song J H，Lim D H，et al. 2010. Structural determinants of team performance：the mutual influences of learning culture, creativity, and knowledge. Human Resource Development International, 13（3）: 249-264.

Zhang A Y, Tsui A S, Wang D X. 2011. Leadership behaviors and group creativity in Chinese organizations: the role of group processes. Leadership Quarterly, 22（5）: 851-862.

Zhang H N, Kwan H K, Everett A M, et al. 2012. Servant leadership, organizational identification, and work-to-family enrichment: the moderating role of work climate for sharing family concerns. Human Resource Management, 51（5）: 747-767.

Zhang X M, Bartol K M. 2010. Linking empowering leadership and employee creativity: the influence of psychological empowerment, intrinsic motivation, and creative process engagement. Academy of Management Journal, 53（1）: 107-128.

Zhou J. 2003. When the presence of creative coworkers is related to creativity: role of supervisor close monitoring, developmental feedback, and creative personality. Journal of Applied Psychology, 88（3）: 413-422.

Zhou J, George J M. 2001. When job dissatisfaction leads to creativity: encouraging the expression of voice. Academy of Management Journal, 44（4）: 682-696.

Zhu Y Q, Gardner D G, Chen H G. 2018. Relationships between work team climate, individual motivation, and creativity. Journal of Management, 44（5）: 2094-2115.

第二章　组织文化及对组织创造力和创新影响理论述评

第一节　组织文化概念及研究历程

一、组织文化概念

组织文化是一个既常见而又难以捉摸的概念（Silvester et al.，1999）。理论界对组织文化的界定呈现多元化态势。例如，最早正式提出组织文化概念的 Pettigrew（1979）认为：组织文化是组织成员在组织日常生活中所形成的共有感受，通常表现为符号、意识形态、语言、信念、风俗等，这些生活方式是随着时间推移在不断发生和解决各种事件的过程中逐渐累积及演化而形成的。Hofstede（1991）认为组织文化体现为一个组织特有的、所有个体共享的深层次的潜在价值观和信念。对组织文化概念的主要界定如表 2-1 所示。

表 2-1　组织文化的概念界定

来源	概念	关键词
Pettigrew（1979）	组织成员所共有的感受，体现为符号、意识形态、语言和信念等	共有感受
Ouchi（1981）；Vveinhardt 和 Gulbovaitė（2016）	代表公司的价值观和规范	价值观、规范
Deal 和 Kennedy（1982）	是指导组织关于组织成员政策和顾客政策的哲学，是我们此刻的行事方式	关于政策的哲学、行事方式
Trice 和 Beyer（1984）	在特定的时间作用于群体中的一种被群体公开接受的意义系统	意义系统

续表

来源	概念	关键词
Schein（1985）	是组织在适应外部环境和整合内部环境的过程中，所建立起来的一系列由组织成员共享的基本信念和假设	共享的基本信念、假设
Pedersen（1989）	员工拥有的共同信念、假设和期望的集合	共同信念、假设和期望
Reichers 和 Schneider（1990）	集体在动态的意义建构过程中的产物，在此过程中个体为了理解、预测和控制环境而交换意见，对于工作相关的事件形成共同的解释	意义建构过程的产物、共同解释
Hofstede（1991）	组织内个体所共享的深层次的潜在价值观和信念	潜在价值观、组织实践的复合体
Denison 和 Mishra（1995）	是组织成员所共有的基本信念和价值观体系	基本信念、价值观
Cameron 和 Quinn（1999）	体现为企业所信奉的价值观、语言符号、领导方式及对成功的定义等方式	价值观、语言符号、领导方式、成功定义
Robbins（2000）	是组织成员所共同保有的价值观和意义体系，是组织所重视的自身区别于其他组织的重要特质	共同价值观、意义体系

尽管研究者对组织文化有多种界定，但他们更多将组织文化界定为组织中成员共享的意义系统（Lundy and Cowling，1996；Hofstede，1991；O'Reilly et al.，1991；Schein，1985），且对组织中的成员行为有重要影响。组织文化主要体现为组织成员共享的一组核心价值观（O'Reilly et al.，1991），是群体在解决其外部适应和内部整合问题的过程中学习到的基本信念模式（Schein，1985）。

Furnham 和 Gunter（1993）将组织文化的功能归纳为内部的整合和协调。内部整合被描述为组织内新成员的社会化、组织边界的设立、对员工身份的感知及对组织的承诺；协调功能指的是建立竞争优势、理解环境中可接受的行为和社会系统的稳定性（Martins and Terblanche，2003）。研究者强调组织文化有规范企业运营方式和员工行为的作用（O'Reilly et al.，1991）。

二、组织文化研究的主要历程

组织文化研究自 20 世纪 70 年代起，因日本企业的高速发展开始受到学界的关注，发展至今，经历了从概念至理论不断丰富和深入的研究过程。

20 世纪 70 年代末至 20 世纪 80 年代是组织文化概念和理论的基础研究阶段。在 20 世纪 70 年代末，日本经济的快速崛起，触发推崇科学管理理念的美国管理学界开始深入反思和研究日本企业成功的潜在驱动力。Pettigrew（1979）在其研究中首次正式提到组织文化的概念，并做出明确界定。这标志着组织文化在组织管理领域研究的开始。进入 20 世纪 80 年代，研究者对组织文化概念和理论模型及测量展开研究。期间，对组织文化界定得到广泛认同的是由 Schein（1985）所提出的。Schein（1985）认为组织文化是组织在适应外部环境和整合内部环境的过程中，所建立起来的一系列由组织成员共享的基本信念和假设；是组织群体更好地了解环境并与之有效互动的依据，并被作为知觉、思考和感觉相关问题的合适方式用以教导组织新成员。因此，组织文化在很大程度上决定了该群体对不同环境的认知、判断与响应方式。Hofstede（1980）构建了包含多个维度的组织文化模型并对组织文化差异进行比较研究。他用定性和定量方法相结合的方式构建了包含五个维度的心智模式的多维度组织文化模型。该模型对文化比较管理学和跨文化管理奠定了理论基础。Quinn 和 Rohrbaugh（1983）基于以效率为基础的文化理论，构建了描述组织文化的特征和测量维度的组织竞争价值观框架，并相应地开发出组织文化的测量工具。Denison（1984）提出丹尼森组织文化模型（Denison organizational culture model），并提出组织文化的四个特征是适应性、使命、参与性和一致性。

20 世纪 90 年代，组织文化研究得到进一步发展。在国外，研究者对组织文化构念和测量、组织文化影响因素和影响结果、跨文化管理做进一步研究。同时，国内学者开始关注组织文化和跨文化管理研究。在对组织文化测量研究方面，代表性的如 Denison 和 Neale（1996）设计了组织文化问卷（organizational culture questionnaire，OCQ）。该问卷由适应性、使命、参与性和一致性四个维度 36 个测量条目构成；又如 Cameron 和 Quinn（1999）基于竞争价值观框架开发组织文化评估量表（organizational culture assessment instrument，OCAI），OCAI 根据六维度来评价组织文化：主导特征、领导风格、员工管理、组织凝聚、战略重点和成功标准。问卷共有 24 个测量条目，每个维度有四个陈述句，分别对应着四种类型的组织文化。对于某一特定企业来说，它在某一时点上的组织文化是四种类型文化的混合体。同时，研究者重视组织文化影响因素及影响结果研究（Denison and Mishra，1995；McDermott and Stock，1999）。特别是，研究者广泛探讨组织文化与组织绩效、组织效能之间的关系，如 Gordon 和 DiTomaso（1992）采用 OCQ 对美国 850 家金融企业的组织文化进行测量，结果显示企业文化对企业的短期绩效不存在显著影响，而对企业的长期绩效存在显著影响。Deshpandé 等（1993）采用 OCAI 对美国和日本企业的企业文化进行测量，实证结果表明企业文化对企业绩效存在显著影响。Deshpandé 和 Farley（1999）将组织文化分为竞争文化、企业家文化、官僚文化和互动式文化四种类型，以印度和日本为例研究组织文化及市场目标之间的关系，研究发现具有企业家文化的公司（印度）和强调竞争文化的公司（日本）容易获得较好的绩效。一些研究者也关注影响创新的组织文化要素（O'Reilly and Tushman，1997；Claver et al.，1998）。同时，国内学者开始关注组织文化概念介绍及跨文化管理方面的研究，如李唐周（1996）对国外组织文化研究进行理论综述；赵曙明（1997）、张丽华等（1999）对在华跨国公司和合资企业跨文化管理进行了研究。

进入 21 世纪以来，研究者对组织文化和跨文化管理研究不断深入和丰富。特别是随着全球化经济和信息技术的不断发展、市场竞争的日益加剧，研究者对组织文化与创新关系展开进一步研究。一些学者对创新文化的概念、作用、形成及测量做进一步研究（Dobni，2008；Brettel and Cleven，2011；Leavy，2005；Martín-de Castro et al.，2013；Škerlavaj et al.，2010）。例如，Dobni（2008）认为，创新文化是一个多维概念，包括创新倾向、组织支持、组织学习、创造力、授权赋能、市场导向、价值取向及实施情境；Škerlavaj 等（2010）研究指出，组织学习文化是一组关于组织运作的规范和价值观，组织学习过程要素包括信息获取、信息解释、行为和认知变化，组织学习文化对企业创新文化及创新具有重要影响；Leavy（2005）研究认为，当今 CEO 面临着在日益苛刻和竞争激烈的商业环境中寻找新的增长来源的压力，为了应对这一挑战，CEO 需要学会激励他们所在组织达到新的水平，营造创新的文化氛围，而不仅仅是营销或开发新产品。同时，国内研究者对组织文化的测量及影响也展开深入研究。例如，张旭和武春友（2006）采用 OCQ 对我国 101 家企业的组织文化进行测量，结果显示组织文化对组织绩效产生显著正向影响。陈影（2008）采用 OCQ 探讨不同维度的企业文化对企业绩效的影响，研究发现组织文化一致性和组织文化使命对企业绩效产生显著正向影响，而企业文化适应性和企业文化参与性对其的影响却不显著。Boyce 等（2015）以六年的 95 家特许经营汽车经销商为样本研究表明，汽车经销商积极的组织文化特征可以提高客户满意度和汽车销量。梁冰倩和顾琴轩（2016）通过对来自 32 家企业的主管与下属配对的 401 套样本的研究发现，创新型文化感知显著削弱绩效验证导向对内在动机的正向作用，绩效验证导向通过内在动机对创造力产生正向影响，并显著减缓绩效规避导向对内在动机和创造力的负向作用。Nikpour（2017）研究表明组织文化会通过影响员工的心理进而对组织绩效产生影响。

第二节　组织文化理论模型

研究者在对组织文化研究过程中，提出了许多富有理论价值的模型。这里，我们主要讨论代表性的组织文化理论模型。

一、Schein 组织文化层次模型及相似模型

（一）Schein 组织文化层次模型

Schein（1985，2010）明确界定组织文化概念的同时，提出了三层次文化模型：人工制品（artifacts）、信奉的价值观（espoused values）和潜在的基本假设（basic underlying assumptions），如图 2-1 所示。

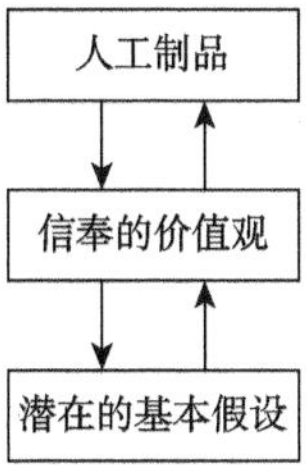

图 2-1　Schein 的三层次文化模型

根据 Schein 的三层次文化模型，组织文化作为成员共享的价值体系范式，最外层的是可视的人工制品，潜在的是基本假设，每一层次会影响其他层次。

可视的人工制品是最容易看到的层次，代表了可视的成果。这些人工制品由组织文化的物理表现形式构成。组织中的具体样例包括着装风格、奖励、关于组织的历史和故事、打印成文的价值观、可观察的仪式和庆典、特殊的停车空间和装饰等，这一层次同时包括人和群体所展现的可观察行为。相对于组织文化的其他可视性较低的层次，这些成品更容易改变。信奉的价值观代表了组织所偏好的价值观。这些价值观通常由预言者、创建者和领导者最早提出。这些价值观继续发挥作用的同时逐渐成为无须讨论的潜在的基本假设。这些潜在的基本假设得到一系列明确的信仰、规范与可操作的行为准则支持。

对一个企业而言，组织文化是企业在一定时期的经营实践中，所创造和形成的具有本企业特色的价值观、历史传统、道德规范、准则，以及体现在企业制度、企业产品之中的文化特色（Huhtala et al.，2015）。

（二）组织文化睡莲图

组织文化睡莲图如图 2-2 所示。该模型认为：组织成员的具体行为、工作态度和价值观由组织成员所拥有的信念决定。其中，具体行为是可以观察的，态

度和价值观是可以描述出来的，而信念则是部分可以描述出来，部分是潜在的。信念被看作组织文化的核心因素，如果组织变革组织文化，就必须改变组织成员的信念。

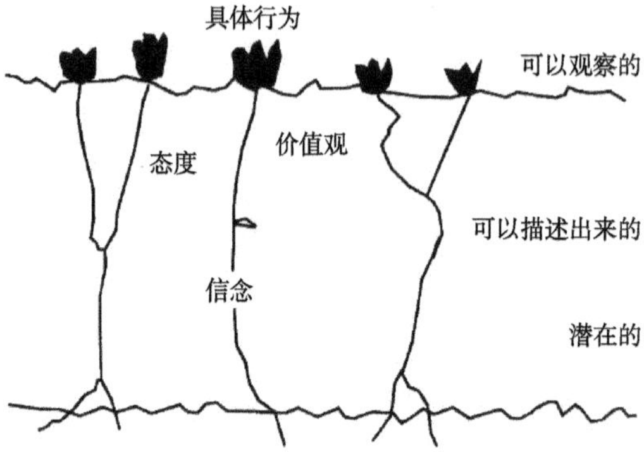

图 2-2　组织文化睡莲图

（三）组织文化冰山模型

组织文化冰山模型如图 2-3 所示。组织文化冰山模型由两种基本要素构成：冰山之上的要素和之下的要素。在冰山表面的看得到的具体行为，是组织文化的外在构成因素，而观念、行为标准、共有价值观、宗旨是组织文化内在部分，是支持具体行为的深层次的存在。

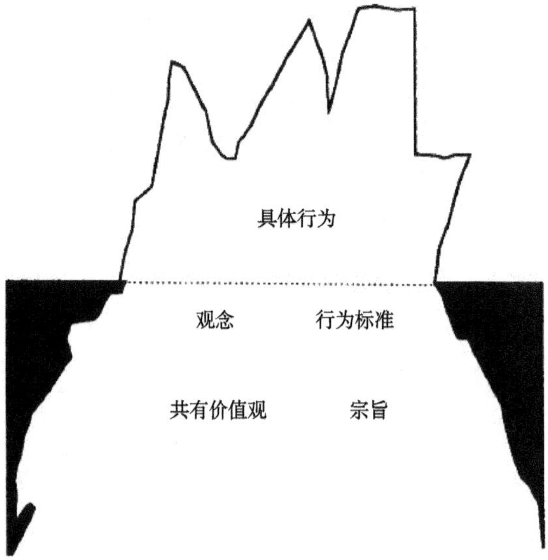

图 2-3　组织文化冰山模型

（四）组织文化同心圆图

Neuhauser 等（2000）研究提出的组织文化同心圆图，如图 2-4 所示。该同心圆图显示组织文化由三个层次构成：第一层是组织的共有观念和核心价值观，这是最深层也是最稳定的；第二层是组织的具体行为和习惯，即组织成员做事的方式；第三层是最显而易见的，即标识、文字等。第二层和第三层是随着环境和企业战略转移而经常变动。

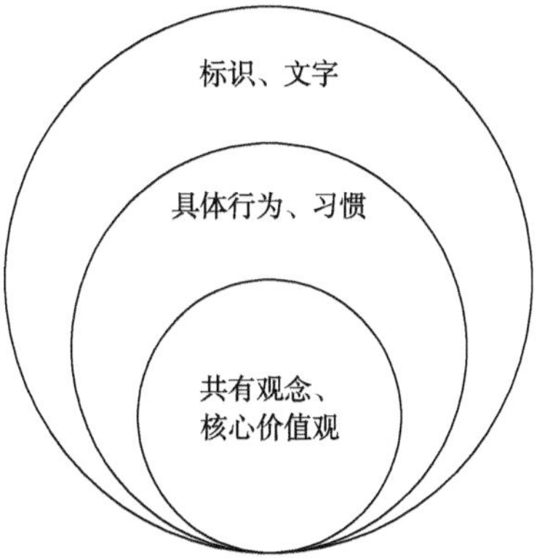

图 2-4　组织文化同心圆图

以上四个组织文化理论模型，虽然各有特点，由不同学者研究提出，但有一个共同点：即组织文化是有层次的，是由外在的、可视的与内在的、潜在的因素构成，并强调组织文化的核心是内在的、深层次的信念或基本假设，由此决定外在的、可视度高的具体行为、习惯及人工制品等。

二、丹尼森组织文化模型

Denison（1984）基于对许多公司组织文化的研究，提出丹尼森组织文化模型。该模型从纵轴两端（内、外聚焦）、横轴两端（灵活性和稳定性）将组织文化划分为：适应性、使命、参与性和一致性四大特征，如图 2-5 所示。

适应性主要是指公司对外部环境（包括客户和市场）中的各种信号迅速做出反应的能力。适应性文化包括三个维度：创造变化、关注客户、组织学习。创造变化维度：公司是否惧怕承担因变革而带来的风险；公司是否学会了仔细观察外

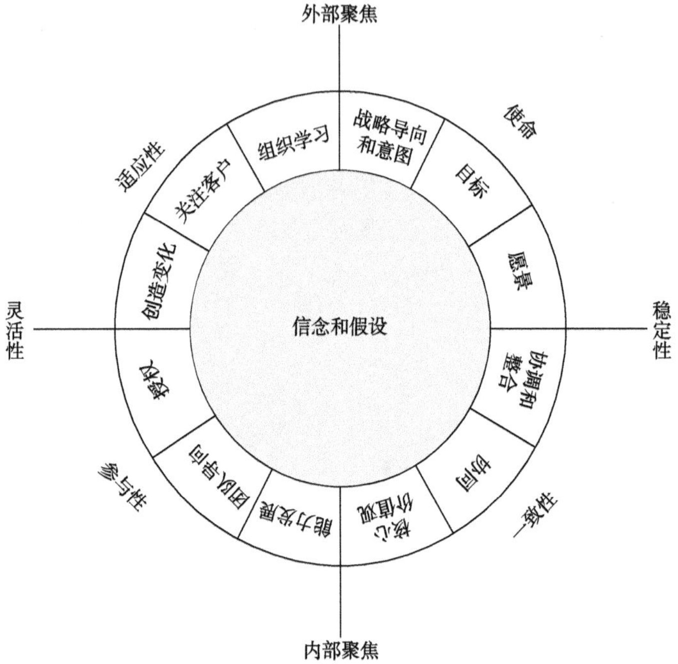

图 2-5　丹尼森组织文化模型

部环境，预计相关流程及变化步骤，并及时实施变革。关注客户维度：公司是否了解自己的客户，使他们感到满意，并能预计客户未来的需求。组织学习维度：公司能否将外界信号视为鼓励创新和吸收新知识的良机。

使命用于判断公司是注重眼前利益，还是着眼于未来的战略行动计划。使命文化包括三个维度：愿景、战略导向和意图、目标。愿景维度：员工对公司未来的理想状况是否达成了共识；这种愿景能否得到公司全体员工的理解和认同。战略导向和意图维度：公司是否希望和追求在行业中脱颖而出；明确的战略意图展示公司的决心，并使组织成员知道应该如何为公司做出自己的贡献。目标维度：公司是否周密制定了一系列与使命、愿景和战略密切相关的目标，是否可以为组织成员在工作时作为参考和指导。

参与性涉及员工的工作能力、主人翁精神和责任感的培养。公司在这一文化特征上的得分，反映出公司对培养员工、与员工进行沟通，以及使员工参与并承担工作的重视程度。参与性包括三个维度：授权、团队导向、能力发展。授权维度：员工是否具有有关活动授权并承担责任；是否具有主人翁意识和工作积极性。团队导向维度：公司是否重视并鼓励员工相互合作，以实现共同目标；员工在工作中是否依靠团队力量。能力发展维度：公司是否不断投入资源培训员工，使员工具有竞争力；是否满足员工不断学习和发展的愿望。

一致性用以衡量公司是否拥有强大且富有凝聚力的内部文化。一致性包括三个维度：核心价值观、协同、协调和整合。核心价值观维度：公司是否具有共同信奉的价值观，使员工产生强烈认同感，并对公司未来抱有明确的期望。协同维度：领导者是否具备足够的能力让大家就某一问题达成高度的一致，并在关键的问题上调和不同的意见。协调和整合维度：公司中各职能部门和业务单位是否能够密切合作，部门或团队的界限会不会变成合作的障碍。

丹尼森组织文化模型中的纵、横两轴的两端及划分的适应性、使命、参与性、一致性四个文化特征，具有相互对应的特点，初显竞争价值观框架的内涵特点。

三、竞争价值观框架

竞争价值观框架是组织文化研究中具有深远意义的主导性理论。该理论基于组织有效性研究发展而来，为后续组织文化研究的理论拓展和实证检验提供了坚实基础。本书在后续章节中讨论的组织二元文化建构即基于这一理论框架。

竞争价值观框架理论最早由 Quinn 和 Rohrbaugh（1983）研究提出，随后引发研究者的关注，不断得以发展和丰富。Quinn 和 Rohrbaugh（1983）通过对组织有效性指标的聚类模式进行分析，发现组织有效性隐含着一种普遍遵循的理论架构，包含三个内部相互对立和竞争的维度，即具有灵活性和控制性两端的结构维度、关注外部和内部两端的关注维度、目的–手段维度，这三个维度都代表着内部相互竞争、相互对应的价值观。其中，具有灵活性和控制性两端的结构维度可以判断公司要求员工行为一致还是允许员工自主行为，体现了对组织结构的灵活性与控制性的考虑，即组织结构是重视灵活性还是稳定性（Quinn and Rohrbaugh，1983）。关注外部和内部两端的关注维度：关注内部型企业注重内部因素，如员工满意度；关注外部型企业注重组织在其环境中运转良好的能力。这一维度体现对组织的内部与外部关注的考虑，即组织是关注人的福利和发展还是关注组织的福利和发展（Quinn and Rohrbaugh，1983）。目的–手段维度则描述希望组织采用何种手段达到什么目的。基于三方面成对维度的不同组合划分出四种组织理论模型，即开放系统模型、人际关系模型、内部过程模型和理性目标模型，每种模型包含一组不同的价值观特征，如图 2-6 所示。

该理论框架将彼此独立且相互竞争的组织文化并列融合于一个整体架构之中，从不同维度为研究复杂组织现象提供多种分析角度和理念。该框架所展现的

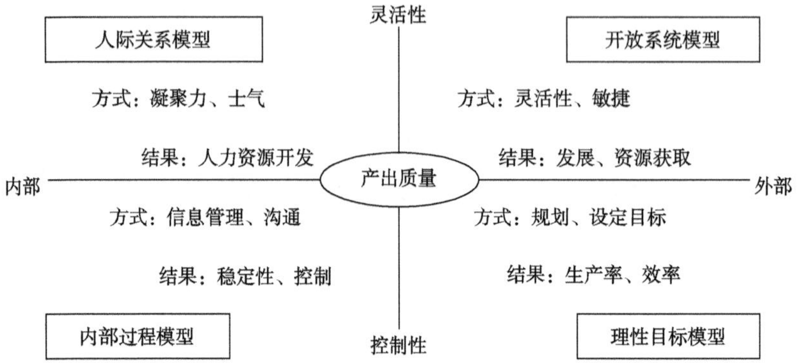

图 2-6 组织竞争价值观框架（一）

资料来源：Quinn 和 Rohrbaugh（1983）

不同价值观、假设突破了常见的两极化的非此即彼的单一行为假设，体现了兼收并存的二元思维模式，为分析组织行为和现象提供了更广阔的视野及思路。

Quinn 及其同事应用竞争价值观框架，对组织文化及组织有效性进行了一系列研究。另有学者进一步研究了这一理论架构中的价值观集（Denison and Spreitzer，1991；McDermott and Stock，1999）。Denison 和 Spreitzer（1991）结合丹尼森组织文化模型，完善了 Quinn 和 Rohrbaugh（1983）四个象限分别对应的开放系统模型、人际关系模型、内部过程模型和理性目标模型四种组织模型内包含的价值观内容，如图 2-7 所示。

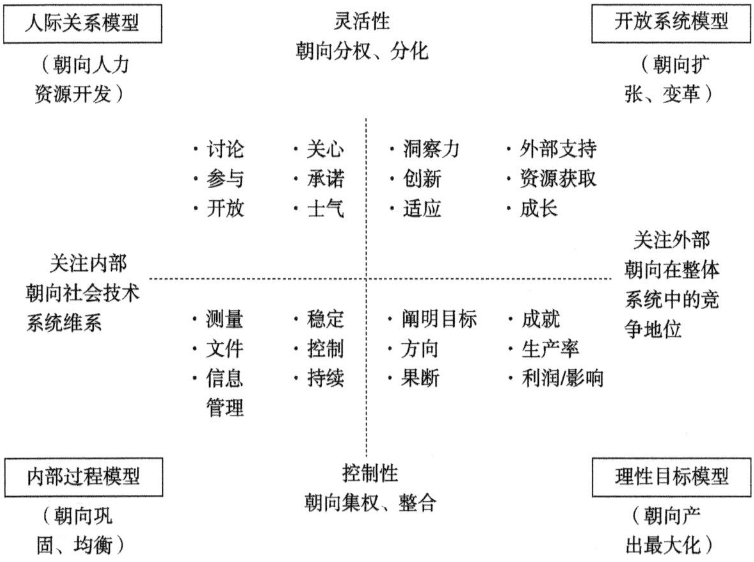

图 2-7 组织竞争价值观框架（二）

资料来源：Denison 和 Spreitzer（1991）

McDermott 和 Stock（1999）的研究基于 Denison 和 Spreitzer（1991）改进的竞争价值观框架，提出了更加简洁明晰的竞争价值观框架。McDermott 和 Stock（1999）在研究中将分别对应于原模型中的四个象限的四种模型所包含的价值观集分别命名为发展型（developmental）、群组型（group）、等级型（hierarchical）、理智型（rational）四种类型的文化，如图 2-8 所示。

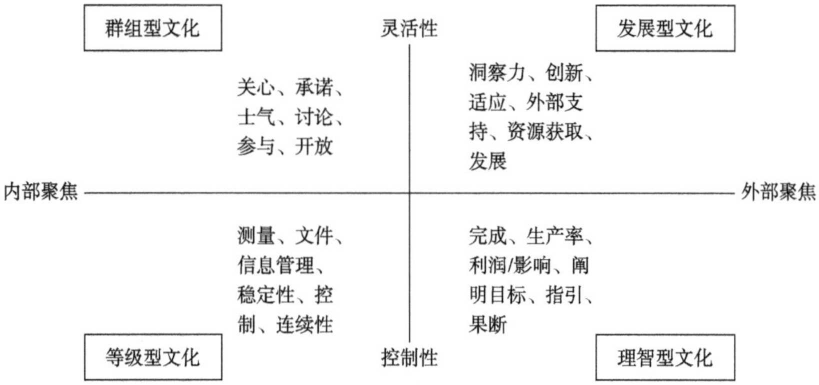

图 2-8　组织竞争价值观框架（三）

资料来源：McDermott 和 Stock（1999）

综上可见，竞争价值观框架中所包含的相应要素之间存在着某种相互对立却又相互依存的联系，表明这些要素之间并不是绝对的相互排斥，而是可以同时出现的一组对应现象。竞争价值观框架体现了兼容并存的二元思维模式。这种思维模式认为，一些看似相对或冲突的现象或要素是可以共同存在且同时运作的。这一框架所体现的分析和解决问题的视角与组织二元性理论有异曲同工之处，两者具有高度的兼容性。

第三节　组织文化对组织创造力和创新影响

正如前面文献研究中已提及的，组织文化对组织效能和竞争力具有重要影响。已有较多文献研究了组织文化对创造力和创新的影响，特别是有些文献研究了促进创新的组织创新文化内涵和特征。在此，我们对这些主要文献进行回顾。

一、创新文化特征研究

对什么是创新文化，虽然不同学者对之有不同界定，但其本质内涵是一致的。创新文化是组织文化的一种类型，是指与创新相关的文化形态，以创新价值观为核心。Thornberry（2003）认为创新文化是组织内一种鼓励创新和支持冒险的文化，能够鼓励员工积极主动、勇于进取和迎接挑战，能够激励和奖赏优秀员工对于快速变化的环境、突然出现的危机和突发情况做出迅速反应，也是一个渗透到组织骨髓中的不断重新检查所有事情的持续的过程。Martín-de Castro 等（2013）认为，创新文化是组织成员共享的有关促进产品创新过程的价值观、信念和假设。如果组织文化或气氛鼓励员工创新，支持个人成长发展，那么这个组织文化就可被标注为“创新文化”。

创新文化的特征包括多个方面。罗宾斯（2005）将创新文化的特征概括为：接受模棱两可、容忍不切实际、外部控制少、接受风险、容忍冲突、注重结果和强调开放系统。

O’Reilly（1989）对消费产品类、计算机类、半导体类和医药类等多行业的公司管理者调查得出，促进创新的文化要素为：鼓励冒险、奖励变革、开放性、共同的目标、自主权、行动中的信念，如表 2-2 所示。

表 2-2　O’Reilly（1989）提出的促进创新的文化要素

提高创造力方面	提高执行力方面
1. 鼓励冒险	1. 共同的目标
1）拥有尝试新事物的自由，允许失败	1）对企业的自豪感和主人翁感
2）接受错误的产生	2）团队工作
3）不惩罚失败	3）自豪的共享荣誉
4）允许对“愚蠢的”思想的讨论	4）工作、预算和职能范围的灵活性
5）对现状的挑战	5）消除混乱的信息
6）忘记过去	6）管理的互相依赖
7）自动自发地不要集中于短期行为	7）共同愿景和方向
8）希望创新成为工作的一部分	8）建立统一性
9）对变革的积极态度	9）互相尊重和信任
10）发展和提高的动力	10）关注整个组织

续表

提高创造力方面	提高执行力方面
2. 奖励变革	2. 自主权
1）新思想是有价值的	1）制定决策的责任感
2）尊重初始思想	2）流程分散化
3）建立构架：预算、机会、资源、工具、时间、提升	3）行动的自由化
4）高层管理者的关注和支持	4）相信你可以做得很好
5）对取得的成就进行庆祝	5）授权
6）建议得到执行和实施	6）决策制定迅速灵活
7）鼓励	7）官僚作风最小化
3. 开放性	3. 行动中的信念
1）交流渠道开放，信息共享	1）不要被精确性困扰
2）仔细倾听别人的意见	2）集中于结果
3）广泛思考	3）履行你的义务和责任（承诺）
4）允许人员走来走去	4）抓住时机
5）鼓励横向思考	5）奖励优秀工作者
6）适应顾客的需求	6）努力工作并取得成就
7）接受批评、不要太理性	7）授权员工
8）持续培训	8）强调质量
9）期望和接受辩论	9）希望把事情做好
10）自愿请教别人	10）穿过官僚阶层

在此研究基础上，O'Reilly 和 Tushman（1997）在对亚洲、欧洲、非洲和美洲的多个行业的2000多名管理者调查中发现，各公司在提高创新绩效方面的共同文化要素为：支持冒险和变革、容忍错误的发生、有效的团队机能、行动的速度。他们在对硅谷29个高科技公司的200多名管理者的调查研究结果中，将文化因素分为提高创造力和提高执行力两类，如表2-3所示。

表 2-3　O'Reilly 和 Tushman（1997）提出的促进创新的两类文化要素

提高创造力方面	提高执行力方面
1. 支持冒险和变革	1. 有效的团队机能
1）对创新的奖励和认可	1）强调团队工作
2）管理层对创新和变革的积极态度及角色模范	2）员工共享同一个目标
3）员工期望挑战现状	3）开放的信息

续表

提高创造力方面	提高执行力方面
2. 容忍错误的发生	2. 行动的速度
1）错误被认为是工作中不可避免的一部分	1）决策制定是迅速的
2）员工拥有变革的自由	2）强调工作的灵活性和适应性
3）“小心不犯错误”是不被接受的	3）要确保创新执行需要给予足够的自治权

Sarros 等（2005）研究认为创新文化包含具有创新性、快速利用机会、承担风险、履行个人职责；Tsui 等（2006）使用归纳和情境化的方法确认中国企业的五种文化价值观维度之一是勇于创新，包括持续开发新产品和服务、准备接受新变化、勇敢采用新技术和鼓励创新。国内学者通过质性研究得出，影响高科技企业创新能力的文化价值观包括愿景驱动、客户导向、奖励变革、宽容失败、应用型学习、人性化关怀、团队合作和开放式沟通（马月婷等，2007；顾琴轩，2012）。

另有一些学者在组织竞争价值观框架研究中提出与创新相关的文化价值观，包括灵活性、成长、迎接新挑战、冒风险、重视创造力、创新和领先等（Freeman and Cameron，1993；Cameron and Quinn，1999）。McDermott 和 Stock（1999）在对竞争价值观框架的修订中将灵活性、成长、变化和创造力作为描述创新价值观的文化特征关键词；Deshpandé 等（1993）从组织类型、领导、组织黏合、战略重点四个角度指出包含创新内容的灵活文化特征包括：组织是动态的、创业型的，人们想要出头、冒风险；领导被视为创业者、创新者、冒险家；组织信奉创新和发展，争做第一；组织重视成长和获取新资源，随时准备迎接新挑战。Lau 和 Ngo（2004）和 Naranjo-Valencia 等（2011）也采用类似方式从组织特征、员工管理、组织黏合和成功标准四个角度分析体现创新的灵活文化特征。

综上所述，促使创新的组织文化特征主要集中于挑战性和信仰、鼓励自由和冒险、组织的活力和持续发展、组织对外界环境的敏感性、信任和开放、争论、跨职能的交流和自由沟通、领导对创新的支持和参与、可支配的创新时间和创新培训、非官僚的组织结构等方面。

二、组织文化中的创新维度研究

现有一些文献将创新作为组织文化的一个子维度进行研究。例如，研究提出组织文化中的创新维度主要包括迎接风险和挑战、鼓励提升创造力和创新、重视产品质量和团队效率等（Wallach，1983；Hon and Leung，2011）。Wallach（1983）

将创新型文化作为组织的一项子文化，所开发的组织创新文化指数包括承担风险、结果导向、有创造性、有压力、激励性、挑战性、进取性和富有活力八项特征。Hon 和 Leung（2011）从组织对创造力的支持角度研究组织文化中的创新维度，对创造力的支持包括发挥创造力可在公司内得到鼓励、鼓励创新及公开表彰具有创新精神的员工。Chandler 等（2000）从影响创造力的组织情境因素角度分析了组织文化中的创新维度，包括组织对提升产品质量、提出有关产品的新想法、提出省钱的新方法、提升团队效率及尝试做事的新方法的重视。国内学者通过对调研数据分析得出，企业文化的创新意识维度包括鼓励创新和冒险、工作方式灵活多变、大胆引进新观念、新型改进的工作方法持续被接受（王国顺等，2006）。

三、促进创新文化的形成

如何促进创新文化的形成？这既与价值观、规范、信念等确立相关，也与一些制度因素相关。

Deshpandé 等（1993）以日本企业为样本，基于 McDermott 和 Stock（1999）的竞争价值观框架研究发现，群组文化、灵活文化、市场文化和等级文化都与组织的创新能力密切相关，其中群组文化和等级文化均与创新能力显著负相关，灵活文化和市场文化均与创新能力显著正相关。孙林杰（2004）以海尔集团为例分析企业文化对技术创新的推动作用，指出优秀的企业文化能从精神、制度、行为和物质四个方面为企业的技术创新提供激励及支持。

众多学者研究表明自主权、沟通合作、员工参与、组织支持等都是影响创造力的重要文化因素（Amabile et al., 1996; Oldham and Cummings, 1996; Gumusluoglu and Ilsev, 2009; Schepers and van den Berg, 2007; Shalley and Gilson, 2004; McLean, 2005）。其中，组织支持是影响创造力的重要文化维度，包括工作群体支持和管理者支持两方面。一方面，工作群体支持通过促进沟通、创新模范的示范作用和群体异质性来促进个体及群体创造力。Amabile 等（1996）发现工作群体支持会促进创造力，他们将工作群体支持定义为一种开放的沟通环境，团队成员可以建设性地挑战他人的想法，并且相互信任和帮助；Ford（1999）研究表明员工依赖于工作环境中他人的暗示来形成对自身创造能力的认识。另一方面，管理者支持则包括团队目标清晰、管理者对团队工作和想法的支持及拥有支持开放式互动的环境（Amabile et al.，1996）。不过，也有学者讨论了管理者在各方面发挥的作用，包括明确地传达目标、对目标如何完成设定期望、提供任务支持和创造一个鼓励风险承担的环境（Tesluk et al.，1997）。

Claver 等（1998）研究提出促进创新文化的要素分为五个方面：价值观的营造、富有创造力的人力资源、快速而负责的决策制定程序、以市场为中心、支持创新的组织结构。五个方面的主要内容如表 2-4 所示。

表 2-4　Claver 等（1998）提出的促进创新文化形成的五个方面

要素	内容
价值观	公司鼓励实验；重视思想的质量而不是思想提出者的权威性；创新者可以得到公司的支持和奖励
人力资源	不断学习；认识到团队工作的必要性；公司成员拥有一定程度的自主权和主动性；员工有一定从事自己感兴趣的创新活动的自由
决策制定的程序	决策制定的灵活性和迅速性；员工拥有冒险精神；共同的责任感；由于风险高，所有决策都要逐步制定
以市场为中心	时刻明白创新的目的是更好地满足顾客的需要；不集中于短期利益；通过产品和市场的多样化来开发新市场和新产品；创新行为的道德观
组织结构	组织拥有分权化结构；组织的灵活性和适应性；允许非正式组织的存在，系统思考而不是片段和零星的思考；文化适应创新的目的

我们结合 Martins 和 Terblanche（2003）的研究观点，认为促进创新文化形成的主要因素有战略、组织结构、支持机制、鼓励创新的行为，主要内容如表 2-5 所示。

表 2-5　Martins 和 Terblanche（2003）提出的促进创新文化形成的主要因素

战略	组织结构	支持机制	鼓励创新的行为
富有创造力的组织愿景和使命； 注重质量的组织目标	灵活性； 自由度（自主、授权、决策速度）； 合作性团队与群体互动	奖励与认可； 资源的可获得性； 开放式沟通与共享	错误或失败的处理； 提出新想法； 不断学习； 建设性冲突处理； 承担风险； 支持变革

（1）战略，主要指创新战略，反映在组织愿景、使命、目标中。创新战略是促进新产品、新技术、新服务的开发和实施的战略。一个组织的创造力和创新源于强调未来发展的共享愿景及使命。一个富有创造力和创新精神的组织愿景及使命应以客户和市场为导向，注重解决客户的问题。强调创新的组织愿景的一个例子是：我们的公司将永不停止地创新，不断创造出新的有价值的产品和服务，不断改进产品和服务的生产方式。与此同时，更应该让员工理解、认同和支持具有创造力及创新精神的组织愿景与使命，理解愿景与现实之间的差距，因为这样能使员工做出富有创造力的行动。

组织目标反映一个组织的优先权和价值观，因此可能促进也可能抑制组织创新。注重质量胜于效果的组织目标能提升创新水平。

（2）组织结构，指促进组织创新和创造力的组织结构。组织文化对组织结构和运行体系产生影响，同样组织结构会影响和强化组织文化的特征，可促进也可抑制组织创新和创造力。在第一章关于制度因素的讨论中，较多文献对组织结构影响创新和创造力的因素进行了研究，并得出了有价值的观点。一般而言，促进创新和创造力的组织结构主要包括灵活性、自由度、合作性团队与群体互动，这些结构特征有助于促进组织创新。组织灵活性与刚性相对应，自由度与控制相对应。灵活性与责任心和适应性不可分离。组织中的灵活性可充分利用组织成员轮岗计划，不拘泥于正式的刚性的职务说明书。自由度与自主、授权、决策速度相关联。管理层给予员工适当的自由度，适当授权而不是控制，以鼓励他们在工作中更富有创造力。快速的决策和反应能促进组织创新和创造力。合作性团队对创新和创造力的影响越来越受到重视。设计充分的允许多元化的团队才能使团队成员中的个体互补和互相学习，促进创新和提高创造力。跨职能的团队鼓励团队成员之间互动沟通，促进技术的互补和共享，从而提升组织创造力。

（3）支持机制，主要包括促进创新和创造力的奖励与认可、资源的可获得性、开放式沟通与共享。得到认可的行为反映组织的价值观。如果创新行为得到组织的奖励和认可，则会对员工创造力的提升产生正向影响。在现实中，一些组织希望员工具有创新思想和创新性行为，但奖励的重点往往是那些已被证明的、确信的方法及工作没有任何差错。其实那些承担风险、提出并尝试新想法的行为也应该得到奖励或认可。另外，组织需要根据实际情况兼顾对个体和团队的奖励，不能偏颇。管理层特别需要注意哪些奖励和认可方法在具体的组织情境下能激发员工更具有创造性。

资源的可获得性是促进创新文化形成的另一个支持机制，这包括时间、信息技术和富有创造力的员工。组织应为员工留出必要且充分的时间创造性思考问题和尝试新想法。如在明尼苏达矿业制造公司，员工可在自己工作时间中抽出15%的时间思考问题和做自己喜欢做的项目。信息技术是创新成功的一个重要资源。利用信息技术，如互联网和内部网，进行交流和沟通，寻找新的信息和合作伙伴等，都有利于创新。另外，招聘、选拔、配置和保留富有创造力的员工，将有力促进组织创新文化的形成。管理层的价值观和信念反映在所任用的员工类型方面，在任用富有创造力的员工中，除了像智力、知识、风险偏好等个体特征外，重视员工的多元背景也很重要。

支持基于信任的开放和透明的沟通的组织文化会促进创新和提升组织创造力。这就需要允许员工提出不同的看法或者疑问甚至悖论，同时需要提供一个让员工心理感到安全的环境，这样才可能产生相互信任的开放式沟通。开放式沟通政策适用于组织中个体之间、团队或部门之间，以得到新的观点或想法。开放式沟通是营造创新文化所必需的部分。

（4）鼓励创新的行为，主要包括错误或失败的处理、提出新想法、不断学习、建设性冲突处理、承担风险和支持变革等方面。组织文化中价值观和规范是以特定的行为方式促进或抑制创新和创造力。在创新活动中，错误或失败有时不可避免。如何看待错误或失败，是掩盖、批评、惩罚，还是看作反思、学习的机会，是发展创新文化的一个重要因素。成功的组织奖励成功，同时会认可错误或失败，将错误或失败作为一个讨论和学习的机会。

在组织中，提出新想法会受到鼓励，而不会受到伤害，这会促进创新。公平评价提出的新想法也会促进创新。

在组织中鼓励员工不断学习，强调好奇心的重要性，鼓励员工在组织内和组织外与他人进行交流，相互学习，不断更新知识和提高技能，学习创造性思考问题和解决问题的能力。

在工作中，尝试新的做法，就会有风险。太多的管理控制会控制风险，由此也会抑制创新和创造力。承担风险与适度监控风险则很重要。授予监控风险的职责和评估承担的风险，营造一个容忍风险或错误的氛围，在这种氛围中，错误或失败被认为是努力行动的一个部分，是学习经历。

支持变革是促进创新和创造力的一种价值取向。管理层应该倡导新的或改进的工作方法，设立强调变革的目标，并表现出对变革的积极态度，以此来营造支持变革的文化。支持变革的一个例子是：当员工在设定年度目标时，希望员工思考如何改进其工作方法。

容忍冲突和建设性地处理冲突是组织中支持创新的价值取向。当不同观点、见解及信息处理和评价方法之间发生冲突时，处理冲突的流程和方式应该是建设性的。理解不同个体的思维方式，对建设性处理冲突方式进行培训，以营造支持创新和创造力的组织文化。

另外，企业所处环境变得日趋动态和竞争加剧，高层管理者对创新文化的形成和推进变得更为重要。Leavy（2005）指出：CEO 面临在日益苛刻和竞争激烈的商业环境中寻找新的增长来源的压力，不仅是重视营销或新产品开发，还必须学会激励他们的组织具有创造性。如果只是关注营销或新产品开发，大多数组织都可以做到这一点。CEO 为了使自己的组织变得越来越多地受到新的思路和新方法的驱动，不应该将创新和创造力的努力视为一种自由方式，而应该将创新观念转化为企业所需要的、持久发展的一种规范和信念，建立组织创新文化和氛围，鼓励和挖掘所有员工的创造潜力，了解客户、竞争对手，促使组织对多样化的优秀人才更有吸引力。高层管理人员需要在企业创造力和效率之间找到适当的平衡，不断推动企业获得富有创造性的增长点。

参考文献

陈影. 2008. 组织文化与组织公民行为的关系研究. 浙江工商大学硕士学位论文.
顾琴轩. 2012. 促进企业创新：理论与实践. 上海：上海交通大学出版社.
李唐周. 1996. 国外组织文化研究综述. 心理学动态，(1)：42-45，7.
梁冰倩，顾琴轩. 2016. 创新型文化感知对内在动机与创造力的影响——基于绩效目标导向视角. 上海管理科学，38（3）：89-96.
罗宾斯 S P. 2005. 组织行为学. 10 版. 孙健敏，李原译. 北京：中国人民大学出版社.
马月婷，张德，段苏桓. 2007. 影响高科技企业创新能力的文化价值观研究.中国软科学，(6)：63-68.
孙林杰. 2004. 企业文化对技术创新的推动作用. 科学学研究，(6)：652-657.
王国顺，张仕璟，邵留国. 2006. 企业文化测量模型研究——基于 Denison 模型的改进及实证. 中国软科学，(3)：145-150.
张丽华，李元墩，杨德礼. 1999. 合资企业的跨文化冲突及其管理.大连理工大学学报（社会科学版），(2)：27-35.
张旭，武春友. 2006. 组织文化与公司绩效关系的实证研究. 南开管理评论，9（3）：50-54.
赵曙明. 1997. 跨国公司在华面临的挑战：文化差异与跨文化管理.管理世界，(3)：75-80.
Amabile T M, Conti R, Coon H, et al. 1996. Assessing the work environment for creativity. Academy of Management Journal，39（5）：1154-1184.
Boyce A S，Nieminen L R G，Gillespie M A，et al. 2015. Which comes first，organizational culture or performance? A longitudinal study of causal priority with automobile dealerships. Journal of Organizational Behavior，36（3），339-359.
Brettel M，Cleven N J. 2011. Innovation culture，collaboration with external partners and NPD performance. Creativity and Innovation Management，20（4）：253-272.
Cameron K S，Quinn R E. 1999. Diagnosing and Changing Organizational Culture，Based on the Competing Values framework. Reading：Addison Wesley.
Chandler G N，Keller C，Lyon D W. 2000. Unraveling the determinants and consequences of an innovation-supportive organizational culture. Entrepreneurship Theory and Practice，25（1）：59-76.
Claver E, Llopis J, Garcia D, et al. 1998. Organizational culture for innovation and new technological behavior. The Journal of High Technology Management Research，9（1）：55-68.
Deal T E，Kennedy A A. 1982. Corporate Cultures：the Rites and Rituals of Organizational Life. Reading：Addison-Wesley.
Denison D R. 1984. Bringing corporate culture to the bottom line. Organizational Dynamics，13（2）：5-22.
Denison D R. 1991. Cultures and Organizations：Software of the Mind. New York：McGraw-Hill.

Denison D R，Mishra A K. 1995. Toward a theory of organizational culture and effectiveness. Organization Science，6（2）：204-223.

Denison D R，Neale W. 1996. Denison organizational culture survey. Ann Arbor：Aviat.

Denison D R，Spreitzer G M. 1991. Organizational culture and organizational development：a competing values approach. Research in Organizational Change and Development，5（1）：1-21.

Deshpandé R，Farley J U. 1999. Executive insights：corporate culture，customer orientation，and innovativeness in Japanese firms：a quadrad analysis. Journal of International Marketing，7（4）：111-127.

Deshpandé R，Farley J U，Webster F E. 1993. Corporate culture and market orientation：comparing Indian and Japanese firms. Journal of Marketing，57（1）：23-37.

Dobni C B. 2008. Measuring innovation culture in organizations：the development of a generalized innovation culture construct using exploratory factor analysis. European Journal of Innovation Management，11（4）：539-559.

Ford C M. 1999. Interpretive style，motivation，ability and context as predictors of executives' creative performance. Creativity and Innovation Management，8（3）：188-196.

Freeman S J，Cameron K S. 1993. Organizational downsizing：a convergence and reorientation framework. Organization Science，4（1）：10-29.

Furnham A，Gunter B. 1993. Corporate culture：definition，diagnosis and change. International Review of Organizational Psychology，8：233-261.

Gordon G G，DiTomaso N. 1992. Predicting corporate performance from organizational culture. Journal of Management Studies，29（6）：783-798.

Gumusluoglu L，Ilsev A. 2009. Transformational leadership and organizational innovation：the roles of internal and external support for innovation. Journal of Product Innovation Management，26（3）：264-277.

Hofstede G. 1980. Motivation，leadership，and organization：do American theories apply abroad. Organizational Dynamics，9（1）：42-63.

Hofstede G. 1991. Cultures and Organizations. Intercultural Cooperation and Its Importance for Survival- Software of the Mind. London：McGraw-Hill.

Hon A H Y，Leung A S M. 2011. Employee creativity and motivation in the Chinese context：the moderating role of organizational culture. Cornell Hospitality Quarterly，52（2）：125-134.

Huhtala M，Tolvanen A，Mauno S，et al. 2015. The associations between ethical organizational culture，burnout，and engagement：a multilevel study. Journal of Business and Psychology，30（2）：399-414.

Lau C M，Ngo H Y. 2004. The HR system，organizational culture，and product innovation. International Business Review，13（6）：685-703.

Leavy B. 2005. A leader's guide to creating an innovation culture. Strategy & Leadership，33（4）：38-45.

Lewis P S，Goodman S H，Fandt P M. 2000. Management challenges in the 21st century. Cincinnati South-Western College Pub.

Lundy O，Cowling A. 1996. Strategic Human Resource Strategy. London：Routledge.

Martín-de Castro G M，Delgado-Verde M，Navas-López J E，et al. 2013. The moderating role of innovation culture in the relationship between knowledge assets and product innovation.

Technological Forecasting and Social Change，80（2）：351-363.

Martins E C，Terblanche F. 2003. Building organisational culture that stimulates creativity and innovation. European Journal of Innovation Management，6（1）：64-74.

McDermott C M，Stock G N. 1999. Organizational culture and advanced manufacturing technology implementation. Journal of Operations Management，17（5）：521-533.

McLean L D. 2005. Organizational culture's influence on creativity and innovation：a review of the literature and implications for human resource development. Advances in Developing Human Resources，7（2）：226-246.

Naranjo-Valencia J C，Jiménez-Jiménez D，Sanz-Valle R. 2011. Innovation or imitation? The role of organizational culture. Management Decision，49（1）：55-72.

Neuhauser P C，Bender R，Stromberg K L. 2000. Culture. Com：Building Corporate Culture in the Connected Workplace. New York：John Wiley & Sons.

Nikpour A. 2017. The impact of organizational culture on organizational performance：the mediating role of employee's organizational commitment. International Journal of Organizational Leadership，6（1）：65-72.

O'Reilly C. 1989. Corporations，culture，and commitment：motivation and social control in organizations. California Management Review，31（4）：9-25.

O'Reilly C A，Chatman J，Caldwell D F. 1991. People and organizational culture：a profile comparison approach to assessing person-organization fit. Academy of Management Journal，34（3）：487-516.

O'Reilly C A，Tushman M L. 1997. Using culture for strategic advantage：promoting innovation through social control. Managing Strategic Innovation and Change：A Collection of Readings，200-216.

Oldham G R，Cummings A. 1996. Employee creativity：personal and contextual factors at work. Academy of Management Journal，39（3）：607-634.

Ouchi W G. 1981. The Z organization//Shafritz J M，Ott J S，Jang Y S（Eds.）. Classics of Organizational Theory.（6th ed.）. Belmont：Wadsworth，424-435.

Pedersen J S. 1989. Organisational cultures in theory and practice. Hants：Gower Publication Limited.

Pettigrew A M. 1979. On studying organizational cultures. Administrative Science Quarterly，24（4）：570-581.

Quinn R E，Rohrbaugh J. 1983. A spatial model of effectiveness criteria：towards a competing values approach to organizational analysis. Management Science，29（3）：363-377.

Reichers A E，Schneider B. 1990. Climate and culture：an evolution of constructs. Organizational Climate and Culture，1：5-39.

Robbins S P. 2000. Essentials of organizational behavior. Upper Saddle River：Prentice Hall.

Sarros J C，Gray J H，Densten I L，et al. 2005. The organizational culture profile revisited and revised：an Australian perspective. Australian Journal of Management，30（1）：159-182.

Schein E H. 1985. Organizational Culture and Leadership：A Dynamic View. San Francisco：Jossey-Bass.

Schein E H. 2010. Organizational Culture and Leadership. Hoboken：John Wiley & Sons.

Schepers P，van den Berg P T. 2007. Social factors of work-environment creativity. Journal of Business and Psychology，21（3）：407-428.

Shalley C E，Gilson L L. 2004. What leaders need to know：a review of social and contextual factors that can foster or hinder creativity. The Leadership Quarterly，15（1）：33-53.

Silvester J，Anderson N R，Patterson F. 1999. Organizational culture change：an inter-group attributional analysis. Journal of Occupational and Organizational Psychology，72（1）：1-23.

Škerlavaj M，Song J H，Lee Y. 2010. Organizational learning culture，innovative culture and innovations in South Korean firms. Expert Systems With Applications，37（9）：6390-6403.

Tesluk P E，Farr J L，Klein S R. 1997. Influences of organizational culture and climate on individual creativity. The Journal of Creative Behavior，31（1）：27-41.

Thornberry N E. 2003. Corporate entrepreneurship：teaching managers to be entrepreneurs. Journal of Management Development，22（4）：329-344.

Trice H M，Beyer J M. 1984. Studying organizational cultures through rites and ceremonials. Academy of Management Review，9（4）：653-669.

Tsui A S，Wang H，Xin K R. 2006. Organizational culture in China：an analysis of culture dimensions and culture types. Management and Organization Review，2（3）：345-376.

Vveinhardt J，Gulbovaitė E. 2016. Expert evaluation of diagnostic instrument for personal and organizational value congruence. Journal of Business Ethics，136（3）：481-501.

Wallach E J. 1983. Individuals and organizations：the cultural match. Training and Development Journal，37（2）：28-36.

Williams A，Dobson P，Walters M. 1993. Changing Culture：New Organizational Approaches. London：Institute of Personnel Management.

第二篇　构念探究

第三章　基于成分理论的组织创造力建构与测量

第一节　组织创造力测量文献回顾

在对组织中不同层次的创造力研究中，一些研究者采用实证方式研究影响组织创造力的个体及团队特征、组织情境因素及作用机制。在此研究过程中，涉及个体、团队、组织不同层面创造力的测量内容和方法。这些测量内容和方法为我们将组织创造力作为一个系统性的整体现象研究奠定了基础。这里，我们在讨论组织创造力内涵维度和测量之前，先对已有创造力测量文献进行回顾。以往研究主要从个体、团队、组织三个层面评价组织创造力，评价方式包括主观评价和客观评价，也有少量实验室研究，如表 3-1 所示。

表 3-1　多层次创造力测量总结

组织创造力	测量方式	量表或指标	来源
个体层面创造力	主观评价	产生有关技术、流程、工艺等想法的创新行为	Scott 和 Bruce（1994）
		创造力专门知识、创造性思维技能、内部任务动机	George 和 Zhou（2007）
		从结果导向角度衡量个体创新行为，如“发现现有的方法或工具的新用途”等	Tierney 等（1999）
		从发现新关系、采用新角度观察事物，从产生新思想等方面衡量创造力	Taggar（2002）
		解决客户问题的新想法和新方式、现有技术的新应用、风险承担、新想法、新愿景	Perry-Smith（2006）
		员工工作的新颖性及有用性，如“该员工的工作的原创性和实用性如何”等	Oldham 和 Cummings（1996）

续表

组织创造力	测量方式	量表或指标	来源
个体层面创造力	客观评价	被试对象从人力资源主管角度对一系列问题提出解决方案，外部专家对所有方案的创新性进行评分，所有方案得分的平均值即该个体的创造力得分	Shalley（1995）
		以员工 6 个月内获得的创造力奖金衡量其创造力	Liao 等（2010）
	主客观相结合	上级对员工的创造力评价、员工向行业组织展示研究论文的陈述报告、员工获得的技术组织/协会的奖励、发明披露书、专利申请及专利奖励的数目	Dewett（2007）
		员工的专利披露书数目、员工对组织建议系统的贡献、上级对员工的创造性绩效评估	Madjar 等（2002）
		上级对员工的创造力评价、员工提供的发明披露书和研究报告的数量及新颖性与有用性	Tierney 等（1999）
团队层面创造力	主观评价	团队成员的专门知识、创造性思维技能及内部任务动机水平	Valentine 等（2011）
		包括创造力、生产力、创新性三个维度	Chen 等（2006）
	实验室研究	团队成员头脑风暴后形成观点或书面报告，由外部专家对观点或书面报告的创新性进行评价	Baer 等（2010）；Taggar（2002）
组织层面创造力	主观评价	KEYS 量表包括组织支持、主管支持、团队支持、充足的资源、挑战性工作、工作自由度、组织障碍、工作压力、创造力、生产力十个维度	Amabile 等（1996）
		关注创造性的主体、过程、结果、环境等方面	Lang 和 Lee（2010）；van Lancker 等（2016）

一、个体层面创造力测量

（一）主观评价

主观评价是采用量表形式评价员工创造力，一般由员工的直属上级对其创造力进行评价。Scott 和 Bruce（1994）基于 Kanter 等的研究成果，通过实地访谈开发员工创新行为量表测量员工创造力，如“寻找新技术、流程、工艺和产品创意”“产生创造性想法”“为新想法的实施制订充分的计划和安排”等。国内学者刘云和石金涛（2009）、彭正龙等（2011）都采用该量表测量员工创新行为。George 和 Zhou（2007）以 Scott 和 Bruce（1994）的创新行为量表为基础开发员工创造力量表，该量表体现为创造力专门知识、创造性思维技能及内部任务动机三方面，如“建议以新方式实现目标”“提出新颖而有用的想法以提高绩效”“提出解决问题的创造性方法”等。Zhang 和 Bartol（2010）、Baer 和 Oldham（2006）、Madjar

（2008）都在研究中采用该量表的全部或部分题项测量员工创造力。此外，Tierney等（1999）、Taggar（2002）、Perry-Smith（2006）、Oldham和Cummings（1996）根据Amabile对创造力的定义，从结果导向角度确立了员工创造力量表，并关注个体产生的想法是否具有新颖性和有效性。

（二）客观评价

部分学者基于创造力的结果观，采用客观指标衡量员工创造力。客观指标强调创造性绩效的数量及新颖性与实用性（Boies et al.，2015）。Madjar等（2002）认为主管可能受偏好、晕轮效应等因素影响，对下属创造力的评价产生偏差，因此客观指标可能更准确地反映员工创造性绩效。Shalley（1995）以48名大学生为样本进行实验室研究，大学生从公司人力资源主管的角度对一系列问题提出解决方案，外部专家对方案的创新性进行评分，以方案得分的平均值衡量个体创造力。Liao等（2010）调研中国一家钢铁企业时发现，工程师向人力资源部提交有关新产品开发和生产流程创新方面的书面建议书时可以获得奖励，他们认为有关产品和生产实践的新颖想法的质量及数量体现了个体的创造力水平，因此将工程师获得的创造力奖金作为衡量创造力的指标。

（三）主观评价与客观评价相结合

Dewett（2007）在研究研发人员的内在动机与创造力关系时，从主客观角度分别测量创造力。主观评价即采用创造力量表描述员工的创新行为，如“新颖而有用的且与工作相关的创意”等。提供给行业组织的研究论文的陈述报告、来自技术组织/协会的奖励、发明披露书、专利申请及专利奖励等指标的数量均值作为员工创造力的客观评价指标。此外，Madjar等（2002）从上级对员工的创造性绩效评估、员工的专利披露书数量及对组织建议系统的贡献度三个方面衡量员工的创造性绩效。Tierney等（1999）采用以下指标衡量研发人员创造力：上级对员工的创造力评价、员工提供的发明披露表和研究报告的数量及新颖性与有用性程度。Tierney等（1999）认为上述指标与创造性观点的产生直接相关，因此可以有效区分创造力与创新。

二、团队层面创造力测量

Valentine等（2011）在Gilson的研究基础上设计团队创造力量表，采用员工自我报告的方式测量员工对其所在团队创新水平的感知。该量表从团队成员的专门知识、创造性思维技能及内部任务动机水平等方面测量团队创造力，如“总体来说，我和团队成员都欢迎变革”“我和团队成员彼此鼓励尝试新事物，即使它们并不奏效”“我和团队成员愿意采用创造性方式解决难题”。Chen 等（2006）设计了一个包含创造力、生产力、创新性的三维度量表以测量台湾高科技公司项目团队的创造力。其中，创造力维度表示团队产生的新颖的、有用的想法及新知识的速度及新颖程度，生产力维度表示团队按时完成绩效的程度，创新性维度表示团队提供的产品、技术及服务满足市场和客户需求的程度。王端旭等（2009）在研究团队内部社会网络与团队创造力关系时，也采用该量表。除了主观评价之外，学者还在实验室条件下研究团队创造力。例如，Baer 等（2010）安排 70 组团队参与两个议题的讨论，由外部专家评价团队成员头脑风暴后形成的观点的创新性，以此衡量团队创造力。Taggar（2002）将一所大学商学院的 450 名大学生划分为 94 组团队，外部专家评估团队成员撰写的分析报告的创新性，所有报告的得分均值即团队创造力得分。

三、组织层面创造力测量

学者对组织层面创造力的量表开发及实证研究较少，已有研究从影响创造力的工作情境因素的角度研究组织层面创造力。例如，Amabile 等（1996）的 KEYS 量表，其中组织支持、主管支持、团队支持、充足的资源、挑战性工作、工作自由度六个维度测量促进创造力的因素，组织障碍、工作压力两个维度测量抑制创造力因素，创造力和生产力维度分别测量个体对组织的创造力和生产力水平的感知。Mostafa（2005）以 170 名埃及企业经理为样本检验 KEYS 量表的信度和建构效度，发现该量表具有较高的信度和建构效度。此外，Lang 和 Lee（2010）基于 George 和 Zhou（2007）、Scott 和 Bruce（1994）的研究，设计量表测量组织层面创造力。该量表体现了组织创造力的创造性主体、创造性过程、创造性结果等方面，并描述了一个有助于激发个体创造力的环境，如“组织成员产生许多原创性想法”“组织鼓励员工发现知识的新领域”“能够感觉到组织在不断进步”等。

通过梳理组织创造力的测量内容和方法研究，作者发现以下三个方面内容。①学者主要从个体、团队、组织层面分别测量创造力，个体创造力的测量主要采用量表评价和指标衡量的方式，团队创造力多以量表和实验室研究的形式测量，组织层面创造力的测量主要关注影响创造力的组织层面情境因素。②目前尚没有统一的指标或量表测量多层次组织创造力，也未在组织创造力测量体系中体现三个层面创造力及其交互作用。③组织创造力的测量研究多在西方文化背景下进行，对中国情境下的组织创造力测量研究较少。

综上分析，我们发现在已有的相关文献中，对具有个体创造力和团队创造力测量的实证研究较多，对具有组织创造力测量的实证研究较少。并进一步发现，在较少的具有组织创造力测量的实证研究中，或者以组织创造性环境测量来代表组织创造力的测量中，组织创造性环境只是组织创造力的一个预测因子，不能等同组织创造力；或者是基于创造力一般概念的一个整体而比较笼统的单维度测量，未对效度等做进一步检验，即构思效度难以得到保证。换言之，对组织创造力测量有待进一步开发与验证。

第二节　基于成分理论的组织创造力维度结构开发

在第一章中，我们阐述了组织创造力概念及相关理论。我们基于国内外学者关于组织创造力及测量文献研究，结合深度访谈方式，进一步明确提出组织创造力的内涵和构型，应用 Amabile（1996）创造力成分理论，研究开发组织创造力维度结构。

一、组织创造力维度结构开发的理论基础

创造力成分理论（Amabile，1988，1996）为组织创造力的研究提供了理论基础。Amabile（1988）从产品导向对创造力进行界定，认为创造力应被认定为有创造性反应或工作产出，强调产出或可观察的反应才是创造力的最终证明，即将新想法的产生视为一种产品。Amabile（1988）提出创造力产生的三类来源的模型，即创造力成分理论模型，包括领域相关技能、创造力相关技能和工作动机。具体而言，领域相关技能包含任务相关领域的知识、技能；创造力相关技能包括适当的认知形态、启发式思维方式及有助于创造力的工作经验；工作动机包括工作的内在动机和外在动机，工作内在动机指出于内在兴趣和自我驱动的动机，工作外在动机指在外在约束或外在驱动下工作的动机。

Amabile（1996）对创造力成分理论进行了修改，将创造力相关技能改成创造

力相关过程，于是创造力三成分相应变为领域相关技能、创造力相关过程及工作动机。Amabile（1998）又进一步将领域相关技能修改为专业知识，创造力相关过程改为创造性思考技能，这是因为领域相关技能所包含的知识、技术和能力可以用专业知识进行概括；而创造力相关过程包含尝新求变的技能与解决问题技能，亦即倾向在看待问题时采用新的视角，产生新奇而有用的点子，以不同观点看待事物，采用新观点和创造性技巧解决问题，可以用创造性思考技能概括。因此，最终的创造力成分理论包括专业知识、创造性思考技能、工作动机三个成分，三者的交互作用交集区越大，个体的创造力就越高，个体的创造力是专业知识、创造性思考技能与工作动机的综合表现。

Amabile（1997）在创造力成分理论模型中加入工作环境，将工作环境分成管理实践、资源、组织创新动机三个维度，这三个维度的交集即组织创造力。本书的组织创造力量表开发正是基于创造力成分理论，将组织创造力界定为包含组织创造性动机、组织创造性相关过程、组织创造性相关资源三个维度的结构模型，进而在各维度下开发题项，形成组织创造力量表，并通过调查数据实证探索与检验组织创造力量表。

二、组织创造力的内涵和构型

正如在第一章中所讨论的，已有文献从过程观、能力观和特质观对创造力进行了界定。在此基础上，我们针对组织创造力是一个多层次现象，从系统观角度界定组织创造力，研究提出组织创造力是由个体创造力、团队创造力及影响个体创造力和团队创造力的组织层因素构成的互动系统，是个体、团队在组织社会情境中产生有关产品、服务、程序或工艺的有用的新想法的能力。从这一定义出发，我们提出了个体创造力和团队创造力的函数结构及组织创造力整体理论构型。

个体创造力是组织创造力的基本单元。个体创造力是人格特质、工作领域专业知识、工作动机、认知方式与能力、情绪/态度与社会和情境因素的函数。个体创造力的函数结构如图 3-1 所示。

个体组成团队。个体具有创造力，团队未必具有创造力。团队创造力还取决于团队层面其他诸多因素。团队创造力是团队特征、团队过程、团队情境、团队任务、团队领导和团队所处组织情境因素的函数。团队创造力的函数结构如图 3-2 所示。

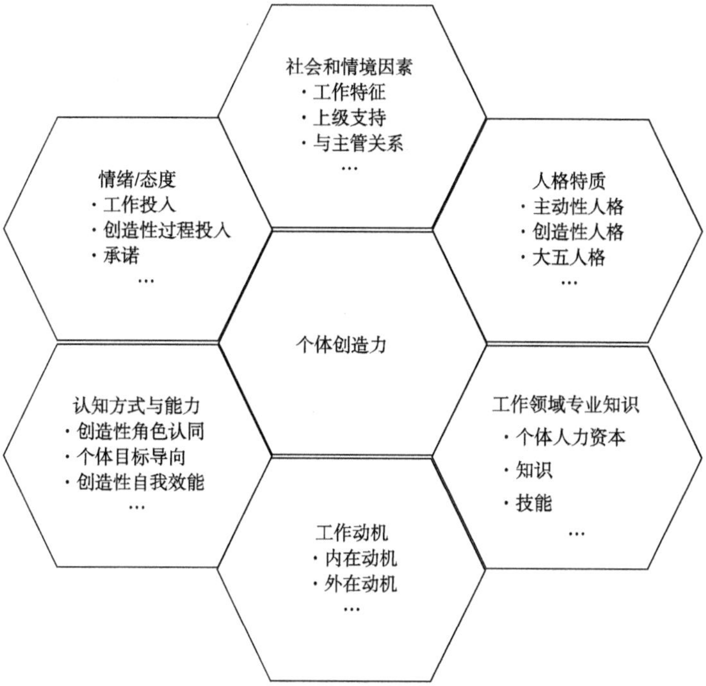

图 3-1　个体创造力函数结构

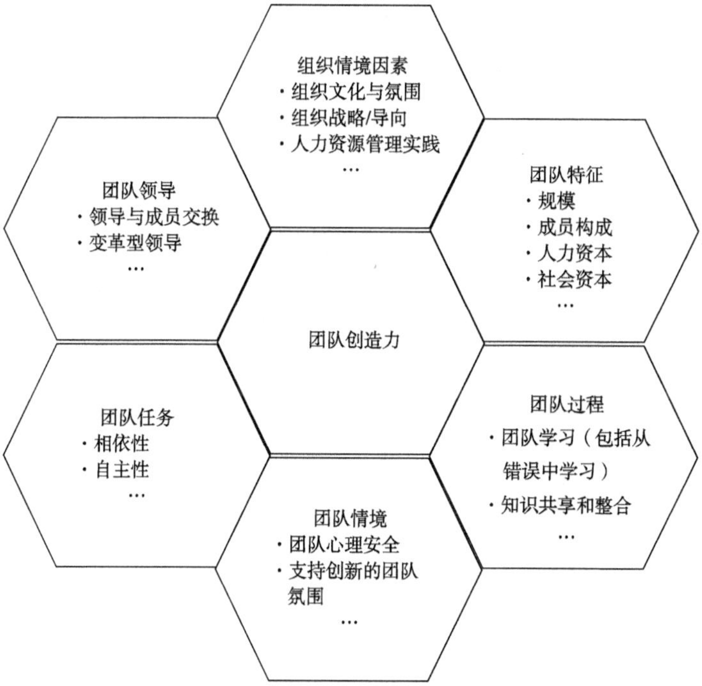

图 3-2　团队创造力函数结构

个体和团队具有创造力，其组成的组织未必具有组织创造力。组织创造力不仅取决个体和团队创造力，还取决于组织层面影响因素。组织创造力包括个体创造力和团队创造力及影响个体和团队创造力的组织要素。组织创造力的结构模型如图 3-3 所示。

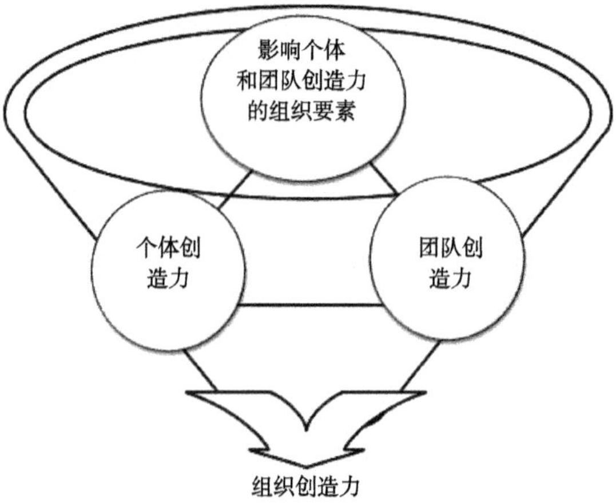

图 3-3　组织创造力结构模型

三、基于创造力成分理论的组织创造力维度结构

基于系统观的组织创造力概念，我们应用 Amabile（1996）的创造力成分理论模型，结合企业访谈，进一步将组织创造力作为系统性的整体现象进行研究。组织创造力体现为组织致力于产生有关产品、服务、程序或工艺的有用的新想法的能力。

首先，我们基于系统观的组织创造力概念和构型，设计八个核心访谈问题，如表 3-2 所示。其次，我们重点对 15 位企业中高层管理人员进行访谈，访谈人员信息如表 3-3 所示。我们选取在行业内较为成功或是高技术行业的企业中高层管理者为访谈对象。在选取的中高层管理者中，部分为某管理学院 MBA（master of business administration，工商管理硕士）和 EMBA（executive master of business administration，高级管理人员工商管理硕士）及企业管理专业毕业的校友，部分为 EMBA 校友推荐的其公司的管理人员，另有一些是本书的第一作者熟悉的高层管理者。在被访的 15 位中高层管理者中，10 位为男性，5 位为女性；1 人为大学本科毕业，1 人为早期的（恢复高考时期）大专毕业，12 人取得硕士学位，1 人取得博士学位；工作年限都在 7 年以上；1 人在国有企业工作，13 人在民营企业工作，1 人在外资企业工作。访谈时间从 40 分钟到 100 分钟不等，访谈时间平均为 70 分钟左右（68.7 分钟）。最后，根据访谈者对提纲问题的回答，我们将访谈对象认为的对组织产生新的有用的想法的能力有重要影响的观点整理归纳于表 3-4。从访谈者的回答中，我们可以发现他们认为的与组织创造力密切相关的因素可以归纳为三类：实践、资源、动机，具体见表 3-4。

表 3-2　中高层管理者访谈的核心问题

序号	问题
1	你公司在技术/产品/服务/流程等方面的创新性如何
2	在你公司，组织产生新的有用的有关技术/产品/服务/流程等方面的想法对企业创新绩效和财务绩效有什么影响，如何产生影响
3	在你公司中，员工是否能提出有关技术/产品/服务/流程等方面的新的有用的想法；哪些组织因素会影响员工提出有关技术/产品/服务/流程等方面的新的有用的想法
4	在你公司中，什么样的团队更容易提出有关技术/产品/服务/流程等方面的新的有用的想法；有哪些因素会影响团队提出有关技术/产品/服务/流程等方面的新的有用的想法
5	公司作为一个组织系统，有哪些因素会促使组织产生有关技术/产品/服务/流程等方面的新的有用的想法
6	在你公司，采取哪些做法或措施来促使组织产生有关技术/产品/服务/流程等方面的新的有用的想法，如在战略、文化、管理政策或制度等方面
7	在你公司，除了以上所说的，还有哪些做法促进组织产生有关技术/产品/服务/流程等方面的新的有用的想法，或者还有哪些因素可能阻碍组织产生有关技术/产品/服务/流程等方面新的有用的方面想法
8	在你公司，在致力于提升创造力和促进创新活动中还存在哪些问题或挑战

表 3-3　被访者基本信息

编号	重点访谈企业	被访谈人	性别	工作年限	访谈时长
1	宁波 A（集团）股份有限公司	公司副总经理	女	30 年以上	60 分钟
2	宁波 A（集团）股份有限公司	人力资源部经理	女	11 年	40 分钟
3	宁波 A（集团）股份有限公司	人力资源部招聘经理	女	8 年	40 分钟
4	上海 Q 汽车集团股份有限公司	人力资源经理	女	8 年	60 分钟
5	上海 D 精密紧固件有限公司	总经理	男	35 年以上	访谈两次，共 100 分钟
6	上海 D 精密紧固件有限公司	公司副总	男	30 年以上	访谈两次，共 100 分钟
7	上海 H 电气公司	技术经理	女	8 年	60 分钟
8	上海 L 设计技术公司	人力资源总监	男	12 年	90 分钟
9	上海 S 信息系统科技有限公司	技术副总经理	男	9 年	90 分钟
10	上海 H 电气公司	技术经理	男	11 年	60 分钟
11	深圳 R 软件技术有限公司	人力资源总监	男	10 年	60 分钟
12	深圳 H 空调公司	营销总监	男	10 年	90 分钟
13	深圳 F 科技有限公司	研发经理	男	8 年	60 分钟
14	上海 Z 贸有限公司	总经理	男	13 年	60 分钟
15	上海 J 数码科技有限公司	总经理	男	12 年	60 分钟

表 3-4 访谈结果整理

序号	观点	频次	归类
1	公司提供的知识、想法交流平台会影响员工之间互动及互动中想法的产生	12	实践
2	公司知识管理体系对新想法的产生有重要影响	11	实践
3	员工的智力与知识是组织中新想法产生的基础	11	资源
4	高管是否重视员工创造性培养	10	动机
5	公司是否有鼓励员工提出新想法的氛围	10	动机
6	公司是否有经常讨论工作中失败经历的机制	10	实践
7	公司在工作中是否支持员工尝试新想法	9	动机
8	公司是否有专门资金支持创新活动	9	资源
9	公司是否将创新作为一种战略导向	8	动机
10	公司是否重视推出新产品或服务	8	动机
11	公司内员工是否具有开放性，经常提出自己的想法	8	资源

在访谈的此基础上，结合 Amabile（1996）创造力成分理论模型，提出一个系统性的由三维构成的组织创造力模型。如图 3-4 所示。

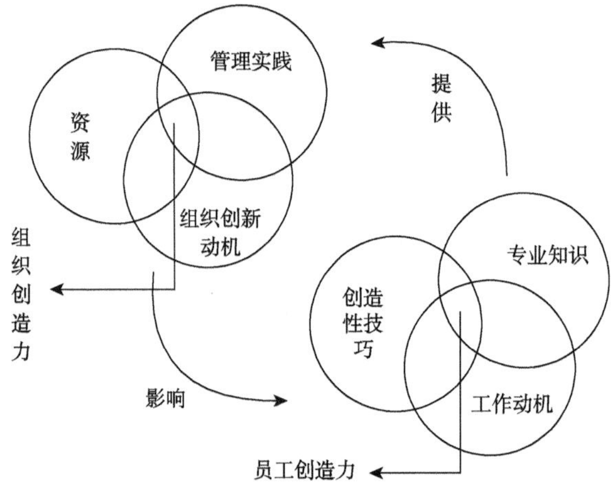

图 3-4 个体创造力成分到组织创造力成分

我们认为三维度结构的组织创造力模型由组织创造性动机、组织创造性相关过程、组织创造性相关资源三维度构成（图 3-5）。组织创造性动机指组织对待创新的基本倾向和态度，创造性动机主要来自高阶管理层，包括对创造力和创新的重视、与维持现状相反的风险倾向、领先未来的进取型战略倾向。组织创造性相关过程指组织内（包括在部门和团队层次）有助于创造力和创新产生的作用机制、流程和方式，如团队工作方式、对知识/技能/经验的保存和共享等。组织创造性相关资源指组织内促使创造力和创新产生的资源，包括员工拥有的知识、专长和技能，组织能够提供的时间、信息和必要资源。

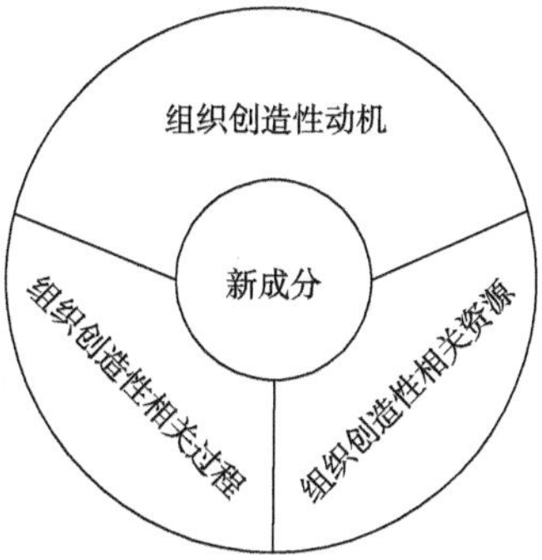

图 3-5　组织创造力三维结构

第三节　三维结构的组织创造力测量题项形成

基于本章第二节的组织创造力三维构念模型，即组织创造性动机、组织创造性相关过程、组织创造性相关资源，我们对组织创造力各维度所包含题项进行归纳分析，采用演绎法形成题项。首先，我们对根据理论研究与深入访谈形成的组织创造力成分进行清晰的定义，确定每个成分的指标涵盖范围。其次，我们搜寻以往与三个成分相近的测量工具的条目，实现对组织创造力三个成分的测量。经过文献阅读作者搜集整理了包含组织创造力成分的共 35 个题项，题项来源如表 3-5 所示。这些题项均是我们在对组织创造性相关资源、组织创造性相关过程、组织创造性动机三个成分明确定义与充分理解的基础上搜集形成，具体见表 3-5。Subramaniam 和 Youndt（2005）开发的人力资本问卷中的被选题题项是测量员工的技能与创造性，与本章所界定的创造性相关资源相匹配；Amabile 等（1996）开发的量表是测量影响创造力的情境因素，组织创造性相关资源是该量表重要考虑的情境因素，与本章所界定的组织创造性相关资源内涵一致。Jerez-Gómez 等（2005）开发的组织学习量表的题项测量的是组织知识吸收、转移与整合的实践水平，这些题项反映了本章所定义的组织创造性相关过程。Hughes 和 Morgan（2007）开发的创业导向量表从创新动机等方面测量企业不断探索的倾向，其题项表达的含义能反映出本章所界定的组织创造性动机的内涵。

表 3-5 组织创造力题项来源

题项来源	选取题项数
Subramaniam 和 Youndt（2005）	2
Amabile 等（1996）	7
Jerez-Gómez 等（2005）	11
Hughes 和 Morgan（2007）	15

依据组织创造力三维结构的构念界定，我们采用专家小组对所选择的题项库做进一步梳理。专家小组的构成：一位资深的研究创造力和创新的教授、一位企业人力资源总监或组织创新专业的博士、三位组织行为和创新研究方向的在读博士生。最后，形成组织创造力预试问卷，由 35 个题项组成，如表 3-6 所示。其中，组织创造性相关资源共 9 个题项（1 ~ 9）、组织创造性相关过程共 11 个题项（10 ~ 20）、组织创造性动机共 15 个题项（21 ~ 35），各个题项采用利克特六点量表测量被调查者对各问题的赞同程度，1 ~ 6 代表“完全不同意”到“完全同意”。

表 3-6 组织创造力量表初始题项

序号	题项
1	员工聪明且富有创造力
2	员工善于提出新观点，拓展新知识
3	公司留有充裕时间用于产生创新的想法
4	员工的专业知识足够用来创造性地完成工作
5	公司专门为创新/创造力活动留出预算
6	员工可以获得工作所需的物质资源
7	员工可以自由查询所有的组织信息资源
8	公司拥有资源并愿意用于促进和实施创造性想法
9	公司为员工提供多种培训
10	公司跟踪行业内其他公司的有用做法和技术
11	如果发生错误和失败，公司各层会进行讨论分析
12	团队是公司内的有效工作方式
13	公司有文档和数据库等工具，使以往获得的知识起作用
14	员工相互合作，分析和解决问题
15	员工共享知识和信息并相互学习

续表

序号	题项
16	公司中不同工作领域的员工互相交流想法
17	员工与客户、供应商、联盟伙伴等合作以提出解决方案
18	员工将知识应用融会贯通，将跨领域知识应用于问题解决中
19	公司的大量知识以手册和数据库等方式保存
20	公司将许多知识和信息固化在制度和流程中
21	公司通过内外宣传表明对创造力的重视
22	公司以风险和机遇为导向
23	公司为员工及其创造性成就感到自豪
24	公司重视员工的创造能力
25	公司采取面向未来的进攻型战略
26	公司管理制度和流程具有灵活性和适应性
27	员工提出新想法和观点不会受到无缘的批评
28	公司认为承担风险是员工的一种积极态度
29	公司鼓励员工承担新想法的预计风险
30	公司重视机会的探索和尝试
31	公司愿意承担创造性活动不确定性带来的风险
32	公司经常努力试行新的想法
33	公司寻求开展业务的新方式
34	公司重视率先在市场推出新产品或服务
35	公司不断寻求与现有业务相关的新机会

第四节　三维结构的组织创造力量表检验

该部分采用定量分析方法，通过问卷调查方式收集实证数据，请受测的企业中高层管理者或核心员工来填答问卷，并通过探索性因子分析、信度分析、验证性因子分析、相关分析等统计分析方法对组织创造力的内部结构、信度与效度进行验证。

一、预测试

在正式大规模调查之前通过邮件和课堂现场两种方式向 MBA 学员发放了初步调研问卷，通过他们的反馈来对问卷进行修改。根据反馈，再次对问卷中的题项进行了调整，使问题中所描述行为更易于观察，根据预测试反馈结果删掉 2 个题项（公司采取面向未来的进攻型战略；员工提出新想法和观点不会受到无缘的批评），保留 33 个题项。

二、数据收集与样本结构

组织创造力反映的是组织内关于新知识产生的能力，因此我们拟从每家企业抽取 3 名以上中高层管理者或核心员工进行问题填答，降低个人特质带来的影响。在考虑了问卷发放的可操作性后，我们通过个人的社会网络，以浙江省企业家协会、浙江省工商业联合会、浙江省工业经济联合会的会员企业为调查对象，进行数据收集。问卷实际发放时间为 2013 年 12 月至 2014 年 4 月。发放对象为浙江省企业家协会、浙江省工商业联合会、浙江省工业经济联合会的会员企业；发放方法是纸质问卷发放，该课题组成员将打印好的纸质文件交于各企业总经理或中高层管理者，并向其说明调查过程与注意事项，现场填答完直接交于该课题组成员，对于未能现场完成的，邮寄给该课题组成员。

该调查有效收集了 114 家企业 539 个核心员工样本数据，114 家企业平均成立年限为 16.7 年（标准差[①]为 16.9），公司平均人数为 2895.6 人（标准差为 12 786.9），样本特征的统计分析结果如表 3-7 所示。对调查对象的数据统计显示，所调查企业大部分为私营企业（67.5%），另外，外资企业有 5 家（4.4%），国有企业有 10 家（8.8%），中外合资企业有 9 家（7.9%），联营企业 3 家（2.6%），其他性质企业有 3 家（2.6%），有 7 家（6.1%）企业缺失信息。就行业而言，属于电子信息技术行业的企业有 18 家（15.8%）、高新技术服务业有 9 家（7.9%）、高新技术改造传统行业有 3 家（2.6%）、生物与新医药技术行业有 4 家（3.5%）、新材料技术行业有 23 家（20.2%）、新能源及节能技术行业有 4 家（3.5%）、资源与环境技术行业有 5 家（4.4%）、其他行业有 48 家（42.1%）。在企业性质方面，股份有限公司有 28 家（24.6%）、有限责任公司有 72 家（63.2%）、其他性质公司有 5 家（4.4%），

① 标准差（standard deviation，SD）。

有 9 家（7.9%）公司企业性质信息缺失。

表 3-7　组织创造力量表开发企业样本信息

企业属性	类别	样本数	所占比例
所有制	国有	10	8.8%
	联营	3	2.6%
	其他	3	2.6%
	私营	77	67.5%
	外资	5	4.4%
	中外合资	9	7.9%
	缺失	7	6.1%
所属行业	电子信息技术	18	15.8%
	高新技术服务	9	7.9%
	高新技术改造传统行业	3	2.6%
	生物与新医药技术	4	3.5%
	新材料技术	23	20.2%
	新能源及节能技术	4	3.5%
	资源与环境技术	5	4.4%
	其他	48	42.1%
企业性质	股份有限公司	28	24.6%
	有限责任公司	72	63.2%
	其他	5	4.4%
	缺失	9	7.9%

注：表中所占比例一列数据由原始数据计算并四舍五入而得，因此相加与 100%有出入

调查的中高层管理或核心员工的基本信息如表 3-8 所示。在性别方面，男性占 350 人（64.935%），女性占 178 人（33.024%），未填占 11 人（2.041%）；在年龄方面，25 岁及以下占 82 人（15.213%），26～30 岁占 208 人（38.590%），31～35 岁占 126 人（23.377%），36～40 岁占 64 人（11.874%），40 岁及以上占 32 人（5.937%），缺失占 27 人（5.009%）；在教育程度方面，高中或同等中专占 53 人（9.833%），大专占 100 人（18.553%），本科占 273 人（50.649%），硕士占 85 人（15.770%），博士占 10 人（1.855%），缺失占 18 人（3.340%）；在公司工作年限方面，3 年及以下占 299 人（55.473%），4～6 年占 137 人（25.417%），7～9 年占 46 人（8.534%），10 年及以上占 47 人（8.720%），缺失占 10 人（1.855%）；在总工作年限方面，5 年及以下占 207 人（38.404%），6～10 年占 191 人（35.436%），11～15 年占 72 人（13.358%），16 年及以上占 50 人（9.276%），缺失占 19 人（3.525%）。

表 3-8 组织创造力量表开发所调查的个体样本信息

员工特征	类别	频数	百分比
性别	男	350	64.935%
	女	178	33.024%
	缺失	11	2.041%
年龄	25 岁及以下	82	15.213%
	26～30 岁	208	38.590%
	31～35 岁	126	23.377%
	36～40 岁	64	11.874%
	40 岁及以上	32	5.937%
	缺失	27	5.009%
教育程度	高中或同等中专	53	9.833%
	大专	100	18.553%
	本科	273	50.649%
	硕士	85	15.770%
	博士	10	1.855%
	缺失	18	3.340%
本公司工作年限	3 年及以下	299	55.473%
	4～6 年	137	25.417%
	7～9 年	46	8.534%
	10 年及以上	47	8.720%
	缺失	10	1.855%
总工作年限	5 年及以下	207	38.404%
	6～10 年	191	35.436%
	11～15 年	72	13.358%
	16 年及以上	50	9.276%
	缺失	19	3.525%

注：表格百分比一列由原始数据计算并四舍五入而得，因此各部分相加与 100%有出入

三、研究数据结果

（一）探索性因子分析

我们采用探索性因子分析探索组织创造力问卷中的 33 个变量的内部结构。在分析之前，对样本进行 Kaiser-Meyer-Olkin 检验（简称 KMO 检验）和 Bartlett 球

形检验，结果显示原始数据适合做因子分析（0.962，$p<0.000$）。同时，为了获得具有理论意义的因子结构，我们采用以下四条标准来筛选合适的题项。第一，题项在某一因子上的负荷最小值大于 0.4；第二，题项与其他因子之间只有很低的交叉负荷；第三，某一题项的内涵必须与测度同一因子的其他变量的内涵保持一致；第四，每个因子上题项至少大于 1 个。只有满足上述四条标准的题项才被保留下来。在这四个标准下，我们进行了一系列的探索性因子分析，最终有 25 个题项被保留，结果如表 3-9 所示。最终 25 个题项的 KMO 检验和 Bartlett 球形检验结果显示，KMO 测度值为 0.950，Bartlett 球形检验的显著性值 $p<0.000$，样本适合做因子分析，最后成功地提炼三因子，可以解释 64.884%的方差，符合组织创造力三维结构的理论预期。

表 3-9　组织创造力探索性因子分析结果

题项	成分		
	1	2	3
公司经常努力试行新的想法	0.775		
公司愿意承担创造性活动不确定性带来的风险	0.732		
公司重视机会的探索和尝试	0.692		
公司鼓励员工承担新想法的预计风险	0.657		
公司认为承担风险是员工的一种积极态度	0.655		
公司不断寻求与现有业务相关的新机会	0.652		
公司寻求开展业务的新方式	0.649		
公司重视率先在市场推出新产品或服务	0.613		
公司专门为创新/创造力活动留出预算		0.751	
员工聪明且富有创造力		0.737	
公司留有充裕时间用于产生创新的想法		0.722	
员工的专业知识足够用来创造性地完成工作		0.702	
员工善于提出新观点，拓展新知识		0.701	
公司拥有资源并愿意用于促进和实施创造性想法		0.610	
员工可以自由查询所有的组织信息资源		0.575	
员工可以获得工作所需的物质资源		0.500	
公司有文档和数据库等工具，使以往获得的知识起作用			0.852
公司的大量知识以手册和数据库等方式保存			0.834
公司将许多知识和信息固化在制度和流程中			0.786
如果发生错误和失败，公司各层会进行讨论分析			0.610
团队是公司内的有效工作方式			0.580

续表

题项	成分		
	1	2	3
员工共享知识和信息并相互学习			0.574
员工相互合作，分析和解决问题			0.537
公司跟踪行业内其他公司的有用做法和技术			0.522
公司中不同工作领域的员工之间互相交流想法			0.491
方差解释率	21.982%	21.913%	20.989%
累计方差解释率	21.982%	43.895%	64.884%

（二）组织创造力量表信度

在确定因子结构后，我们对探索性因子分析形成的三维结构组织创造力量表的信度进行验证。我们通过克龙巴赫α系数（Cronbach's α coefficient，简称 Cronbach's 系数）来验证组织创造力量表信度，具体结果见表 3-10。验证结果表明，组织创造力三维度：组织创造性动机、组织创造性相关资源、组织创造性相关过程的 Cronbach's α系数分别为 0.922、0.905、0.928，组织创造力总量表的系数为 0.963，Cronbach's α系数均大于 0.7，表明组织创造力各维度及组织创造力总量表均具有较好的内部一致性。另外，我们通过项已删除的 Cronbach's α系数判断该题项如果删除是否能够提升 Cronbach's α系数，表 3-10 结果表明删除该题项量表 Cronbach's α值比不删除该题项 Cronbach's α系数小，说明题项内部具有较好的一致性。另外，刘军（2008）指出，如果其中的一个测量题项与其他题项的相关系数绝对值小于 0.3，则说明该测量题项不是来自构念所在内容域。表 3-10 中的测量题项与其他题项的相关关系均大于 0.3，说明所有题项均来自同一构念内容域，进一步反映了量表具有很好的一致性。

表 3-10 组织创造力信度分析

组织创造力维度	题项	该题项与总分相关性	项已删除的 Cronbach's α值	Cronbach's α值	总 Cronbach's α值
组织创造性动机	公司经常努力试行新的想法	0.745	0.911	0.922	0.963
	公司愿意承担创造性活动不确定性带来的风险	0.768	0.909		
	公司重视机会的探索和尝试	0.777	0.908		
	公司鼓励员工承担新想法的预计风险	0.729	0.912		
	公司认为承担风险是员工的一种积极态度	0.689	0.915		
	公司不断寻求与现有业务相关的新机会	0.728	0.912		
	公司寻求开展业务的新方式	0.724	0.913		
	公司重视率先在市场推出新产品或服务	0.743	0.912		

续表

组织创造力维度	题项	该题项与总分相关性	项已删除的 Cronbach's α值	Cronbach's α值	总 Cronbach's α值
组织创造性相关资源	公司专门为创新/创造力活动留出预算	0.697	0.892	0.905	0.963
	员工聪明且富有创造力	0.732	0.889		
	公司留有充裕时间用于产生创新的想法	0.732	0.889		
	员工的专业知识足够用来创造性地完成工作	0.724	0.890		
	员工善于提出新观点，拓展新知识	0.711	0.891		
	公司拥有资源并愿意用于促进和实施创造性想法	0.720	0.890		
	员工可以自由查询所有的组织信息资源	0.664	0.896		
	员工可以获得工作所需的物质资源	0.601	0.901		
组织创造性相关过程	公司有文档和数据库等工具，使以往获得的知识起作用	0.769	0.918	0.928	
	公司的大量知识以手册和数据库等方式保存	0.739	0.920		
	公司将许多知识和信息固化在制度和流程中	0.763	0.918		
	如果发生错误和失败，公司各层会进行讨论分析	0.749	0.919		
	团队是公司内的有效工作方式	0.701	0.922		
	员工共享知识和信息并相互学习	0.755	0.919		
	员工相互合作，分析和解决问题	0.744	0.920		
	公司跟踪行业内其他公司的有用做法和技术	0.703	0.922		
	公司中不同工作领域的员工互相交流想法	0.710	0.922		

（三）组织创造力量表效度

1. 内容效度

在组织创造力量表的题项形成过程中，一位知名的组织行为领域专家和 5 名组织行为专业博士生对题项的内容经过多次讨论与评价，讨论与评价题项的测量内容、题项选择、问题易懂性、术语准确性，并确定哪些题目应该增加或者删减，最后提出修改意见。只有多数人认为该题项在一定程度具有代表性时才予以保留，保证了问卷的内容效度。

2. 构思效度

我们采用余下 269 份样本，对探索性验证分析得到的因子结构采用 AMOS 17.0 进行验证性因子分析。验证性因子分析结果见表 3-11，组织创造力三因子模型拟合指数为χ^2/df =2.288，IFI=0.897，TLI=0.885，CFI=0.896，RMSEA=0.069，χ^2/df 满足小于 3 的要求，RMSEA 满足小于 0.08 的要求，IFI、TLI、CFI 基本与 0.9 接近，因此说明组织创造力三因子模型与数据拟合结果较好。另外，Hu 和 Bentler（1999）研究指出，可通过同时检验 SRMR 和 CFI、TLI 等六个指标中的一个来判断模型拟合程度。例如，当 CFI<0.95，且 SRMR<0.08 时认为模型拟合较好，且能进一步说明组织创造力三因子模型与数据拟合结果较好。为了进一步验证其构思效度，我们提出四个竞争模型，模型 1（组织创造性相关资源与组织创造性动机合并，χ^2/df=3.067，IFI=0.833，TLI=0.816，CFI=0.832，RMSEA=0.088）、模型 2（组织创造性相关资源与组织创造性相关过程合并，χ^2/df=2.856，IFI=0.850，TLI=0.839，CFI=0.849，RMSEA=0.083）、模型 3（组织创造性相关过程与组织创造性动机合并，χ^2/df=2.927，IFI=0.844，TLI=0.828，CFI=0.843，RMSEA=0.085）、模型 4（三因子合并，χ^2/df=3.552，IFI=0.793，TLI=0.773，CFI=0.792，RMSEA=0.098）的拟合指数显著差于基础模型，这表明组织创造力三维度模型具有很好的聚合效度与区分效度。

表 3-11 组织创造力验证性因子分析

模型	因子	χ^2	df	χ^2/df	$\Delta\chi^2/\Delta$df	IFI	TLI	CFI	RMSEA	SRMR
基础模型	三因子	622.264	272	2.288		0.897	0.885	0.896	0.069	0.056
模型 1	二因子	840.451	274	3.067	109.094***	0.833	0.816	0.832	0.088	0.067
模型 2	二因子	782.632	274	2.856	80.184***	0.850	0.839	0.849	0.083	0.063
模型 3	二因子	802.006	274	2.927	89.871***	0.844	0.828	0.843	0.085	0.064
模型 4	一因子	976.891	275	3.552	177.314***	0.793	0.773	0.792	0.098	0.072

注：χ^2 表示卡方，值越小越好；df 表示自由度；IFI 表示增值拟合指数，英文全称为 incremental fit index；TLI 表示 Tucker-Lewis 指数，为非规范拟合指数，英文全称为 Tucker-Lewis index；CFI 表示比较拟合指数，英文全称为 comparative fit index；RMSEA 表示近似误差均方根，英文全称为 root mean square error of approximation；SRMR 表示标准化残差均方根，英文全称为 standardized root mean square residual

***表示 p<0.001

3. 效标效度

Pittl 等（1995）曾指出可通过变量间相关关系或因果关系判断效标效度。我们采用变量之间相关关系来判断量表的效标效度。在问卷设计过程中，我们将与组织创造力直接相关的变量组织创新绩效同时测量，将组织创新绩效作为组织创造力的一个效标变量，如果组织创造力与组织创新绩效显著相关，说明组织创造力具有很好的预测效度。组织创造性相关资源、组织创造性相关过程、组织创造性动机、组织创造力与组织创新绩效的相关系数分别为 0.485（p<0.001）、0.440（p<0.001）、0.427（p<0.001）、0.480（p<0.001），具体见表 3-12，组织创造力各维度及组织创造力与组织创新绩效的相关系数表明，组织创造力及其维度与组织创新绩效之间存在显著相关性。说明组织创造力能很好地预测组织创新绩效。

表 3-12 组织创造力效标效度检验

变量	1	2	3	4
1 组织创造性相关资源				
2 组织创造性相关过程	0.781***			
3 组织创造性动机	0.829***	0.789***		
4 组织创造力	0.934***	0.920***	0.934***	
5 创新绩效	0.485***	0.440***	0.427***	0.480***

***表示 $p<0.001$

（四）最终题项

经过探索性因子分析、验证性因子分析及效标效度检验，形成最终的组织创造力三维度的测量量表，该量表由 25 个题项构成，如表 3-13 所示。

表 3-13 组织创造力最终测量题项

维度	题项
组织创造性动机	公司经常努力试行新的想法
	公司愿意承担创造性活动不确定性带来的风险
	公司重视机会的探索和尝试
	公司不断寻求与现有业务相关的新机会
	公司认为承担风险是员工的一种积极态度
	公司鼓励员工承担新想法的预计风险
	公司寻求开展业务的新方式
	公司重视率先在市场推出新产品或服务
组织创造性相关过程	公司有文档和数据库等工具，使以往获得的知识起作用
	公司的大量知识以手册和数据库等方式保存
	公司将许多知识和信息固化在制度和流程中
	员工相互合作，分析和解决问题
	公司中不同工作领域的员工互相交流想法
	如果发生错误和失败，公司各层会进行讨论分析
	团队是公司内的有效工作方式
	员工共享知识和信息并相互学习
	公司跟踪行业内其他公司的有用做法和技术

续表

维度	题项
组织创造性相关资源	公司专门为创新/创造力活动留出预算
	公司留有充裕时间用于产生创新的想法
	员工聪明且富有创造力
	员工的专业知识足够用来创造性地完成工作
	员工善于提出新观点，拓展新知识
	公司拥有资源并愿意用于促进和实施创造性想法
	员工可以自由查询所有的组织信息资源
	员工可以获得工作所需的物质资源

我们基于组织创造力成分理论与深入访谈，将组织创造力界定为包括组织创造性动机、组织创造性相关资源、组组创造性相关过程三个维度结构。通过梳理以往文献对组织创造力的理论研究及对多家企业进行深入访谈，编制了包含 35 个题项的组织创造力初始量表。经过预测试后，删除 2 个题项，剩 33 个题项。通过对 114 家企业 539 名员工调查获取数据，并进行了探索性因子分析（N=270）和验证性因子分析（N=269），对组织创造力结构进行探索与验证。在探索性验证分析后，最终形成 25 个题项的组织创造力量表。对另一半调研样本（N=269）的验证性因子分析及效标效度分析均表明，本章所开发的组织创造力量表是合理有效的。

效标效度检验发现组织创造力与组织创新具有中等相关，即组织创造力与组织创新有交叉，但又不是同一个概念，这也与前文的理论分析一致，即组织创造力是创新的一个前端（Strange and Mumford，2002），创造力强调创造新知识或率先做某事，具有新颖性和有用性两方面特征；而创新则可以采纳之前的经验、外部组织的想法或流程等，不仅包括组织开发新颖产品或者改进产品或服务的倾向，还包括将新产品和服务成功引入市场。研究结果进一步说明组织创造力与组织创新是两个不同的概念。而且，具体到组织创造力三个维度，本章结果与 Amabile（1988）的结论一致，组织创造力是由组织创造性动机、组织创造性相关过程、组织创造性相关资源三维度构成。这三个维度分别与 Amabile 提出的个体创造力成分的工作动机、创造性思考技能和专业知识三个成分相对应。具体而言，组织创造性动机是指组织对待创造和创新的基本倾向和态度，主要来自高阶管理层，体现组织对创造力和创新的重视、与维持现状相反的风险倾向；组织创造性相关过程指组织内有助于创造力和创新产生的作用机制、流程和方式，如团队工作方式、组织内各部门以协作方式运转、对知识/技能/经验的保存和共享等；组织创造性相关资源指组织内促使创造力和创新产生的资源，包括员工拥有的知识、专长和技能，组织能够提供的时间、信息和必要资源。

参 考 文 献

刘军. 2008. 管理研究方法：原理与应用. 北京：中国人民大学出版社.

刘云，石金涛. 2009. 组织创新气氛与激励偏好对员工创新行为的交互效应研究. 管理世界，(10)：88-101，114，118.

彭正龙，王红丽，谷峰. 2011. 涌现型领导对团队情绪、员工创新行为的影响研究. 科学学研究，29（3）：471-480.

王端旭，国维潇，刘晓莉. 2009. 团队内部社会网络特征影响团队创造力过程的实证研究. 软科学，23（9）：25-28.

Amabile T M. 1983. The social psychology of creativity：a componential conceptualization. Journal of Personality and Social Psychology，45（2）：357-376.

Amabile T M. 1988. A model of creativity and innovation in organizations. Research in Organizational Behavior，10（1）：123-167.

Amabile T M. 1996. Creativity in context. Blouder：Westview press.

Amabile T M. 1997. Motivating creativity in organizations：on doing what you love and loving what you do. California Management Review，40（1）：39-58.

Amabile T M. 1998. How to Kill Creativity. Boston：Harvard Business School Press.

Amabile T M, Conti R, Coon H, et al. 1996. Assessing the work environment for creativity. Academy of Management Journal，39（5）：1154-1184.

Baer M，Leenders R T A J，Oldham G R，et al. 2010. Win or lose the battle for creativity：the power and perils of intergroup competition. Academy of Management Journal，53（4）：827-845.

Baer M，Oldham G R. 2006. The curvilinear relation between experienced creative time pressure and creativity：moderating effects of openness to experience and support for creativity. Journal of Applied Psychology，91（4）：963-970.

Boies K，Fiset J，Gill H. 2015. Communication and trust are key：unlocking the relationship between leadership and team performance and creativity. Leadership Quarterly，26（6）：1080-1094.

Chen M H. 2006. Understanding the benefits and detriments of conflict on team creativity process. Creativity and Innovation Management，15（1）：105-116.

Dewett T. 2007. Linking intrinsic motivation，risk taking，and employee creativity in an R&D environment. R&D Management，37（3）：197-208.

George J M，Zhou J. 2007. Dual tuning in a supportive context：joint contributions of positive mood，negative mood，and supervisory behaviors to employee creativity. Academy of Management Journal，50（3）：605-622.

Handzic M. 2004. Knowledge management：through the technology glass. Singapore：World scientific

Publishing.

Hu L T, Bentler P M. 1999. Cutoff criteria for fit indexes in covariance structure analysis: conventional criteria versus new alternatives. Structural Equation Modeling: A Multidisciplinary Journal, 6 (1): 1-55.

Hughes M, Morgan R E. 2007. Deconstructing the relationship between entrepreneurial orientation and business performance at the embryonic stage of firm growth. Industrial Marketing Management, 36 (5): 651-661.

Jerez-Gómez P, Céspedes-Lorente J, Valle-Cabrera R. 2005. Organizational learning capability: a proposal of measurement. Journal of Business Research, 58 (6): 715-725.

Kwan H K, Zhang X M, Liu J, et al. 2018. Workplace ostracism and employee creativity: an integrative approach incorporating pragmatic and engagement roles. Journal of Applied Psychology, 103 (12): 1358-1366.

Lang J C, Lee C H. 2010. Workplace humor and organizational creativity. The International Journal of Human Resource Management, 21 (1): 46-60.

Lee H, Choi B. 2003. Knowledge management enablers, processes, and organizational performance: an integrative view and empirical examination. Journal of Management Information Systems, 20 (1): 179-228.

Liao H, Liu D, Loi R. 2010. Looking at both sides of the social exchange coin: a social cognitive perspective on the joint effects of relationship quality and differentiation on creativity. Academy of Management Journal, 53 (5): 1090-1109.

Madjar N. 2008. Emotional and informational support from different sources and employee creativity. Journal of Occupational and Organizational Psychology, 81 (1): 83-100.

Madjar N, Oldham G R, Pratt M G. 2002. There's no place like home? The contributions of work and nonwork creativity support to employees' creative performance. Academy of Management Journal, 45 (4): 757-767.

Mostafa M. 2005. Factors affecting organisational creativity and innovativeness in Egyptian business organisations: an empirical investigation. Journal of Management Development, 24 (1): 7-33.

Mumford M D. 2012. Handbook of Organizational Creativity. Waltham: Academic Press.

Oldham G R, Cummings A. 1996. Employee creativity: personal and contextual factors at work. Academy of Management Journal, 39 (3): 607-634.

Perry-Smith J E. 2006. Social yet creative: the role of social relationships in facilitating individual creativity. Academy of Management Journal, 49 (1): 85-101.

Pitt L F, Watson R T, Kavan C B. 1995. Service quality: a measure of information systems effectiveness. MIS Quarterly, 19 (2): 173-187.

Politis J D. 2005. Dispersed leadership predictor of the work environment for creativity and productivity. European Journal of Innovation Management, 8 (2): 182-204.

Scott S G, Bruce R A. 1994. Determinants of innovative behavior: a path model of individual innovation in the workplace. Academy of Management Journal, 37 (3): 580-607.

Shalley C E. 1995. Effects of coaction, expected evaluation, and goal setting on creativity and productivity. Academy of Management Journal, 38 (2): 483-503.

Strange J M, Mumford M D. 2002. The origins of vision: charismatic versus ideological leadership. The Leadership Quarterly, 13 (4): 343-377.

Subramaniam M，Youndt M A. 2005. The influence of intellectual capital on the types of innovative capabilities. Academy of Management Journal，48（3）：450-463.

Taggar S. 2002. Individual creativity and group ability to utilize individual creative resources：a multilevel model. Academy of Management Journal，45（2）：315-330.

Tierney P，Farmer S M，Graen G B. 1999. An examination of leadership and employee creativity：the relevance of traits and relationships. Personnel Psychology，52（3）：591-620.

Valentine S，Godkin L，Fleischman G M，et al. 2011. Corporate ethical values，group creativity，job satisfaction and turnover intention：the impact of work context on work response. Journal of Business Ethics，98（3）：353-372.

van Lancker J，Mondelaers K，Wauters E，et al. 2016. The organizational innovation system：a systemic framework for radical innovation at the organizational level. Technovation，52：40-50.

Woodman R W，Sawyer J E，Griffin R W. 1993. Toward a theory of organizational creativity. Academy of Management Review，18（2）：293-321.

Zhang X M，Bartol K M. 2010. Linking empowering leadership and employee creativity：the influence of psychological empowerment，intrinsic motivation，and creative process engagement. Academy of Management Journal，53（1）：107-128.

Zhang S X，Ke X D，Wang X H F，et al. 2018. Empowering leadership and employee creativity：a dual- mechanism perspective. Journal of Occupational and Organizational Psychology，91（4）：896-917.

Zhou J，George J M. 2001. When job dissatisfaction leads to creativity：encouraging the expression of voice. Academy of Management Journal，44（4）：682-696.

第四章　基于竞争价值观框架的组织二元文化建构与测量

第一节　组织二元性理论与二元文化文献回顾

对组织二元文化的研究实际上是对现代组织发展中的组织文化新理论的探索，主要基于组织文化理论中的竞争价值观框架及组织理论中的组织二元性理论。在第二章我们已对竞争价值观框架理论做了较为充分的讨论，因此在本章，我们主要讨论组织二元性理论及二元文化文献内容。

一、组织二元性理论研究

在日益动态而复杂的竞争环境下，具备既能有效满足当前竞争需求又能适应未来环境变化的二元动态能力，已成为组织获得成功的重要保障（Papachroni et al.，2015；Sinha，2016；Rialti et al.，2018；王国顺等，2006；许彦妮等，2012）。在资源有限的前提下，组织的目标、环境、需求在某种程度上总是对立的，迫使组织需要在对现有还是未来项目进行投资、进行差异化生产还是低成本生产等方面做出取舍。这就要求组织必须具备二元性，即最大程度平衡拓展当前生存能力和探索未来发展能力之间的矛盾，提高其共同演化或交替循环的能力。为此，组织二元性引起组织管理研究者和实践者的关注及重视。

（一）组织二元性内涵研究

二元性组织（ambidextrous organization）或称组织二元性，是21世纪刚兴起的一种新的组织研究范式（Raisch et al.，2009）。二元性这一概念直到2000年才引起学界的广泛关注。研究者从多层面、多视角对其进行了相关研究，并呈现多元化的研究发展趋势。

组织二元性概念指能够同步实现两种相对应的目标的组织能力，体现为同时追求适应性和一致性、探索和拓展的能力。Duncan（1976）首先使用二元性一词来形容促使组织结构分化的组织二元能力，这种结构分化有利于创新过程的发起和实施。随后 March（1991）提出探索和拓展两种完全不同的学习行为，强调组织需要在两者之间调配注意力和资源，同时发展两种不同能力，由此奠定了组织二元性理论的基础。当前，对组织二元性概念和内涵的研究呈现多元化态势，但究其共性，学界主要从两方面对其进行界定：一方面强调组织同步执行常规任务的和非常规任务的能力，如组织通过构建鼓励和支持个体同时提升这两个方面能力的组织情境在整个组织单元内同时实现一致性和适应性的行为能力（Gibson and Birkinshaw，2004）；另一方面突出组织具备增量性和突破性发展的能力，如组织通过容纳多重相互矛盾的结构、过程和文化来同时追求增量性和跳跃式创新或变化的能力（Tushman and O'Reilly，1996）。

综观上述多种定义，我们可以发现组织二元性理论包含两层含义。第一，寻求适度的管理方式解决探索和拓展间的矛盾是现代企业难以避免的管理问题（Adler et al.，1999；Lavie and Rosenkopf，2006）。在动态复杂的环境中，组织要同时开展探索活动和拓展活动，必然要面临结构、情境、管理机制和资源等方面的对立需求（March，1991；Gibson and Birkinshaw，2004）。第二，组织二元性是一种体现权变思想的动态核心能力（Raisch et al.，2009）。它要求组织通过持续的动态调整过程应对组织内部和外部的环境需求变化。组织通常采取交替循环和同步发展两种方式实现探索和拓展的动态平衡。一方面，企业通过分阶段地循环探索和拓展实现组织二元性，通过对探索和拓展活动进行动态的、暂时性的安排来达成“序贯二元性”或“间断二元性”（Schreyögg and Kliesch-Eberl，2007）；另一方面，组织追求探索和拓展的动态平衡，随着时间的推移探索和拓展间的互动会形成一种全面的动态的能力（Schreyögg and Kliesch-Eberl，2007）。

已有研究从组织二元性的形成途径差异将其分为结构型和情境型两种类型（Andriopoulos and Lewis，2009；Gibson and Birkinshaw，2004）。前者强调组织通过双重结构和战略来区分组织二元性；后者强调组织通过行为的和社会的方式来整合探索及拓展活动，侧重从组织情境因素方面界定组织二元性（Andriopoulos and Lewis，2009）。

组织二元性的研究思路呈现出从结构二元性向情境二元性转变的趋势（Andriopoulos and Lewis，2009）。例如，Gibson 和 Birkinshaw（2004）认为组织二元性是指组织中每个经营单元同时表现出一致性和适应性的行动能力，并将此视为鼓励和支持个体同时考虑这两方面的努力的组织情境。其中，一致性指组织所有活动均为相同的目标而努力的连贯性，适应性指为了适应任务环境变化的需求而快速重构自身的能力。Cegarra-Navarro 和 Dewhurst（2007）指出组织二元性是组织为了在学习过程中同步达成一致性和适应性的组织情境。

（二）组织二元性的影响因素及作用结果研究

已有研究探讨了组织二元性的相关影响因素及结果。其中，对其产生影响的前导因素主要包括结构因素、情境因素、领导因素、组织战略（战略导向、战略决策过程、战略模式等）、管理机制和无形资本等；其作用结果则主要包括组织绩效、组织创新、组织效能及可持续发展，如表 4-1 所示。

表 4-1 组织二元性的影响因素和作用结果研究

<table>
<tr><th colspan="2">影响因素</th><th>代表性研究</th><th>作用结果</th><th>代表性研究</th></tr>
<tr><td rowspan="2">结构因素</td><td>平行结构</td><td>Nonaka（1994）;
Nonaka 和 Takeuchi（1995）</td><td rowspan="8">组织绩效</td><td rowspan="8">Gibson 和 Birkinshaw（2004）;Im 和 Rai（2008）;He 和 Wong（2004）; Han 等（2001）; Lubatkin 等（2006）; Yang 和 Atuahene-Gima（2007）; Lin 等（2007）</td></tr>
<tr><td>空间分离结构</td><td>Bradach（1997）
O'Reilly 和 Tushman（2004）</td></tr>
<tr><td rowspan="3">情境因素</td><td>组织元常规</td><td>Adler 等（1999）</td></tr>
<tr><td>共享愿景</td><td>Bartlett 和 Ghoshal（2002）</td></tr>
<tr><td>拓展、纪律、支持和信任</td><td>Gibson 和 Birkinshaw（2004）</td></tr>
<tr><td rowspan="4">领导因素</td><td>领导个体行为</td><td>Volberda 等（2001）;
Smith（2006）</td></tr>
<tr><td>高管团队构成</td><td>Beckman（2006）;
Perretti 和 Negro（2006）</td></tr>
<tr><td>高管团队内部过程</td><td>Tushman 和 O'Reilly（1996）</td></tr>
<tr><td>高管团队行为整合</td><td>Lubatkin 等（2006）</td><td rowspan="3">组织创新</td><td rowspan="3">Tushman 等（2003）;Atuahene-Gima（2005）;Katila 和 Ahuja（2002）; Revilla 等（2007）; 沈灏等（2008）</td></tr>
<tr><td>无形资本</td><td>社会资本、人力资本、结构资本</td><td>Jansen 等（2005）;
Tiwana（2008）;
Kang 和 Snell（2009）</td></tr>
<tr><td>管理机制</td><td>组织常规</td><td>Bierly 和 Daly（2007）;
Güttel 和 Konlechner（2007）</td></tr>
</table>

续表

影响因素		代表性研究	作用结果	代表性研究
管理机制	人力资源管理实践	Kang 和 Snell（2009）	组织效能	Chermack 等（2010）；McDonough 和 Leifer（1983）
组织战略	战略导向	Kyriakopoulos 和 Moorman（2004）；Han 等（2001）		
	战略决策过程	Andersen 和 Nielsen（2007）	可持续发展	Han（2007）
	战略模式	Andriopoulos 和 Lewis（2009）		

结构的影响。一些关于组织二元性的研究强调将实现效率的机械式结构和支持灵活性的有机式结构相结合以解决二元管理悖论（Duncan，1976；Adler et al.，1999；Jansen et al.，2005），其结合方式包括平行结构和空间分离结构两种。前者指经营单元将主体正式结构用于执行常规的任务及维持稳定和效率，利用辅助结构（如项目团队或网络）支持非常规的任务和创新（Goldstein，1985）。有研究验证超情境组织通过将阶层制组织的稳定与扁平的、跨职能的任务团队的活力相结合实现组织二元性（Nonaka，1994；Nonaka and Takeuchi，1995）。后者指通过分别构建从事探索或拓展的分离的单元来平衡两者间的取舍（Duncan，1976）。提倡后者的研究在现有二元组织设计中占多数，如 O'Reilly 和 Tushman（2004）提出由多重紧密联结的子单元组成组织二元性结构，这些子单元相互之间具有松散的联结。这些相对的单元在实体上和文化上相互区分，通过上一层的管理协调及普遍的、牢固的公司文化共享来实现战略整合。Bradach（1997）阐述美国连锁饭店如何运用公司和加盟店的复加型结构来平衡整个公司的一致性和对变化的市场的适应性。

情境的影响。情境因素是支持组织同时追求一致性和适应性的关键因素，包括组织内部情境和外部环境特征两方面。早期研究提出的支持组织二元性的内部情境因素包括：共享的愿景（Bartlett and Ghoshal，2002）和改变组织其他常规的元常规（meta-routines）（Adler et al.，1999）等。近期研究逐渐开始关注构造更充分和全面支持二元性的情境，这种情境以规定和惩戒的硬性情境要素与支持和信任的软性情境要素的自由结合为特征（Gibson and Birkinshaw，2004）。另外，外部环境的动态性和竞争性等特征也对组织二元性的实现产生直接和间接的影响。研究表明：运行于高度动态性和竞争性环境中的企业更可能同时追求探索性创新和拓展性创新，进而形成组织二元性（Jansen et al.，2005）；探索性创新和拓展性创新与企业战略和环境竞争性的匹配关系对绩效有显著影响（李忆和司有和，2008）；联盟网络的结构特征与组织二元性的关系受到环境动态性和复杂性的影响（Simsek，2009）。

领导的影响。领导因素通过协调和响应二元目标之间的张力对组织二元性的实现产生深远影响。一方面领导的个体行为是组织二元性的重要引导因素（Baškarada et al.，2016）。例如，高层管理人员通过为一些单元引入新的能力，同时在其他单元中使用组织已发展成熟的能力控制探索和拓展之间的平衡（Volberda et al.，2001）；或者通过在现有产品和创新之间动态地转换资源同时支持两者（Smith，2006）。另一方面，高管团队的构成、内部过程和行为整合也显著影响组织二元性的实现。研究表明：创业团队的共同性和差异性（Beckman，2006）、高管团队构成中新来者和老前辈的混合（Perretti and Negro，2006）、团队内部过程（Tushman and O'Reilly，1996）及高管团队努力的整体性和统一性程度，即行为整合（Lubatkin et al.，2006）都对组织同步追求探索和拓展能力有积极影响。已有相关研究通过实证检验探讨了领导因素对组织二元性的影响，如 Chang（2016）研究发现变革型领导可以促进组织的二元性；Heavey 和 Simsek（2017）研究发现高管团队的认知结构会对组织的二元性产生影响。

组织战略的影响。战略导向、战略决策过程和战略模式等也是实现组织二元性的重要前提。研究表明：市场导向战略提供聚焦于客户目标的共享参考框架，为探索和拓展间的信息流动提供便利，并发挥两种战略的连接作用来促进市场探索战略和拓展战略的互补（Kyriakopoulos and Moorman，2004）。高水平的技术战略导向，即在新产品开发中引入新技术和鼓励公司追求二元创新（Han et al.，2001）。集权式战略决策和分散的、参与性战略决策相结合有利于促进组织二元性的实现（Andersen and Nielsen，2007）。通过将整合性和差异性战略模式相结合来处理创新涉及的战略意图（利润还是突破）、客户导向（紧密还是松散联结）和个人动机（自律还是激情）三方面的矛盾能促进组织二元性的良性循环（Andriopoulos and Lewis，2009）。

管理机制的影响。有助于平衡和融合探索及拓展两种活动的组织管理机制是组织二元性的又一重要前因，如组织常规（如结构、文化和规范）和人力资源管理实践等（Gschwantner and Hiebl，2016）。研究证明基于团队的结构、推动变革的组织文化和开放的沟通渠道等组织机制和促进创造力及创新的人力资源管理实践支持组织对探索和拓展活动的同步追求（Bierly and Daly，2007）；二元组织需要在结构安排、文化价值观和规范等组织常规中进行系统化反思、矛盾管理和整合来平衡探索和拓展间的矛盾（Güttel and Konlechner，2007）。Kang 和 Snell（2009）提出了两种人力资源管理模式，分别支持利于二元学习的不同智力资本框架：一种融合了基于工作或职能的人力资源开发、基于身份识别周期管理的劳资关系管理和容错性的绩效控制体系；另一种融合了基于技术的人力资源开发、基于市场的劳资关系和避错的绩效控制体系。

无形资本的影响。能为组织探索和拓展活动提供丰富资源的社会资本、人力资本和结构资本等无形资本是促进组织二元学习能力的主要因素。研究表明：分权的、具有高密度的社会关系的组织单元能同步追求探索性和拓展性创新的二元型运作（Jansen et al.，2005）；联盟合作者之间高度的知识整合与联盟的二元性正相关，强连带与中介连带相辅相成对知识整合起促进作用（Tiwana，2008）。另外，Kang 和 Snell（2009）通过文献分析提出了有利于组织二元学习的两种不同智力资本框架，分别为由专用型人力资本、合作性社会资本和有机性结构资本互补组成的精炼的插补模式和由通用型人力资本、企业家社会资本和机械的结构资本互补构成的约束的外推模式。

组织二元性的作用结果通常体现在组织绩效、组织创新、组织效能及可持续发展四方面。其中，学者对组织二元性与组织绩效的关系关注最多，但其研究结论仍不一致。一些研究认为：组织同时实现一致性和适应性或同步追求探索和拓展的能力与绩效显著正相关（Gibson and Birkinshaw，2004；Im and Rai，2008），这类研究中组织绩效通常体现为销售增长率（He and Wong，2004）、市场份额和投资收益率（Han et al.，2001）、成长和利润（Lubatkin et al.，2006）等。还有研究则指出：组织对探索能力和拓展能力的二元追求与组织绩效呈倒"U"形关系，效用不确定性和非正式协调机制正向调节这一关系，挑战性的绩效情境负向调节这一关系（Yang and Atuahene-Gima，2007）；另外，战略联盟的二元性与组织绩效的关系受到联盟网络的网络构型（包括中心性和结构洞）、环境不确定性和公司规模的影响（Lin et al.，2007）。

组织二元性对创新的作用效果是研究关注的又一重点。研究表明：组织二元性对创新绩效有显著积极影响，如 Zhang 等（2017）研究认为技术探索和开发相互补充，对企业绩效产生积极影响。组织二元性设计及探索和拓展能力之间的互动都促进创新绩效尤其是基础性创新绩效的提升（Tushman et al.，2003；Atuahene-Gima，2005；沈灏等，2008）；知识搜寻深度（即公司对现有知识再运用的程度）与广度（即公司探索新知识的范围）之间的互动对新产品开发绩效具有正向影响（Katila and Ahuja，2002；Revilla et al.，2007；Lee et al.，2017）。

另外，组织效能和可持续发展也与组织二元性的实现密切相关。研究证明情境规划和组织二元性作为两种战略工具可通过促进团队开发提升组织效能（Chermack et al.，2010）；二元结构有利于从成本绩效、适应性及与其他单元相处的能力方面提升工作单元的有效性（McDonough and Leifer，1983）；另外，对探索和拓展两种相互矛盾的战略进行同时规划和实施的能力是企业实现可持续发展的必要前提（Han，2007）。

二、组织二元文化文献研究

Wang 和 Rafiq（2014）将组织二元文化界定为由组织多样性和共享愿景对应的组织规范和价值观构成的不同类型文化的组合，包括组织多样性及共享愿景两个维度。组织多样性定义为鼓励及容忍差异，认可并奖励个体有不同观点、技能和知识的组织价值观及规范。共享愿景的定义为促进组织成员对形成、传播及实施组织目标进行投入的组织价值观和规范。该研究对于这两个维度的测量分别借鉴了以往研究中所采用的测量组织多样性和共享愿景的工具。

组织二元文化作为近年才出现的组织文化研究的新范式，目前关于其与组织中其他变量间关系的研究还十分欠缺。仅有 Wang 和 Rafiq（2014）的研究验证了组织二元文化与新产品创新的关系，他们构建了由组织多样性与共享愿景组成的组织二元文化构念，并通过来自英国的 150 家及来自中国的 242 家高新技术企业样本检验了其与情境二元性及创新产品成果之间的关系，结果表明：组织二元文化对创新产品成果有显著的正向作用，情境二元性中介两者之间的关系。该研究发现，在中英样本对比中，这些关系都得到验证，而且结果稳定。由此说明，组织情境二元性及组织创新产品成果取决于组织二元文化，而非行业或跨文化差异。

第二节　组织二元文化结构与特征探索性研究

基于组织文化竞争价值观框架，结合应用组织二元性理论，我们认为组织二元文化是强调内部整合的一致性文化和外部灵活的适应性文化的两种文化类型的集合，既包含强调组织内部协调与整合的一致性文化（Davenport，1993；Saffold，1988），又包含强调重视客户、从经验教训中学习、敢于冒险的适应性文化（Nadler，1998；Senge，1990）。

一、研究方法

基于理论研究，我们采用归纳式研究方法。样本企业来自上海市政府“加速企业创新计划”在2010年和2011年支持的112家高科技企业。该计划作为上海张江高新技术产业开发区专项资金的一项支持内容，旨在响应国务院和科学技术部有关提升我国自主创新能力和推动企业创新的指示精神，推动企业使用创新方法，加快企业提高自身的管理能力，进而保障创新能力的快速提升。在该计划推行过程中，首先由企业主动提出申请，其次按照上海市政府主管部门设计的格式要求填写并递交申请报告，包含对企业创新战略、创新文化、创新过程、创新产品、创新核心技术、创新组织构架方面的具体陈述。最后，政府主管部门组织专家对企业递交的申请报告进行严格评审，选择具有发展前景的创新驱动型企业予以资助。

首先，基于112家高科技企业在申请报告中提供的有关创新文化的具体陈述，同时结合对其中部分企业的访谈笔录和企业提供的公开宣传资料，作者整理归纳出各企业的组织文化资料，包括企业远景、使命、理念、价值观等。其次，从中抽取关键陈述，即有实质性内涵、对企业管理有明显指导性的词汇，并集合所有案例归纳提炼得出各企业共性的文化特征关键词，比照组织竞争价值观框架中所包含的类似价值观特征在两组二元维度上的归属，考虑各关键词的内涵与该框架中四大模型朝向的匹配性，将其分别纳入对应的四种文化类型，进而构建组织二元文化结构及特征的基本解释框架。最后，基于此框架统计所有创新导向型企业及高创新绩效企业中出现频率较高的组织文化特征及呈现的组织文化结构，并比较不同所有制和行业的创新导向型企业中出现频率较高的文化特征及其对应文化结构的差异。表4-2是对这些企业的相关背景的描述。

表4-2　样本企业背景描述

企业背景描述	分组	样本数/个	占比	累计百分比
规模/人	1～100	65	58.0%	58.0%
	101～200	15	13.4%	71.4%
	201～300	11	9.8%	81.2%
	301～400	5	4.5%	85.7%
	401～500	6	5.4%	91.1%
	>500	10	8.9%	100%
成立年限/年	1～5	16	14.3%	14.3%
	6～10	65	58.0%	72.3%
	11～15	21	18.8%	91.1%
	>15	10	8.9%	100%

续表

企业背景描述	分组	样本数/个	占比	累计百分比
新产品收入/万元	0～500	23	20.5%	20.5%
	501～1 000	19	17.0%	37.5%
	1 001～5 000	32	28.6%	66.1%
	5 001～10 000	20	17.9%	84.0%
	10 001～50 000	14	12.5%	96.5%
	>50 000	4	3.5%	100%

注：新产品收入为当时被调查企业的近三年均值

二、创新导向型企业组织文化特征与结构实证分析

基于支持创新的组织二元文化结构框架，对创新导向型企业的组织文化分析主要包括四部分：首先，从所有案例企业的文化陈述中归纳提炼创新导向型企业的组织文化共性特征，并按照二元价值观维度划分的相应文化模型进行归类；其次，分析这些组织文化共性特征在组织二元文化结构框架中的具体分布；再次，分析创新导向型企业中创新绩效较高的企业文化共性特征及在组织二元文化结构框架中所呈现的分布；最后，比较不同所有制和不同行业的创新导向型企业的组织文化特征和结构的异同。

（一）创新导向型企业组织文化特征分析

从所有企业的创新文化报告中抽取关键陈述，进行综合整理归集和提取得出创新导向型企业的 16 项组织文化特征，如表 4-3 所示。采用已有研究类似做法（Quinn and Spreitzer，1991），基于内部与外部聚焦二元维度及灵活性与控制性二元维度形成的开放型、群组型、等级型和结果型四种文化类型，分别对应于开放系统模型、人际关系模型、内部过程模型和理性目标模型（Quinn and Rohrbaugh，1983）。参照四种模型所包含的四组不同价值观，以及其所提炼文化关键词的原有描述与四种文化模型朝向的匹配性，将其纳入相应文化类型的关键词集，如表 4-3 所示。

表 4-3 创新导向型企业组织文化特征归纳

文化类型	文化关键词	文化特征描述示例	文化特征频率
开放型（灵活性与外部聚焦）	1.追求卓越	打造行业内第一品牌；业界领先；敢攀高峰、敢创大业、敢为人先、敢争一流；不断进取、勇攀新高；自我趋升、追求卓越；持续发展；创造品牌、成就未来；开拓、锐意进取；超越；.实现跨越发展	0.39
	2.鼓励创新	对创造性想法给予最大程度的资源支持和项目资助；让每个想法闪光；视创新为企业的生命，视创新为科技人员的自尊；创新思考，创新成就未来；以创新引领未来；鼓励、期望和重视创造精神，支持创新的工作方法；新科技、新思维、新管理；以科技为先导，持续不断改进	0.59
	3.合作共赢	真诚相待、优势互补、各尽所能、合作双赢；整合行业产业链，谋求多方共赢的局面；致力于建立长期的伙伴关系；共赢成长；共享进步；商者无域、和谐共生；合作共赢、共同成长；互利多赢、共谋发展	0.14
	4.质量至上	精益求精、至精至美；以品质立信社会；质量第一；质量为命；技术领先、质量为本；追求卓越品质；关注细节、追求完美；高质量；以质量为根本，重全员质量意识，抓全程质量管理；质量领先；质量为先	0.26
	5.专业	因为专业，所以信赖；长期致力于专业的服务；专业保证品质；专业化	0.12
群组型（灵活性与内部聚焦）	6.学习与发展	鼓励个人学习和内部知识共享；营造尊重知识的氛围；看重员工学习能力和学习实践；构建知识型、学习型团队；学习气氛浓厚，员工参与性高；重视人才培养、发掘人才潜力、提升人力资本；为员工提供学习和成长平台及清晰的职业发展路径；企业与员工共同成长	0.28
	7.团队精神	培养团队精神；团队协作；团结一心，众志成城；凝聚、和谐；集体奋斗；团结进取；将创新视为网络化协作过程	0.19
	8.诚信	至诚至信；言行一致；以诚为本；做人德为先；诚实守信；正直坦诚；诚信求实；诚信至上；诚信铸就品质；以德立业、诚信经营；诚信正直；诚信为本	0.33
等级型（控制性与内部聚焦）	9.执着勤勉	用心做事、忠诚敬业、主动热忱、快速反应；勤奋、激情、坚持、任劳任怨；做事精为本；执着、专注；规范、严谨；心无旁骛，深耕细作；低调敬业，保质准时完成任务	0.15
	10.规范	法制；对内严格遵循各项标准、规则和制度；科学管理，规范严谨；规范化；员工遵守全面问责制度并且根据流程与标准在工作中严于律己；工作流程规范	0.08
	11.务实尽责	既充满创意，又脚踏实地；求实；务实；脚踏实地；精准求实；承担责任，负责；用心做事；明确责任、履行职责、责有攸归、在岗尽责、在位想责、勇于担责、失职问责，责任重于泰山；做负责任的企业	0.21
结果型（控制性与外部聚焦）	12.成果与效益	为成果而管理，为成功而合作；注重结果；可操作、见成效的行为准则；最佳效益；效益为先、稳健经营、协调发展	0.04
	13.客户满意	客户满意是我们的追求；为客户量身订制、创造效益；以超越客户满意度为目标，提供最优质的服务；以客户需求为中心；为客户创造价值；为客户提供服务是我们存在的理由；客户至上、客户第一；以助力客户成功为宗旨；追求精诚服务，满足市场需求；达到100%的客户满意度；客户需求是公司发展的原动力；全面满足客户需求	0.47
	14.信誉为重	重视信誉和友谊，以信治厂，以谊为人；信誉为本；信义为生；信誉至上；珍视信誉，恪守承诺；提供放心，信得过的产品；成为客户可信赖的长期伙伴；做受人尊敬的企业	0.11
	15.创造价值	体现价值，创造价值；以价值创造为动力；以科技创造价值；服务创造价值；为我们从事的领域贡献创新的价值；与客户共创价值；持续为客户创造最大价值	0.12
	16.高效率	重视提升工作效率和创新能力；高效；经济性、效果性、效率性；高效率	0.08

根据表 4-3 中各文化特征对应的企业数占总体比重得出企业文化特征频率分布柱形图，如图 4-1 所示。排名前三位的企业文化特征为鼓励创新、客户满意、追求卓越；排名 4～8 的为诚信、学习与发展、质量至上、务实尽责、团队精神；排名 9～13 的为执着勤勉、合作共赢、专业、创造价值、信誉为重；排名后三位的为规范、高效率、成果与效益。

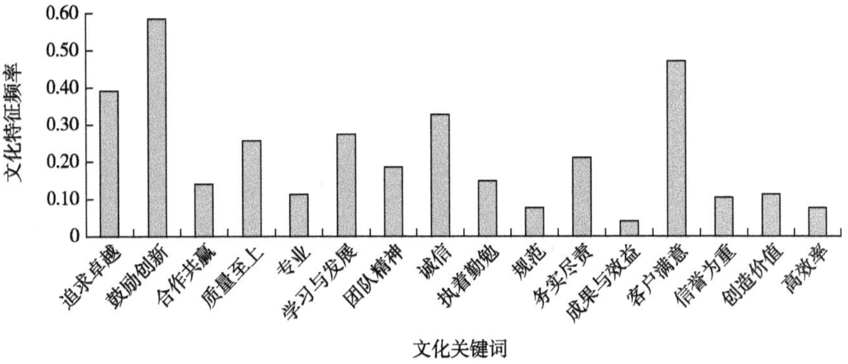

图 4-1　创新导向型企业文化特征频率分布

（二）创新导向型企业组织文化结构分析

将图 4-1 所归纳得出的创新导向型企业的文化特征关键词对应纳入组织二元文化结构框架相应象限，得到如图 4-2 所示的创新导向型企业组织二元文化结构与特征框架。整体而言，在创新导向型企业中出现频率较高的文化特征为：鼓励创新、客户满意、追求卓越、诚信、学习与发展、质量至上、务实尽责、团队精神，说明创新导向型企业文化既有学习与发展、团队精神、诚信和务实尽责的内部聚焦特征，又有追求卓越、鼓励创新、质量至上和客户满意的外部聚焦特征；同时其文化既有学习与发展、团队精神、诚信、追求卓越、鼓励创新和质量至上的灵活性特征，又有务实尽责和客户满意的控制性特征；大部分价值观体现为灵活性特征，仅有两项体现为控制性特征。

（三）高创新绩效企业组织文化结构与特征分析

将新产品销售额高于所有企业新产品销售额均值加标准差的企业作为高创新绩效企业，统计其组织文化特征项频率，结果如图 4-3 所示。从图 4-3 可见，高创新绩效企业频率排名前三的文化特征项为鼓励创新、客户满意、诚信；排名第 4～8 位的文化特征项为追求卓越、学习与发展、务实尽责、质量至上、合作共赢。

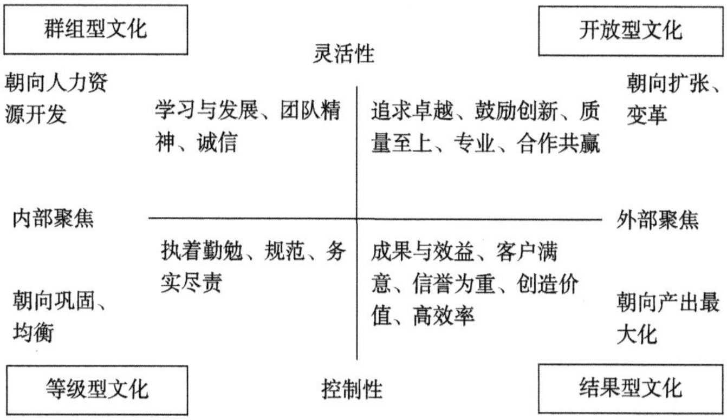

图 4-2　创新导向型企业组织二元文化结构与特征框架

说明高创新绩效企业既有学习与发展、诚信和务实尽责的内部聚焦特征，又有追求卓越、鼓励创新、质量至上、合作共赢和客户满意的外部聚焦特征；同时其文化既有学习与发展、诚信、追求卓越、鼓励创新、质量至上和合作共赢的灵活性特征，又有务实尽责和客户满意的控制性特征。大部分价值观侧重灵活性和外部聚焦。

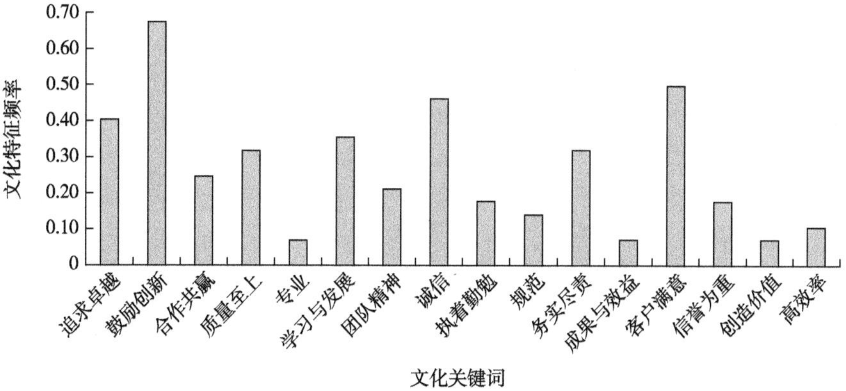

图 4-3　高创新绩效企业文化特征频率分布

（四）创新导向型企业组织文化特征分类比较

1. 不同所有制创新导向型企业组织文化特征比较

根据企业法人的出资情况及对企业资产的实际控制和支配程度，企业可分为国有控股、集体控股、私人控股、港澳台控股和外商控股五类。这些企业大部分为私营企业，其次为国有和外资企业，仅有两家为港澳台控股企业。国有企业中排名前三的文化特征项包括鼓励创新、客户满意、学习与发展；排名 4～8 的文化特征包括追求卓越、质量至上、团队精神、诚信和务实尽责。私营企业中频率排名前三的文化特征项包括鼓励创新、客户满意和追求卓越；排名4～8的文化特征包括诚信、学习与发展、质量至上、务实尽责和合作共赢。外资企业中排名前三的文化特征项包括鼓励创新、客户满意、诚信；排名4～8的文化特征包括追求卓越、质量至上、执着勤勉、学习与发展、团队精神和务实尽责。

将三种所有制企业中频率较高的文化特征进行综合比较，如表4-4所示。

表4-4 不同所有制企业组织文化特征比较

文化类型	企业类型		
	国有企业	私营企业	外资企业
开放型（灵活性与外部聚焦）	追求卓越、鼓励创新、质量至上	追求卓越、鼓励创新、质量至上、合作共赢	追求卓越、鼓励创新、质量至上
群组型（灵活性与内部聚焦）	学习与发展、团队精神、诚信	学习与发展、诚信	学习与发展、团队精神、诚信
等级型（控制性与内部聚焦）	务实尽责	务实尽责	执着勤勉、务实尽责
结果型（控制性与外部聚焦）	客户满意	客户满意	客户满意

2. 不同行业创新导向型企业组织文化特征比较

根据国家高新技术产业开发区企业统计报表制度中对技术领域的分类及上海对科技型中小企业行业的划分，按企业数由多到少排序，本章所研究的企业主要涉及电子信息、生物医药、高新技术服务业、高科技改造传统产业、新材料、新能源与高效节能及资源与环境保护行业。电子信息行业企业中排名前三的文化特征项包括鼓励创新、客户满意、诚信；排名4～8的文化特征包括务实尽责、追求卓越、学习与发展、执着勤勉、团队精神。生物医药行业企业中排名前三的文化特征项包括鼓励创新、客户满意和追求卓越；排名4～8的文化特征包括学习与发展、诚信、执着勤勉和质量至上。高新技术服务行业企业中排名前三的文化特征项包括客户满意、鼓励创新、学习与发展、追求卓越；排名5～8的文化特征包括规范、质量至上、创造价值、高效率。

将三种行业企业中频率较高的文化特征进行综合比较，如表4-5所示。

表4-5 不同行业企业组织文化特征比较

文化类型	行业类型		
	电子信息	生物医药	高新技术服务
开放型（灵活性与外部聚焦）	追求卓越、鼓励创新	追求卓越、鼓励创新、质量至上	追求卓越、鼓励创新、质量至上
群组型（灵活性与内部聚焦）	学习与发展、团队精神、诚信	学习与发展、诚信	学习与发展

续表

文化类型	行业类型		
	电子信息	生物医药	高新技术服务
等级型（控制性与内部聚焦）	执着勤勉、务实尽责	执着勤勉	规范
结果型（控制性与外部聚焦）	客户满意	客户满意	客户满意、创造价值、高效率

三、探索性研究结论与启示

（一）探索性研究结论

组织文化作为影响企业创新的重要组织因素，其能同时应对控制性和灵活性、外部聚焦和内部聚焦这些对立问题的功能体现了其本身具有的二元性本质。但以往研究并未涉及对组织文化的二元性结构及特征的探讨，且鲜有聚焦创新导向型高科技企业的研究。我们首次结合组织二元性理论及组织文化结构特征分析的基本范式，即竞争价值观框架，对上海市政府“加速企业创新计划”支持的 112 家高科技企业的组织文化特征和结构进行分析，得出以下结论。

创新导向型企业组织文化在两个维度上呈现双重二元结构，具体表现为既有内部和外部同时聚焦的二元特征，又兼具灵活性和控制性的二元特征，同时在灵活性和控制性方面更侧重灵活性。在外部聚焦和灵活性方面重视追求卓越、鼓励创新、质量至上；在内部聚焦和灵活性方面重视学习与发展、团队精神、诚信；在内部聚焦和控制性方面重视务实尽责；在外部聚焦和控制性方面重视客户满意。这与已有文献中普遍认同的鼓励创新、重视产品质量、争做第一、重视团队效率等支持创新的组织文化特征相一致，另外还强调了以往研究未涉及的合作共赢、学习与发展、务实尽责和客户满意等二元文化特征。

高创新绩效企业组织文化呈现与总体不同的二元结构特征。这类企业的组织文化特征分布虽然也呈现双重二元结构，但其中大多属于体现灵活性和外部聚焦的开放型文化特征，包括追求卓越、鼓励创新、合作共赢、质量至上等，而且相较企业总体更突出对鼓励创新的重视。这与已有研究得出的促进创新的组织文化普遍具有灵活性和外部聚焦的价值观结论相一致。

不同所有制和行业的创新导向型企业文化结构及特征表现既有共性又存在差异。其共性均与创新导向型企业组织文化的总体特征一致。不同所有制创新导向型企业文化特征的差异性表现在：国有和外资企业文化注重体现内部聚焦和灵活性特征的团队精神；此外，外资企业强调执着勤勉。不同行业创新导向型企业文化特征的差异性在于：在其他两个行业企业所具有的文化价值观之外，电子信息企业文化侧重体现内部聚焦特征的团队精神、务实尽责；高新技术服务企业侧重体现控制性特征的规范、创造价值和高效率。

（二）探索性研究启示

创新导向型的高科技企业要想在动态复杂的转型环境中兼顾创新的探索性和拓展性二元目标，就必须正确认识组织文化的二元性特征，并重视二元结构的组织文化建设，而不能沿袭传统的单一维度的文化构建思路，因此必须完善组织的二元性文化建设。管理者应开发适合本组织的二元文化结构，以提升组织创新能力。

首先，创新导向型企业在考虑平衡二元性结构的各维度特征基础上，应侧重开放型文化特征的塑造。具体而言，既要通过鼓励创新、合作和学习来构建灵活的团队，又要强调员工在工作中发挥执着勤勉、规范和务实尽责的精神；同时，尤其应强调企业作为一个整体要在产品质量、专业化及各方面追求卓越，勇于创新，并重视通过与外界的合作共赢最终实现企业在效益、客户满意、诚信和创造价值等方面的既定目标。

其次，不同所有制的创新导向型企业应侧重不同的组织二元文化价值观选择。具体而言，除了和私营企业一样重视追求卓越、鼓励创新、质量至上、学习与发展、诚信、务实尽责和客户满意等文化特征以外，国有企业和外资企业还注重培养员工的团队精神；经营管理制度相对成熟的外资企业还倡导执着勤勉的文化。

最后，不同行业的创新导向型企业在组织二元文化结构设计中也应各有侧重。除了所有行业都重视的追求卓越、鼓励创新、学习与发展、客户满意等文化特征之外，近年来飞速发展的研发密集型的电子信息企业还兼顾培养员工的团队精神和务实尽责的作风；具有显著客户互动特征的高新技术服务企业倡导通过员工规范化的、高效率的服务为客户创造价值等控制性文化；普遍具有外资背景的生物医药企业塑造执着勤勉的内部聚焦与控制性文化特征。

第三节　基于竞争价值观框架的组织二元文化结构和题项开发

组织文化研究往往认为竞争价值观框架中相互对立的价值观维度是难以抉择

的（Denison and Mishra，1995），企业文化在两组对立维度上各有取舍，最终以四种类型中的一种作为主导文化（Deshpandé et al.，1993；Naranjo-Valencia et al.，2011）。但有效的组织在管理中可能需要同时执行好相互对立的价值观标准（Quinn and Rohrbaugh，1983）。

另外，组织二元性研究中情境二元性在组织文化上相应地体现为Fey和Denison（2003）基于竞争价值观框架所提出的一致性和适应性模型间的平衡兼顾。Quinn（1988）指出，达成竞争价值观框架不同模型中的文化价值观之间的平衡共存对于组织应对环境变化尤为有利，尤其是在一致性和适应性这两个看似矛盾的模型之间达成平衡更为重要，因为内部整合良好的组织往往最不擅长响应（Kanter，1983）。对这两种相互对应的文化类型间的平衡兼顾体现了组织的二元性特征。

因此，基于竞争价值观框架中的一致性和适应性模型及组织情境二元性的内涵（Gibson and Birkinshaw，2004），我们将组织二元文化界定为兼顾强调内部整合的一致性和强调外部灵活的适应性的一组价值观和规范的集合，包含一致性文化和适应性文化两个维度。其中，一致性文化体现为组织内部高度的一致和良好的协调与整合（Davenport，1993；Saffold，1988），组织成员的行为规范基于对目标的一致认同，即使存在不同观点彼此也能达成一致意见，它主要源于由共同心智模式形成的稳定性和内部整合（Senge，1990）。而适应性文化体现为由顾客驱动、敢冒风险并从经验教训中学习、有经验和能力创造变化（Nadler，1998；Senge，1990；Stalk，1988）。

一、条目收集

1. 基于文献研究的条目发现

通过查阅有关组织文化研究的文献资料，我们收集和参考国内外学者开发的相对比较成熟的组织文化量表中的测量条目。组织二元文化与组织创造力的关系是本章的主要考量之一，因此本章整理了与创新相关的组织文化研究，发现以往研究主要从与创新相关的组织价值观和组织文化中的创新维度两方面论述了与创新相关的组织文化特征。

1）创新相关的组织价值观研究

一些组织文化价值观研究在对组织价值观描述中提炼出创新这一维度，普遍包括创新、快速利用机会、准备接受新变化和承担风险等。O'Reilly 等（1991）基于已有文献识别了既能描述个体又能描述组织的价值观集——组织文化概评

（organizational culture profile，OCP）量表，并通过因子分析得出创新维度，包括创新、机会、试验、承担风险、小心谨慎和规则导向等价值观；随后 Sarros 等（2005）对 OCP 量表进行了修订，得出创新维度的价值观包含具有创新性、快速利用机会、承担风险、履行个人职责，除创新维度之外还包括竞争性、社会责任、支持、奖励、绩效导向和稳定性等其他维度；Tsui 等（2006）使用归纳和情境化的方法确认中国企业的五种文化价值观维度之一是勇于创新，包括持续开发新产品和服务、准备接受新变化、勇敢采用新技术和鼓励创新。

另有一些学者基于组织竞争价值观框架开发了组织文化测量的 OCAI 并对其进行了修订，其中涉及创新相关的文化价值观包括灵活性、成长、迎接新挑战、冒风险、重视创造力、创新和领先等（Cameron et al.，1991；Quinn，1988；Cameron and Quinn，1999）。McDermott 和 Stock（1999）在对竞争价值观架构的修订中将灵活性、成长、变化和创造力作为描述创新价值观的文化特征关键词。Deshpandé 等（1993）从组织类型、领导、组织黏合、战略重点四个角度指出包含创新内容的灵活性文化特征包括：组织是动态的、创业型的，人们想要出头、冒风险；领导被视为创业者、创新者、冒险家；信奉创新和发展，争做第一；重视成长和获取新资源，随时准备迎接新挑战。Lau 和 Ngo（2004）、Naranjo-Valencia 等（2011）也采用类似方式从组织特征、员工管理、组织黏合和成功标准四个角度分析体现创新的文化特征。

2）组织文化中创新维度研究

已有研究提出的组织文化创新维度主要包括迎接风险和挑战、鼓励创造力和创新、重视产品质量和团队效率等特征（Wallach，1983；Hon and Leung，2011）。Wallach（1983）将创新型文化作为组织的一项子文化，所开发的组织创新文化指数包括承担风险、结果导向、有创造性、有压力的、激励的、挑战的、进取的和富有活力八项特征。Hon 和 Leung（2011）从组织对创造力的支持角度研究组织文化的创新维度，包括创造力在公司内得到鼓励、领导尊重员工发挥创造性作用的能力、鼓励创新及公开表彰具有创新精神的员工。Chandler 等（2000）从影响创造力的组织情境因素角度分析出组织文化中的创新维度，包括组织对提升产品质量、提出有关产品的新想法、提出省钱的新方法、采用新方法提升团队效率等的重视。

2. 基于深度访谈及企业自述报告的条目发现

根据来自上海市政府“加速企业创新计划”在 2010 年和 2011 年支持的 112 家高科技企业对本企业组织文化的陈述报告，同时结合对其中部分企业的深度访谈和企业提供的公开宣传资料等，整理归纳出各企业的组织文化资料，包括企业远景、使命、理念、价值观等。然后从中抽取关键陈述，即有实质性内涵、对企业管理有明显指导性的词汇，并集合所有案例归纳提炼得出各企业共性的文化特征关键词，根据本章对组织二元文化概念及其两维度内涵的界定，将其分别归纳为对应两维度的组织文化特征。

3. 条目整理与修订

综合以往研究，我们归纳出与创新相关的组织文化特征，如表 4-6 所示。从表 4-6 中可见，以往组织文化研究中与创新相关的文化条目大多反映适应性文化特征。

表 4-6　来自文献的组织二元文化相关条目收集

二元文化	价值观	测量条目描述归纳	研究者
适应性文化	鼓励创新	快速利用机会；准备接受新变化或挑战；鼓励创新、奖励变革；允许失败、承担风险；重视领导和员工的冒险、创造力和创新；大胆引进新观念和新工作方法；工作方式灵活多变；领导及奖励制度鼓励员工发挥创造力和创新精神；持续开发新产品和服务	O'Reilly 等（1991）；Wallach（1983）；Hon 和 Leung（2011）；Sarros 等（2005）；Tsui 等（2006）；McDermott 和 Stock（1999）；Deshpandé 等（1993）
	适应和发展	勇敢适应新技术；动态的组织；信奉创新发展，争做第一；重视成长和获取新资源	
	学习	开放式沟通；应用型学习	
	重视客户	顾客导向	
一致性文化	目标一致	共同目标；愿景驱动	Lau 和 Ngo（2004）；Naranjo-Valencia 等（2011）
	协作	部门及团队间共同协作	

通过对企业的资料综合整理，归纳提炼得出与组织二元文化概念的两维度（适应性和一致性）文化内涵相一致的特征，如表 4-7 所示。

表 4-7　来自访谈企业的组织二元文化特征描述

二元文化	价值观维度	文化特征描述	对应企业所占比例
适应性文化	鼓励创新	对创造性想法给予最大程度的资源支持和条目资助；让每个想法闪光；视创新为企业的生命，视创新为科技人员的自尊；创新思考，创新成就未来；以创新引领未来；鼓励、期望和重视创造精神，支持创新的工作方法；新科技、新思维、新管理；以科技为先导，持续不断改进	0.59
	倡导学习	鼓励个人学习和内部知识共享；营造尊重知识的氛围；看重员工学习能力和学习实践；构建知识型、学习型团队；学习气氛浓厚，员工参与性高	0.28

续表

二元文化	价值观维度	文化特征描述	对应企业所占比例
适应性文化	重视客户	客户满意是我们的追求；为客户量身订制、创造效益；以超越客户满意度为目标，提供最优质的服务；以客户需求为中心；为客户创造价值；为客户提供服务是我们存在的理由；客户至上、客户第一；以助力客户成功为宗旨；追求精诚服务，满足市场需求；达到100%的客户满意度；客户需求是公司发展的动力；全面满足客户需求	0.47
一致性文化	协调一致	培养团队精神；团队协作；团结一心、众志成城；凝聚、和谐；集体奋斗；团结进取；将创新视为网络化协作过程	0.19
	遵守规则	管理制度完善；对内严格遵循各项标准、规则和制度；科学管理、规范严谨；规范化；员工遵守全面问责制度并且根据流程与标准在工作中严于律己；工作流程规范一点	0.08
	提高效率	重视提升工作效率；高效；经济性、效果性、效率性；高效率	0.08

基于以上条目的收集，参考已有组织文化量表中内容相近的测量条目，并根据来自深度访谈和企业报告的条目归纳结果，研究小组由 1 位人力资源管理教授和 2 位人力资源博士生共同编制了测量组织二元文化的条目，共计 14 个条目。其中，6 个是我们根据访谈和调查结果编制的条目，8 个是参照 Fey 和 Denison（2003）的组织文化模型中的适应性模型和一致性模型的相关测量条目改编而来。

这些条目既包含测量体现内部一致性的组织文化条目，也包含测量体现外部适应性的组织文化条目。2 位组织行为学专家与 4 位管理学博士生就组织二元文化的每一条目进行讨论后，将一些条目的表述进行了修订，并编制了问卷初稿。之后我们分别与 2 位有工科本科以上学历背景的企业技术人员对问卷条目按下面问题逐一讨论：①该条目意思清楚吗；②该条目有意义吗；③对于该条目，评价刻度清楚吗；④对该条目，评价刻度有意义吗；⑤对该条目，你认为参与者的回答会有差异吗；⑥问卷中每部分的指导性语言的意思是否明确；⑦其他建议。经过讨论，对不太符合汉语表述习惯的条目在措辞上做了少许改动。

二、问卷编制

虽然对组织二元文化这一概念的理论探讨和测量开发都较少，目前仅有一项研究对此做了有限的探索，但发展较为成熟完善的组织二元性理论和组织文化的竞争价值观理论，为我们开发量表提供了理论基础，同时对多家企业的访谈和报告资料的归纳提炼为量表开发提供了支持。

最终形成了组织二元文化预试问卷，由 14 个条目组成，如表 4-8 所示。其中，一致性文化和适应性文化每个维度各包含 7 个条目。各条目均采用利克特五点量表进行测量，以此衡量被调查者对于各问题的同意程度，1～5 分别代表“完全不同意”到“完全同意”。

表 4-8　组织二元文化初步调查问卷测量题项

编码	条目
一致性文化 1	组织重视不同层级间目标一致
一致性文化 2	组织遵循明确一致的价值观
一致性文化 3	组织提倡不同职能部门间协调完成项目任务
一致性文化 4	组织强调通过多方位和多层面的合作完成工作任务
一致性文化 5	组织致力于寻找使各方都受益的方式解决分歧
一致性文化 6	组织强调内部管理者和员工都要按规则办事
一致性文化 7	组织内部强调遵守原则
适应性文化 1	组织重视响应来自商业环境中的竞争对手和其他因素的变化
适应性文化 2	组织强调快速响应及应变
适应性文化 3	组织提倡通过讨论交流过去的经验教训促进内部学习
适应性文化 4	组织将失败视为学习提高的机会
适应性文化 5	组织鼓励员工敢冒风险，勇于创新
适应性文化 6	组织内部具有进取精神，持续不断寻求改进工作的新方法
适应性文化 7	组织强调根据客户意见和建议进行相应改变

第四节　基于竞争价值观框架的组织二元文化量表检验

一、数据收集与样本结构分析

由于组织二元文化量表在国内是首次开发，所以需要对其进行预测试处理。本章选择上海市高新技术开发区的 112 家企业作为预试样本。在每家公司发放问卷 3 份以上，回收有效问卷 103 家，问卷回收有效率达 91.96%。

企业成立年限划分为“1～5 年”、“6～10 年”和“10 年以上”三个级别，企业规模将员工数量划分为从“不足 50 人”、“50～100 人”、“101～500 人”及“500 人以上”四个级别来衡量；所有制分为国有企业、私营企业、外资企业和其他四种类型，采用三个 0-1 型虚拟变量进行控制；行业被划分为电子信息技术行业、新材料及新能源行业、高技术服务业及其他行业四个类别，采用三个 0-1 型虚拟变量进行控制。

样本特征的统计分析结果如表 4-9 所示。对调查对象的数据统计显示，所调查企业大部分为私营企业（48.544%）和外资企业（30.097%），其次为国有企业（15.534%），少量其他类型企业（5.825%）。多数企业成立年限在 6～10 年（44.660%）。规模少于 50 人（33.981%）的企业占的比重最大，其次为规模超过 500 人（26.214%）和 101～500 人的企业（25.243%），占比重最少的为规模 50～100 人的企业（14.563%）。就行业而言，电子信息技术行业的企业占比最多（47.573%），其次是高技术服务业（19.417%）。

表 4-9 样本特征数据统计分析（企业数=103）

企业属性	类别	测量	样本数	所占比例
企业所有制	国有企业	0-1	16	15.534%
	私营企业	0-1	50	48.544%
	外资企业	0-1	31	30.097%
	其他	0-1	6	5.825%
企业成立年限	1～5 年	1	33	32.039%
	6～10 年	2	46	44.660%
	>10 年	3	24	23.301%
企业规模	<50 人	1	35	33.981%
	50～100	2	15	14.563%
	101～500	3	26	25.243%
	>500	4	27	26.214%
行业	电子信息技术	0-1	49	47.573%
	新材料及新能源	0-1	16	15.534%
	高技术服务业	0-1	20	19.417%
	其他	0-1	18	17.476%

注：本表所占百分比由原始数据计算并四舍五入而得，因此相加与 100%有误差

二、数据检验结果

对预测试样本采用 SPSS21.0 进行如下统计分析：①问卷条目评估；②对组织二元文化量表的结构维度进行探索性因子分析，建立组织二元文化的因子结构模

型；③对组织二元文化各维度进行信度分析。

（一）问卷条目评估

我们采用信度检验与效度检验的方法来筛选和确定最终的问卷条目。具体而言，首先使用修正条目的总相关系数（corrected item-total correlation，CITC）与Cronbach's α 系数来净化和删除“垃圾测量条目”，在此基础上对研究量表采用探索性因子分析方法进行效度检验，以确定最终量表的测量条目。

CITC 的检验标准是：当 CITC 小于 0.4 时，通常就删除该测量条目；Cronbach's α 系数的信度检验标准是：当 α 系数大于 0.7 时，表明内在一致性较理想，且信度符合要求。

我们从总样本（103 家企业）数据中随机抽取 51 家企业样本，共 185 份个体样本，并分别使用个体样本和企业样本同时对问卷条目进行评估。

1. 个体层分析

首先，对 185 份个体样本进行信度分析，分析结果如表 4-10 所示。从表 4-10 中基于个体样本的条目评估结果来看，由于适应性文化 4 的 CITC 值为 0.180，小于 0.4 的标准。所以，在使用这 185 份个体样本对组织二元文化进行探索性因子分析时，应该先去除适应性文化 4 这个条目。

表 4-10　研究变量信度分析结果（*N*=185）

变量		条目	该条目删除后量表均值	该条目删除后量表方差	CITC	该条目删除后量表 α	Cronbach's α 系数
组织二元文化	一致性文化	一致性文化 1	23.362	15.395	0.651	0.835	0.857
		一致性文化 2	24.078	13.552	0.567	0.855	
		一致性文化 3	23.441	14.896	0.709	0.826	
		一致性文化 4	23.686	14.146	0.738	0.820	
		一致性文化 5	23.627	15.621	0.564	0.845	
		一致性文化 6	23.651	14.251	0.737	0.820	
		一致性文化 7	23.592	15.796	0.477	0.857	
	适应性文化	适应性文化 1	22.454	12.385	0.491	0.771	0.792
		适应性文化 2	22.173	11.647	0.614	0.747	
		适应性文化 3	22.343	11.236	0.691	0.731	
		适应性文化 4	22.665	14.330	0.180	0.823	
		适应性文化 5	22.686	11.154	0.656	0.737	
		适应性文化 6	22.403	12.933	0.469	0.775	
		适应性文化 7	22.459	12.174	0.560	0.758	

2. 企业层分析

其次，使用这185份个体问卷所属的共51家企业的样本进行信度分析，分析结果如表4-11所示。从表4-11中可见，一致性文化7和适应性文化4的CITC值分别为0.355和0.275，均小于0.4的标准。所以，在使用这51家企业样本对组织二元文化进行探索性因子分析时，应该先去除一致性文化7和适应性文化4这两个条目。

表4-11 研究变量信度分析结果（*N*=51）

变量		条目	该条目删除后量表均值	该条目删除后量表方差	CITC	该条目删除后量表 α	Cronbach's α 系数
组织二元文化	一致性文化	一致性文化1	24.132 28	10.334	0.682	0.838	0.863
		一致性文化2	24.689 12	8.676	0.671	0.847	
		一致性文化3	24.190 05	9.874	0.765	0.827	
		一致性文化4	24.282 63	10.688	0.653	0.844	
		一致性文化5	24.387 98	10.256	0.635	0.844	
		一致性文化6	24.270 36	9.723	0.771	0.825	
		一致性文化7	24.195 85	11.440	0.355	0.879	
	适应性文化	适应性文化1	23.368 58	10.814	0.748	0.839	0.871
		适应性文化2	22.841 03	12.217	0.632	0.857	
		适应性文化3	23.048 87	10.981	0.768	0.837	
		适应性文化4	23.590 25	13.156	0.275	0.899	
		适应性文化5	23.444 29	10.388	0.768	0.835	
		适应性文化6	23.385 47	10.711	0.729	0.842	
		适应性文化7	23.218 05	11.481	0.666	0.851	

（二）探索性因子分析

为了确定最终量表的测量条目，我们对组织二元文化量表采用探索性因子分析方法进行了效度检验。这一分析使用SPSS21.0统计软件进行。主要步骤是以主成分分析法对每一个构念进行因素抽取，且只抽出特征值大于1的部分（Zaltman and Burger，1975），并以最大方差正交旋转法进行旋转，然后检验各条目的因子载荷。在探索性因子分析中通常需要检验KMO指标与Bartlett球形检验指标两项指标，用这两个指标来反映测量工具是否适合做探索性因子分析。Kaiser（1974）

在对 KMO 数值与因子适合性的关系论述中指出，通常而言该值应在 0.7 以上，而 Bartlett 球形检验应达到 0.05 的显著水平。

组织二元文化参照 Fey 和 Denison（2003）竞争价值观框架中的一致性模型和适应性模型进行改编，一致性文化与适应性文化共 14 个条目，由员工评价，用于探索性分析的 51 家企业共包含 185 份问卷。

1. 个体层分析

对个体层的 185 份样本进行分析得到，组织二元文化研究的 KMO 值为 0.846，Bartlett 球形检验显著性水平为 $p<0.001$。说明此样本适合进行探索性因子分析。分析结果如表 4-11 所示。根据 CICT 对问卷条目净化的结果，去除适应性文化条目 4 后再对量表进行探索性因子分析，分析结果如表 4-12 所示。KMO 和 Bartlett 球形检测结果显示，KMO 值为 0.846，Bartlett 球形检测的显著性值为 0.000，样本适合做因子分析。组织二元文化的总方差解释率为 56.222%，其中一致性文化、适应性文化的方差解释率分别为 29.572%、26.651%。由表 4-12 结果可见，一致性文化 7 在两个因子上的载荷值均大于 0.400 且小于 0.500，显示其既不属于一致性文化也不归于适应性文化，所以，去除一致性文化 7 这个条目，再次对组织二元文化进行探索性因子分析。

表 4-12　组织二元文化预测试探索性因子分析结果（*N*=185）

编码	项目	因子 1	因子 2
一致性文化 1	组织重视不同层级间目标一致	0.814	0.051
一致性文化 2	组织遵循明确一致的价值观	0.638	0.222
一致性文化 3	组织提倡不同职能部门间协调完成项目任务	0.858	0.066
一致性文化 4	组织强调通过多方位和多层面的合作完成工作任务	0.781	0.205
一致性文化 5	组织致力于寻找使各方都受益的方式解决分歧	0.627	0.315
一致性文化 6	组织强调内部管理者和员工都要按规则办事	0.746	0.305
一致性文化 7	组织内部强调遵守原则	0.443	0.480
适应性文化 1	组织重视响应来自商业环境中的竞争对手和其他因素的变化	0.191	0.602
适应性文化 2	组织强调快速响应及应变	0.348	0.707
适应性文化 3	组织提倡通过讨论交流过去的经验教训促进内部学习	0.142	0.832
适应性文化 5	组织鼓励员工敢冒风险，勇于创新	0.246	0.705
适应性文化 6	组织内部具有进取精神，持续不断寻求改进工作的新方法	−0.024	0.656
适应性文化 7	组织强调根据客户意见和建议进行相应改变	0.209	0.680
特征值		3.844	3.465
方差解释率		29.572%	26.651%
总方差解释率		56.222%	

去除适应性文化 4 和一致性文化 7 这两个条目后，探索性因子分析结果共包含两个因子。其结果如表 4-13 所示，KMO 和 Bartlett 球形检测结果显示，KMO 值为 0.837，Bartlett 球形检测的显著性水平 0.000，样本适合做因子分析。组织二元文化的总方差解释率为 57.771%，其中一致性文化、适应性文化的方差解释率分别为 30.632%、27.140%。两个因子的所有载荷值均在 0.5 以上，表明组织二元文化的收敛效度理想。

表 4-13　组织二元文化删除项目后探索性因子分析结果（*N*=185）

编码	项目	因子 1	因子 2
一致性文化 1	组织重视不同层级间目标一致	0.821	0.062
一致性文化 2	组织遵循明确一致的价值观	0.647	0.236
一致性文化 3	组织提倡不同职能部门间协调完成项目任务	0.862	0.069
一致性文化 4	组织强调通过多方位和多层面的合作完成工作任务	0.773	0.188
一致性文化 5	组织致力于寻找使各方都受益的方式解决分歧	0.632	0.319
一致性文化 6	组织强调内部管理者和员工都要按规则办事	0.745	0.299
适应性文化 1	组织重视响应来自商业环境中的竞争对手和其他因素的变化	0.192	0.600
适应性文化 2	组织强调快速响应及应变	0.349	0.702
适应性文化 3	组织提倡通过讨论交流过去的经验教训促进内部学习	0.143	0.828
适应性文化 5	组织鼓励员工敢冒风险，勇于创新	0.251	0.707
适应性文化 6	组织内部具有进取精神，持续不断寻求改进工作的新方法	−0.014	0.673
适应性文化 7	组织强调根据客户意见和建议进行相应改变	0.218	0.689
特征值		3.676	3.257
方差解释率		30.632%	27.140%
总方差解释率		57.771%	

2. 企业层分析

为了进一步检验该量表的测量信度和效度，我们将来自不同企业的员工个体样本聚合到企业层面，并进行探索性因子分析。我们随机抽取用于探索性因子分析的企业样本共 51 家。

组织二元文化研究的 KMO 值为 0.701，Bartlett 球形检验显著性水平为 $p<0.001$。说明此样本适合进行探索性因子分析。分析结果如表 4-13 所示。

从表 4-11 中的 CITC 结果可知，应该筛除一致性文化 7 和适应性文化 4 这两个条目，再对组织二元文化进行探索性因子分析，分析结果如表 4-14 所示。KMO

和 Bartlett 球形检测结果显示，KMO 值为 0.768，Bartlett 球形检测的显著性水平为 0.000，样本适合做因子分析。组织二元文化的总方差解释率为 66.777%，其中一致性文化、适应性文化的方差解释率分别为 35.063%、31.714%。

表 4-14　组织二元文化删除项目后探索性因子分析结果（N=51）

编码	项目	因子 1	因子 2
一致性文化 1	组织重视不同层级间目标一致	0.000	0.843
一致性文化 2	组织遵循明确一致的价值观	0.113	0.797
一致性文化 3	组织提倡不同职能部门间协调完成项目任务	0.090	0.872
一致性文化 4	组织强调通过多方位和多层面的合作完成工作任务	0.387	0.624
一致性文化 5	组织致力于寻找使各方都受益的方式解决分歧	0.331	0.674
一致性文化 6	组织强调内部管理者和员工都要按规则办事	0.245	0.830
适应性文化 1	组织重视响应来自商业环境中的竞争对手和其他因素的变化	0.816	0.172
适应性文化 2	组织强调快速响应及应变	0.771	0.170
适应性文化 3	组织提倡通过讨论交流过去的经验教训促进内部学习	0.894	0.089
适应性文化 5	组织鼓励员工敢冒风险，勇于创新	0.773	0.196
适应性文化 6	组织内部具有进取精神，持续不断寻求改进工作的新方法	0.802	0.113
适应性文化 7	组织强调根据客户意见和建议进行相应改变	0.752	0.218
特征值		4.208	3.806
方差解释率		35.063%	31.714%
总方差解释率		66.777%	

综合上述分析结果可知，使用个体样本和企业样本进行探索性因子分析的结果一致，均表明组织二元文化量表包含一致性文化和适应性文化两个维度，每个维度各自包含 6 个条目，分别在原始问卷基础上筛除了“组织内部强调遵守原则”和“组织将失败视为学习提高的机会”两个条目。接下来，运用 103 家企业中去除随机抽取的用于做探索性因子分析的样本后的 52 家企业共 180 份个体样本对剩下的条目进行信度分析和验证性因子分析。

（三）信度分析

在利克特量表中常用的信度检验方法为 Cronbach's α 系数法。信度指测量的一致性程度或一个测量工具在同样情况下对同一对象重复测量得到相同结果的可能性，它反映了测量工具的一致性或稳定性（Babbie，1989）。我们采用 Cronbach's α 值作为信度检验的一种指标，当 Cronbach's α值大于 0.70 时，表示其具有较好的内在一致性。信度分析结果如表 4-15 所示，各变量的 Cronbach's α值均大于 0.70，表明具有较好的内在一致性，即测量量表具有很好的信度。组织二元文化的信度检验结果如表 4-15 所示。

表 4-15　预测试量表修订后的信度

项目	变量	测量条目数	Cronbach's α系数（N=52）	Cronbach's α系数（N=180）
组织二元文化	一致性文化	6	0.895	0.900
	适应性文化	6	0.851	0.807

（四）验证性因子分析

验证性因子分析在 AMOS7.0 统计软件中完成。验证一个理论模型（包括测量模型与结构模型）是否与实际数据相符，要通过一系列指标来反映。邱浩政将契合度指标分成四类：（1）卡方检验：p 值与 χ^2/df 值；（2）适合度指标：GFI（goodness-of-fit index，拟合优度指数）、AGFI、TLI 等；（3）替代性指标：CFI、RMSEA、AIC（Akaike information criterion，赤池信息量准则）；（4）残差分析：SRMR。根据指标含义及应用普遍性情况，我们选择了如下指标：χ^2/df 、RMSEA、GFI、IFI、CFI、SRMR 等。

卡方（χ^2）指数是反映整体拟合优度的一个重要指数。当 p 值未达到显著水平时，卡方检验接受虚无假设即理论矩阵与观察矩阵没有差异，代表模型拟合良好。但卡方指数对样本量过于敏感，并且随着样本规模扩大，卡方指数更有可能解释等价模型的显著差异性。另外按照结构方程模型的简约原理，在相同卡方值下自由度大的模型更应受欢迎。因此一般用卡方自由度比（χ^2/df）来衡量模型的拟合程度。一般认为该值小于 2 时，表示模型有理想的拟合度。RMSEA 是近年来广被采纳的指数，与 CFI 不同的，它在比较理论模型与完全拟合的饱和模型的差距程度时，不受样本大小与模型复杂程度的影响。RMSEA 数值越大代表模型越不理想。Hu 和 Bentler（1999）建议 RMSEA 低于 0.06 表示模型较为理想，大于 0.10 表示模型不理想，McDonald 和 Ho（2002）则建议 0.05 为良好拟合的门槛，以 0.08 为可接受的模型拟合门槛。

GFI、AGFI、IFI、CFI 等指标介于 0 到 1，数值越大代表模型越理想，一般要求该值在 0.90 以上。但 Bagozzi 和 Yi（1988）认为 0.90 的门槛过于保守，Segars 和 Grover（1993）则指出 GFI 和 AGFI 的容忍范围可以降低到 0.8 以上。SRMR 是用来反映理论假设模型的整体残差指标。SRMR 的值介于 0 至 1，当数值低于 0.08 时，表示模型拟合度好（Hu and Bentler，1999）。

1. 个体层分析

首先，采用来自剩下的 52 家企业的 180 份个体样本来进行验证性因子分析。采用个体样本的组织二元文化的验证性因子分析结果如表 4-16 所示，结果说明模型拟合理想。

表 4-16　研究变量的效度分析结果（N=180）

测量模型	结构	χ^2/df	RMSEA	SRMR	CFI	IFI	NFI	GFI	TLI
组织二元文化	二因子	1.763	0.065	0.050	0.968	0.968	0.929	0.926	0.958

2. 企业层分析

其次，将来自不同企业的个体样本聚合到企业层，采用企业样本再次对该量表的效度进行检验，得出分析结果如表 4-17。

表 4-17　研究变量的效度分析结果（N=52）

测量模型	结构	χ^2/df	RMSEA	SRMR	CFI	IFI	NFI	GFI	TLI
组织二元文化	二因子	1.225	0.066	0.059	0.974	0.975	0.876	0.842	0.964

根据从个体样本及企业样本数据得出的验证性因子分析结果，均表明该量表具有良好的结构效度。因此，综合以上分析结果可知，该组织二元文化量表具备良好的信度及效度，适合用于后续实证研究。

参考文献

李忆，司有和. 2008. 探索式创新，利用式创新与绩效：战略和环境的影响. 南开管理评论，(5)：4-12.

刘建林，李泓冰，谢卫群，等. 2012. 东望上海，转型发展快一拍. 人民日报，01 版.

马月婷，张德，段苏桓. 2007. 影响高科技企业创新能力的文化价值观研究. 中国软科学，(6)：63-68.

沈灏，李垣，蔡昊雯. 2008. 双元型组织对创新的影响及其构建路径分析. 科学学与科学技术管理，29（9）：103-107.

王国顺，张仕璟，邵留国. 2006. 企业文化测量模型研究——基于 Denison 模型的改进及实证. 中国软科学，(3)：145-150.

许彦妮，顾琴轩，王莉红. 2012. 适应动态复杂环境的组织二元性研究. 中国人力资源开发，(3)：12-17.

Adler P S, Goldoftas B, Levine D I. 1999. Flexibility versus efficiency? A case study of model changeovers in the Toyota production system. Organization Science, 10（1）: 43-68.

Andersen T J, Nielsen B B. 2007. The effective ambidextrous organization: a model of integrative strategy making processes. Copenhagen: Center for Strategic Management and Globalization.

Andriopoulos C, Lewis M W. 2009. Exploitation-exploration tensions and organizational ambidexterity: managing paradoxes of innovation. Organization Science, 20（4）: 696-717.

Atuahene-Gima K. 2005. Resolving the capability-rigidity paradox in new product innovation. Journal of Marketing, 69（4）: 61-83.

Babbie E R. 1989. The Practice of Social Research. Belmont: Wadsworth Publishing Company.

Bagozzi R P, Yi Y. 1988. On the evaluation of structural equation models. Journal of the Academy of Marketing Science, 16（1）: 74-94.

Bartlett C A, Ghoshal S. 2002. Managing across borders: the transnational solution. Brighton: Harvard Business Press.

Baškarada S, Watson J, Cromarty J. 2016. Leadership and organizational ambidexterity. Journal of Management Development, 35（6）: 778-788.

Beckman C M. 2006. The influence of founding team company affiliations on firm behavior. Academy of Management Journal, 49（4）: 741-758.

Bierly P E, Daly P S. 2007. Alternative knowledge strategies, competitive environment, and organizational performance in small manufacturing firms. Entrepreneurship Theory and Practice, 31（4）: 493-516.

Bradach J L. 1997. Using the plural form in the management of restaurant chains. Administrative Science Quarterly, 42（2）: 276-303.

Cameron K S, Freeman S J, Mishra A K. 1991. Best practices in white-collar downsizing: managing contradictions. Academy of Management Perspectives, 5（3）: 57-73.

Cameron K S, Quinn R E. 1999. Diagnosing and changing organizational culture, based on the competing values framework. Reading: Addison Wesley.

Cegarra-Navarro J G, Dewhurst F. 2007. Linking organizational learning and customer capital through an ambidexterity context: an empirical investigation in SMEs. The International Journal of Human Resource Management, 18（10）: 1720-1735.

Chandler G N, Keller C, Lyon D W. 2000. Unraveling the determinants and consequences of an innovation-supportive organizational culture. Entrepreneurship Theory and Practice, 25（1）: 59-76.

Chang Y Y. 2016. High-performance work systems, joint impact of transformational leadership, an empowerment climate and organizational ambidexterity: cross level evidence. Journal of Organizational Change Management, 29（3）: 424-444.

Chermack T J, Bodwell W, Glick M. 2010. Two strategies for leveraging teams toward organizational effectiveness: scenario planning and organizational ambidexterity. Advances in Developing Human Resources, 12（1）: 137-156.

Davenport T H. 1993. Process Innovation: Reengineering Work Through Information Technology. Boston: Harvard Business Press.

Denison D R, Mishra A K. 1995. Toward a theory of organizational culture and effectiveness. Organization Science, 6（2）: 204-223.

Denison D R, Spreitzer G M. 1991. Organizational culture and organizational development: a competing values approach. Research in Organizational Change and Development, 5(1): 1-21.
Deshpandé R, Farley J U, Webster F E. 1993. Corporate culture, customer orientation and innovativeness in Japanese firms: a quadrad analysis. Journal of Marketing, 57 (1): 23-37.
Duncan R B. 1976. The ambidextrous organization: designing dual structures for innovation. The Management of Organization, 1: 167-188.
Fey C F, Denison D R. 2003. Organizational culture and effectiveness: can American theory be applied in Russia?. Organization Science, 14 (6): 686-706.
Gibson C B, Birkinshaw J. 2004. The antecedents, consequences, and mediating role of organizational ambidexterity. Academy of Management Journal, 47 (2): 209-226.
Goldstein S G. 1985. Organizational dualism and quality circles. Academy of Management Review, 10 (3): 504-517.
Gschwantner S, Hiebl M R W. 2016. Management control systems and organizational ambidexterity. Journal of Management Control, 27 (4): 371-404.
Güttel W H, Konlechner S W. 2007. Dynamic capabilities and the ambidextrous organization: empirical results from research-intensive firms. San Diego: 27th Annual International Conference of the Strategic Management Society (SMS).
Han M. 2007. Achieving superior internationalization through strategic ambidexterity. Journal of Enterprising Culture, 15 (1): 43-77.
Han J K, Kim N, Kim H B. 2001. Entry barriers: a dull-, one-, or two-edged sword for incumbents? Unraveling the paradox from a contingency perspective. Journal of Marketing, 65 (1): 1-14.
He Z L, Wong P K. 2004. Exploration vs. exploitation: an empirical test of the ambidexterity hypothesis. Organization Science, 15 (4): 481-494.
Heavey C, Simsek Z. 2017. Distributed cognition in top management teams and organizational ambidexterity: the influence of transactive memory systems. Journal of Management, 43 (3): 919-945.
Hon A H Y, Leung A S M. 2011. Employee creativity and motivation in the Chinese context: the moderating role of organizational culture. Cornell Hospitality Quarterly, 52 (2): 125-134.
Hu L T, Bentler P M. 1999. Cutoff criteria for fit indexes in covariance structure analysis: conventional criteria versus new alternatives. Structural Equation Modeling: A Multidisciplinary Journal, 6 (1): 1-55.
Im G, Rai A. 2008. Knowledge sharing ambidexterity in long-term interorganizational relationships. Management Science, 54 (7): 1281-1296.
Jansen J J P, van den Bosch F A J, Volberda H W. 2005. Exploratory innovation, exploitative innovation, and ambidexterity: the impact of environmental and organizational antecedents. Schmalenbach Business Review, 57: 351-363.
Kaiser H F. 1974. An index of factorial simplicity. Psychometrika, 39 (1): 31-36.
Kang S C, Snell S A. 2009. Intellectual capital architectures and ambidextrous learning: a framework for human resource management. Journal of Management Studies, 46 (1): 65-92.
Kanter R M. 1983. The Change Masters. New York: Simon & Schuster.
Katila R, Ahuja G. 2002. Something old, something new: a longitudinal study of search behavior and new product introduction. Academy of Management Journal, 45 (6): 1183-1194.

Kwan P，Walker A. 2004. Validating the competing values model as a representation of organizational culture through inter-institutional comparisons. Organizational Analysis，12（1）：21-37.

Kyriakopoulos K，Moorman C. 2004. Tradeoffs in marketing exploitation and exploration strategies：the overlooked role of market orientation. International Journal of Research in Marketing，21（3）：219-240.

Lau C M，Ngo H Y. 2004. The HR system，organizational culture，and product innovation. International Business Review，13（6）：685-703.

Lavie D，Rosenkopf L. 2006. Balancing exploration and exploitation in alliance formation. Academy of Management Journal，49（4）：797-818.

Lee K，Kim Y，Joshi K. 2017. Organizational memory and new product development performance：investigating the role of organizational ambidexterity. Technological Forecasting and Social Change，120：117-129.

Lin Z J，Yang H B，Demirkan I. 2007. The performance consequences of ambidexterity in strategic alliance formations：empirical investigation and computational theorizing. Management Science，53（10）：1645-1658.

Lubatkin M H，Simsek Z，Ling Y，et al. 2006. Ambidexterity and performance in small-to medium-sized firms：the pivotal role of top management team behavioral integration. Journal of Management，32（5）：646-672.

March J G. 1991. Exploration and exploitation in organizational learning. Organization Science，2（1）：71-87.

McDermott C M，Stock G N. 1999. Organizational culture and advanced manufacturing technology implementation. Journal of Operations Management，17（5）：521-533.

McDonald R P，Ho M H R. 2002. Principles and practice in reporting structural equation analyses. Psychological Methods，7（1）：64-82.

McDonough E F，Leifer R. 1983. Research notes. Using simultaneous structures to cope with uncertainty. Academy of Management Journal，26（4）：727-735.

Nadler D A. 1998. Champions of Change. San Francisco：Jossey-Bass.

Naranjo-Valencia J C，Jiménez-Jiménez D，Sanz-Valle R. 2011. Innovation or imitation? The role of organizational culture. Management Decision，49（1）：55-72.

Nonaka I. 1994. A dynamic theory of organizational knowledge creation. Organization Science，5（1）：14-37.

Nonaka I，Takeuchi H. 1995. The knowledge-creating company：how Japanese companies create the dynamics of innovation. Oxford：Oxford University Press.

O'Reilly C A，Chatman J，Caldwell D F. 1991. People and organizational culture：a profile comparison approach to assessing person-organization fit. Academy of Management Journal，34（3）：487-516.

O'Reilly C A，Tushman M L. 2004. The ambidextrous organization. Harvard Business Review，82（4）：74-81，140.

Papachroni A，Heracleous L，Paroutis S. 2015. Organizational ambidexterity through the lens of paradox theory：building a novel research agenda. The Journal of Applied Behavioral Science，51（1）：71-93.

Perretti F，Negro G. 2006. Filling empty seats：how status and organizational hierarchies affect exploration versus exploitation in team design. Academy of Management Journal，49（4）：759-777.

Quinn R E. 1988. Beyond Rational Management：Mastering the Paradoxes and Competing Demands of High Performance. San Francisco：Jossey-Bass.

Quinn R E，Rohrbaugh J. 1983. A spatial model of effectiveness criteria：towards a competing values approach to organizational analysis. Management Science，29（3）：363-377.

Quinn R E，Spreitzer G M. 1991. The psychometrics of the competing values culture instrument and an analysis of the impact of organizational culture on quality of life. Research in Organizational Change and Development，5：115-142.

Raisch S，Birkinshaw J，Probst G，et al. 2009. Organizational ambidexterity：balancing exploitation and exploration for sustained performance. Organization Science，20（4）：685-695.

Revilla E，Prieto I M，Rodriguez-Prado B. 2007. Information technology and the ambidexterity hypotheses：an analysis in product development. Social Science Research Network（SSRN）Working Paper.

Rialti R，Marzi G，Silic M，et al. 2018. Ambidextrous organization and agility in big data era：the role of business process management systems. Business Process Management Journal，24（5）：1091-1109.

Saffold G S. 1988. Culture traits，strength，and organizational performance：moving beyond "strong" culture. Academy of Management Review，13（4）：546-558.

Sarros J C，Gray J H，Densten I L，et al. 2005. The organizational culture profile revisited and revised：an Australian perspective. Australian Journal of Management，30（1）：159-182.

Senge P M. 1990. The art and practice of the learning organization. The new paradigm in business：emerging strategies for leadership and organizational change，126-138.

Schreyögg G，Kliesch-Eberl M. 2007. How dynamic can organizational capabilities be? Towards a dual-process model of capability dynamization. Strategic Management Journal，28（9）：913-933.

Simsek Z. 2009. Organizational ambidexterity：towards a multilevel understanding. Journal of Management Studies，46（4）：597-624.

Sinha S. 2016. Managing an ambidextrous organization：balancing innovation and efficiency. Strategic Direction，32（10）：35-37.

Smith W K. 2006. Top management team approaches to simultaneously managing exploration and exploitation. Academy of Management Proceedings，2006（1）：D1-D6.

Stalk G. 1988. Time-the next source of competitive advantage. Harbard Business Review，66（7/8）：41-51.

Tiwana A. 2008. Do bridging ties complement strong ties? An empirical examination of alliance ambidexterity. Strategic Management Journal，29（3）：251-272.

Tsui A S，Wang H，Xin K R. 2006. Organizational culture in China：an analysis of culture dimensions and culture types. Management and Organization Review，2（3）：345-376.

Tushman M L，O'Reilly C A Ⅲ. 1996. The ambidextrous organizations：managing evolutionary and revolutionary change. California Management Review，38（4）：8-30.

Tushman M，Smith W，Wood R，et al. 2003. Innovation streams and ambidextrous organizational designs：on building dynamic capabilities. Boston：Division of Research，Harvard Business School.

Verdu-Jover A J，Alos-Simo L，Gomez-Gras J M. 2018. Adaptive culture and product/service innovation outcomes. European Management Journal，36（3）：330-340.

Volberda H W，Baden-Fuller C，van den Bosch F A. 2001. Mastering strategic renewal：mobilising renewal journeys in multi-unit firms. Long Range Planning，34（2）：159-178.

Wallach E J. 1983. Individuals and organizations：the cultural match. Training and Development Journal，37（2）：28-36.

Wang C L，Rafiq M. 2014. Ambidextrous organizational culture，contextual ambidexterity and new product innovation：a comparative study of UK and Chinese high-tech firms. British Journal of Management，25（1）：58-76.

Yang H，Atuahene-Gima K. 2007. Ambidexterity in product innovation management：the direct and contingent effects on product development performance. Philadelphia：Annual Meeting of the Academy of Management.

Zaltman G，Burger P. 1975. Marketing Research：Fundamentals and Dynamics. New York：Dryden Press.

Zhang F，Wang Y G，Li D H，et al. 2017. Configurations of innovations across domains：an organizational ambidexterity view. Journal of Product Innovation Management，34（6）：821-841.

第三篇　作 用 验 证

第五章　组织战略和二元文化对组织创造力的作用检验

组织战略是影响组织创造力的重要情境因素（Woodman et al.，1993；Im and Workman，2004；Li et al.，2010）。随着市场竞争的日趋激烈，越来越多的企业将市场作为战略导向的核心（Li et al.，2010）。在我国经济结构不断转型和产业结构优化升级的背景下，市场战略导向是企业重点关注和采用的一个组织战略因素。然而，市场导向对组织创造力的作用需要考虑其适度性（耿紫珍等，2012），适度的市场导向有利于组织内形成高效协作、鼓励学习、积极响应的氛围（Han et al.，1998；Zhou et al.，2004；Keskin，2006；Slater and Narver，1995），进而激发组织中创造性想法的产生；而过度专注现有市场容易形成相对固定的统一参照框架和行为模式（Leonard-Barton，1992；Renko et al.，2009），造成认知和行为惯性而不利于组织创造力的提升（Leonard-Barton，1992）。

在此影响过程中，组织二元文化可能发挥重要作用。市场导向型企业为了满足不断变化的客户需求、应对复杂的竞争局势，既要通过搜寻、冒险、试验和创新等来探索适应外部环境变化的途径又要兼顾提高效率等拓展内部一致性（March，1991），因此必然对组织情境产生二元需求（Gibson and Birkinshaw，2004）。组织二元文化则是满足这种二元需求并在两者间寻求适度平衡的关键（Gibson and Birkinshaw，2004；Wang and Rafiq，2014；Fey and Denison，2003）。本章基于竞争价值观框架将组织二元文化界定为兼顾内部整合的一致性和外部灵活的适应性两端的价值观和规范的集合，即既包含强调组织内部良好协调与整合的一致性文化（Davenport，1993；Saffold，1988），又包含重视由顾客驱动、从经验教训中学习、敢冒风险并有能力创造变化的适应性文化（Nadler，1998；Senge，1990；Stalk，1988）。这两种文化各具特点，在市场竞争环境中需要两者兼顾，才有利于营造组织创造力的支持性情境（Woodman et al.，1993；Andriopoulos，2001）。

另外，创业导向有助于缓解市场战略导向对组织创造力的固有缺陷的不利影响。创业导向是引导企业进入新领域的过程、实践和决策活动（Slater and Narver，1993，1995）。当创业导向达到较高水平，企业放弃现有技术和领域的愿望逐渐增强（Liu et al.，2011），有助于市场导向型企业克服过度专注现有市场而带来的缺陷（Narver and Slater，1990；Vaznyte and Andries，2019），强化企业开拓创新、积极求变的动机进而促进组织创造力提升。因此，有必要在专注于挖掘和创造性地满足现有市场需求的基础上，追求以先导性、开拓性的变革为特征的创业导向（Li et al.，2010）。

基于上述讨论，我们结合战略理论和组织二元情境理论，构建市场导向通过组织二元文化影响组织创造力的概念模型，并探讨创业导向对市场导向与组织创造力关系的调节作用。我们选取市场导向、创业导向、组织二元文化、组织创造力作为主要研究变量，另选取企业成立年限、企业规模、所有制、所属行业、环境动态性和环境竞争性作为控制变量，旨在实现以下三方面的研究目的：首先，揭示市场导向与组织创造力间的非线性关系；其次，识别组织二元文化在市场导向与组织创造力之间的中介效应，加深对市场导向影响组织创造性产出的内在作用机制的认知；第三，揭示在不同创业导向程度下市场导向对组织创造力的非线性影响的差异。

第一节　组织战略导向、二元文化与组织创造力的关系假设

一、研究变量及概念

组织战略导向通过作用于相应的组织文化特征而影响组织创造力。市场导向作为引导组织发展的重要战略性原则，能提升新产品和市场营销项目的创造力，最终促使企业在市场环境变化中成功开发新产品，建立持续竞争优势（Im and Workman，2004）。然而，市场导向对组织创造力的积极作用具有一定阈限效应。因此，有必要探讨市场导向如何通过组织二元文化作用于组织创造力，深入剖析适应性和一致性这两维度的文化特征分别在市场导向和组织创造力之间发挥何种媒介作用。

本节研究相关概念界定见表 5-1。

表 5-1　本节研究相关概念

相关概念	内涵	理论参考
市场导向	强调企业通过高效的必要行为有效地为顾客创造卓越价值，最终实现持续的高绩效和竞争优势的一种指导性原则。这些必要行为主要包括充分了解目标顾客的需求，密切关注现有和潜在的关键竞争者的短期优势和劣势及长期战略和能力，并通过内部各部门之间协作为目标顾客持续创造卓越价值	Narver 和 Slater（1990）
创业导向	企业在生产经营的过程、实践与决策制定活动中所体现出的创新、风险承担、行动领先、自主性和竞争性的特质，是体现公司竞争倾向的一种战略导向	Lumpkin 和 Dess（1996）；Hughes 和 Morgan（2007）
组织二元文化	强调内部整合的一致性文化和外部灵活的适应性文化的两种文化类型的集合，既包含强调组织内部协调与整合的一致性文化，又包含强调重视顾客、从经验教训中学习、敢于冒险的适应性文化	Fey 和 Denison（2003）；Davenport（1993）；Saffold（1988）；Nadler（1998）；Senge（1998）；Stalk（1988）
组织创造力	有价值的和有用的新产品、服务、想法、步骤或过程的创造；是创造性过程、创造性产品、富于创造力的人员和创造性环境整合及互动的结果	Woodman 等（1993）；Brown（1989）；Harrington（1990）

二、研究假设

（一）市场导向与组织创造力

组织创造力作为一个新兴的研究领域，源于创造力研究。创造力是指有关产品、过程、流程等的新颖而有用的想法的产生（Amabile，1996）。此概念最初被广泛应用于个体层研究，随着创造力研究的不断深入，研究者将这一概念从个体层逐渐扩展至团队层和组织层。组织创造力是一种组织能力，是在复杂的社会系统下，组织产生一系列有价值的新想法，形成与新产品、新服务、新工艺、新过程、新方法等相关问题的解决方案的能力（Lee and Choi，2003）。Woodman 等（1993）强调组织创造力包含创造性过程、创造性产品、创造性主体和创造性情境四要素，提出组织创造力的输入—转化—输出模型，认为组织战略和组织文化是影响组织创造力的重要组织特征，这些特征通过创造性行为和创造性情境的转化影响组织创造力。组织创造力相关的组织文化需要兼具“激励性”和“凝聚性”两方面特征：一方面通过倡导学习、鼓励和追求创新来不断适应新的变化；另一方面强调员工的凝聚力，促使员工为实现组织共同目标而同心协力（彭灿，2003）。组织二元文化相应体现了分别具有激励性特征的适应性文化和凝聚性特征的一致性文化的二元融合，组织文化与组织战略存在密切关系。战略导向是企业的一种指导性原则，体现了组织战略的基本特征（Venkatraman，1989）。特定的组织文化受到组织实施具有相应情境要求的战略导向的影响（Hunt and Morgan，1995）。聚焦客户需求和竞争局势的市场战略导向，体现了对探索适应外部环境变化及拓展内部一致性的二元情境需求（March，1991）。而创业导向与市场导向相对应，两者共存对企业发展至关重要（Renko et al.，2009）。

战略导向体现组织战略的基本特征（Venkatraman，1989）。它是企业的一种指导性原则，旨在通过采用特定方法以实现卓越绩效（Gatignon and Xuereb，1997）。市场导向作为企业战略导向的重要类型，强调通过高效的必要行为，有效地为顾客创造卓越价值，最终实现持续的高绩效和获取竞争优势（Narver and Slater，1990）。这些必要行为主要包括充分了解目标顾客的需求，密切关注现有和潜在的关键竞争者的短期优势和劣势及长期战略和能力，并通过内部各部门之间协作为目标顾客持续创造卓越价值。因此，市场导向通常包含顾客导向、竞争者导向和跨职能协同三个维度（Narver and Slater，1990）。

关于市场导向和组织创造性产出间的关系，现有研究结论并不一致（Grinstein，2008）。多数文献支持市场导向与创造性产出之间存在积极关系（Pelham and Wilson，1996；Verhees and Meulenberg，2004；Ozkaya et al.，2015；Mahmoud et al.，2016；Frösén et al.，2016）。例如，研究发现市场导向影响小公司的产品创新（Pelham and Wilson，1996）；顾客信息对企业产品创新产生积极影响（Verhees and Meulenberg，2004）。也有研究持相反意见，认为过度倾听来自市场的意见是企业发展新技术的障碍，因为顾客很难超越现有消费经验预见未来技术变迁和自身潜在需要（Christensen and Bower，1996；张婧和段艳玲，2011）；竞争者导向容易有企业间相互模仿抄袭的隐患，对创造性结果产生消极影响（Lukas and Ferrell，2000）。

这些研究结论的不一致引发研究者关注市场导向与组织创造力间的非线性关系。有学者从外部知识获取视角研究指出：适度市场导向有利于激发组织内创造性想法的产生，但过度专注于现有市场却不利于组织创造力的提升（耿紫珍等，2012）。其一，从组织战略视角而言，高度的市场导向容易使企业受限于过度专注现有市场的固有缺陷（Narver and Slater，1990；Vaznyte and Andries，2019）。当市场导向发展到较高程度时，顾客和竞争者相关信息在企业内部的流动已形成了相对固定的模式和规则，容易造成对潜在的顾客需求和未知的竞争者动态的忽视。这种对现有市场过度熟悉而形成的战略惯性会限制企业开拓创新、积极求变进而成为组织创造力发展的桎梏（Leonard-Barton，1992）。其二，从组织情境视角而言，高度市场导向容易造成组织对内部多样性的忽视最终不利于组织创造力的提升。市场导向有利于企业内部形成专注于顾客目标的统一参照框架（Renko et al.，2009），起初适度一致的目标和认知模式有利于组织内部形成支持创造性想法产生的高效协作的文化氛围，但超过一定程度就容易使组织内部难以容忍质疑和多样性。鼓励群体内部认知和视角的多样性对于促进组织创造力的提升至关重要（Kurtzberg，2005；Bassett-Jones，2005）。由此，我们提出如下假设。

H1：市场导向对组织创造力有显著倒“U”形影响。

（二）市场导向与组织二元文化

组织二元文化概念源于组织二元性理论，通常指相互对立又并存的两种类型的组织文化（Gibson and Birkinshaw，2004；Wang and Rafiq，2014）。Quinn（1988）基于竞争价值观理论认为不同类型文化共存有助于企业应对环境的动态变化。我们基于组织二元性理论和竞争价值观理论将组织二元文化具体界定为包含强调内部整合的一致性文化和强调外部灵活变通的适应性文化两维度的文化。

组织文化是与战略导向密切相关的组织情境要素（Zhou et al.，2005）。随着组织对市场导向的执行，组织内部会逐渐形成相应的组织文化，并形成自身竞争优势（Hunt and Morgan，1995）。不同的战略导向通常隐含的不同文化，文化是实现战略导向所追求的竞争优势的手段（Porter，1985）。已有研究将顾客导向视为组织的一种基础假设，并认为其是组织中形成相应价值观和信念的前提；聚焦顾客需求的企业必然支持和采纳重视响应外部市场因素的价值观和信念（Nahm et al.，2004）。

市场导向体现了企业根据对外部市场环境的认知做出相应调整和反应的能力（Morgan et al.，2009）。它要求企业既能高效利用现有机会，又能快速有效地应对外部威胁（Narver and Slater，1990）。换言之，组织既要重视整体响应的一致目标和效率，又要注重响应行动适应市场环境变化的有效性。这种二元需求必然使组织内同时存在一致性文化和适应性文化。一方面，市场导向有利于形成重视学习、响应环境和创新的适应性文化。市场导向使企业能在整个组织范围内不断更新和完善学习型价值观及技能（Hult et al.，2004；Liu et al.，2002；Slater and Narver，1995）。企业要适应市场环境的动态性和复杂变化，就需要从经验或教训中不断探索，激发组织内员工快速响应，以创造性方式寻求新的应对之策（Keskin，2006）。已有研究表明，拥有高度顾客导向的公司必然信奉和支持促进创造力和智力劳动的价值观，鼓励员工寻找创新方式以满足不断变化的客户需求，如开发新产品或新功能、缩短交货期、提高质量和降低成本等（Nahm et al.，2004）。另一方面，市场导向与强调目标一致和互相协作的一致性文化密切相关。许多提供给顾客的解决方案和价值往往是组织各部门共同努力的结果，顾客导向型企业必然形成强调组织内部相互协作的共同价值观以实现满足顾客需求这一统一目标（Nahm et al.，2004）。这种价值观引导下的市场导向型企业员工通常更倾向于共享信息、参与决策、相互合作并朝着共同目标努力（Han et al.，1998；Zhou et al.，2004）。

因此，我们提出如下假设。

H2a：市场导向对适应性文化产生显著正向影响。

H2b：市场导向对一致性文化产生显著正向影响。

（三）组织二元文化与组织创造力

组织文化是影响组织创造力的另一重要组织特征，鼓励承担风险等组织文化特征被认为能促进组织创造力（Burnside，1990）。组织二元文化所包含的两组特征，都与组织创造力密切相关。

一方面，适应性文化所强调的重视顾客、敢于冒险和从经验中学习有利于组织中创造性想法的产生。第一，适应性文化所强调的顾客驱动体现了对追踪、挖掘及尽力满足顾客需求的重视，既增强了组织进行创造性努力的动机又促使组织产生了更多创造性想法（Ahuja and Lampert，2001；耿紫珍等，2012）；第二，适应性文化所体现的鼓励冒险和创新性本身就是利于组织中产生创造性想法的重要的支持性情境因素（Amabile，1997）；第三，适应性文化所包含的对经验学习的重视，有利于增强组织认知能力进而提升组织创造力。以往成功和失败的案例促使企业形成了关于市场如何运作的心智模式（Sinkula et al.，1997）。这一心智模式是组织在应对动态复杂的市场环境变化时产生创造性想法的基础。另外，组织提倡在交流和分享、与顾客互动及与竞争者较量中获得经验和教训，这不仅有利于组织内部市场信息的生成和传播，而且能不断提高市场信息解释和存储的质量（Sinkula et al.，1997）。这种对整体市场信息处理效率的持续改进会对组织创造力产生积极的累积效应。

另一方面，一致性文化对共同目标和相互协作的适度强调有利于组织中创造性想法的产生。如果员工拥有共同目标和愿景，则对学习和创造的动机更强烈，反之员工就可能无法知道组织的预期、衡量结果的标准及经营理念，在这种模糊的情境中，即使员工有创造动力，也不知道该创造什么（Baker and Sinkula，1999）。另外，合作的组织氛围是组织内创造力支持情境的重要组成部分，能促使组织内形成围绕共同愿景的活跃思想流（Amabile and Gryskiewicz，1987）。

然而，高度的一致性文化对统一的心智模式和回避冲突的过度强调，则不利于组织中创造性想法的产生。首先，一致性文化体现的内部整合性和稳定性容易形成共同心智模式（Senge，1990），共同心智模式便于对问题的理解达成共识（Senge，1990），但高度统一的心智模式则降低不同的观点产生的可能性。研究表明，不同心智模式的结合有益于提升团队灵活解决问题的能力，进而提升新产品开发过程中的创造力（Alves et al.，2007）。此外，过于强调避免冲突也不一定有利于创造力，因为组织中创造性想法的产生得益于适度冲突。适度冲突不仅能帮助组织产生创新性方案以解决结构复杂问题，而且对于避免出现小群体思维也至关重要，即避免为了达成共识和回避冲突而牺牲解决问题的方案质量（Troyer and Youngreen，2009）。

可见，体现为重视顾客、鼓励冒险和从经验中学习的适应性文化能促进组织中创造性想法的产生；同时，适度的一致性文化能激发组织员工对某一事件达成共识和相互学习，使组织内形成活跃的思想流，但过度的一致性文化则不利于组织中产生支持创造力所需要的不同心智模式及适度冲突，因此我们提出如下假设。

H3a：适应性文化对组织创造力产生显著正向影响。

H3b：一致性文化对组织创造力产生显著倒“U”形影响。

（四）组织二元文化的中介效应

前文分析表明，市场导向有利于组织内形成重视学习、响应环境和创新的适应性文化，以及强调目标一致和互相协作的一致性文化；同时，适应性文化和一致性文化又影响组织中创造性想法的产生。因此，我们推断适应性文化和一致性文化均在市场导向和组织创造力之间发挥中介作用。

具体而言，一方面，市场导向通过在组织内形成强调一致目标和互相协作的共同价值观以促进组织的创造性产出。市场导向通过形成聚焦顾客目标和促进市场信息在企业内部流动的统一参照体系可以帮助企业超越现有经验领域进行创新（Han et al.，1998；Zhou et al.，2004；Piercy et al.，2002；Ruekert，1992）。为了创造与众不同的顾客价值，企业需要在组织内部形成协调、沟通和合作的氛围，进而激发组织内部产生更多创造性想法（Im and Workman，2004）。另一方面，市场导向通过在组织内鼓励学习、创新和快速反应以促进组织的创造性产出。研究表明，市场导向通过在组织内形成支持性情境激发组织以创造性方式寻求新的应对之策（Keskin，2006；Hult et al.，2004；Liu et al.，2002；Slater and Narver，1995）。为了给顾客创造更多价值并减少外部竞争威胁，企业需要通过奖励新想法、鼓励尝试新方法等营造支持创新活动的氛围促进组织创造力的提升，以改进产品、服务或拓展营销渠道（Narver and Slater，1990；耿紫珍等，2012）。市场导向型企业通过更好地感知和响应市场的快速变化获得高绩效（Jaworski and Kohli，1993）。

由此，我们提出如下假设。

H4a：适应性文化中介市场导向与组织创造力间的关系。

H4b：一致性文化中介市场导向与组织创造力间的关系。

（五）创业导向的调节效应

创业导向是引导企业进入新领域的过程、实践和决策制定活动（Lumpkin and Dess，2001；Wales，2016；Zhang et al.，2016）。创业导向有助于企业克服市场导向过度专注于现有市场而带来的缺陷（Narver and Slater，1990；Vaznyte and Andries，2019）。由于对现有市场的过度熟悉和依赖会限制企业创新、开拓和求变（Leonard-Barton，1992），而创业导向型企业认为企业竞争优势源于创新、领先行动和风险性投资，重视顾客需求、追求与高风险并存的新机会（Miller，1983），当企业的创业导向达到较高水平时，企业放弃现有技术和领域的愿望逐渐增强（Liu et al.，2011），这种逐渐增强的愿望有助于市场导向型企业克服其过度专注和满足于现有技术、领域及市场的固有缺陷，不断强化企业追求新机会的创造性动机，进而促使组织创造力不断提升。研究发现：当组织对新观点和新实践持开放态度时，市场导向中的跨职能协同对组织创新的积极作用会被强化，而压力、排斥变化及妥协相左观点等的负面影响将会降低（张婧和段艳玲，2011）；当公司维持中等水平的创业导向时，市场导向对组织绩效的积极影响最强（Bhuian et al.，2005）；另外，发展水平较高的创业导向与市场导向在企业中的共存有助于企业创新和获得高绩效（Renko et al.，2009；Matsuno et al.，2002）。由此，我们提出如下假设。

H5：创业导向调节市场导向与组织创造力间的倒“U”形关系。当创业导向发展水平较低时，市场导向对组织创造力的积极影响随着市场导向的增加逐渐减弱；而当创业导向较高时，市场导向对组织创造力的积极影响随着市场导向的增加逐渐增强。

基于以上分析和推理，我们的研究假设模型如图 5-1 所示。

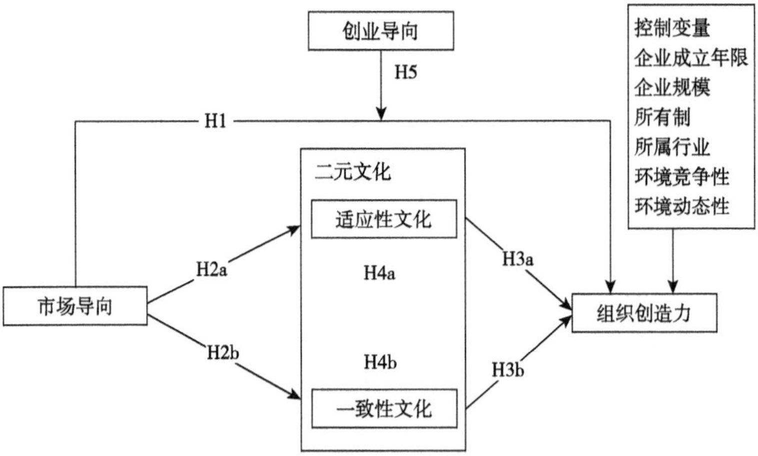

图 5-1 研究假设模型

第二节　研究设计与方法

一、数据搜集

本书的研究对象是创新型企业，将调查重点聚焦在电子信息技术、新材料及新能源、高技术服务业等技术含量较高的行业，所调研企业涵盖多种所有制，地点在上海、湖南、深圳与浙江等地区。

在确定组织管理人员与员工调查数量时，考虑到调查组织中高层管理人员的困难性和研究的有效性，我们确定了调查每个组织中 3 位左右中高层管理人员和 3～40 位员工的方案，并对其一致性进行检验。同时，采用中高层管理人员与员工评价的方式，克服可能存在的主观偏见性，以减少数据来源相同而产生的同源误差问题。

2012 年 6 月至 2013 年 10 月期间完成了问卷的调查。调查的企业涵盖了国有企业、私营企业、外资企业等所有制形式。调查的企业包括：施耐德电气（中国）投资有限公司上海分公司、上海 ABB 电机有限公司、国金证券股份有限公司、微软（中国）有限公司、华为技术有限公司、中兴通讯股份有限公司、东软集团（上海）有限公司、欧姆龙传感控制研究开发（上海）有限公司、英特尔（中国）有限公司、中国农业科学院上海兽医研究所、意法半导体研发（上海）有限公司、上海微创软件股份有限公司、花王（中国）研究开发中心有限公司、上海诺基亚贝尔股份有限公司、爱立信（中国）通信有限公司、中航民用航空电子有限公司、上海飞机客户服务有限公司等多家高新技术企业或研究院。

调查问卷包括：管理人员问卷和员工问卷。管理人员问卷包括市场导向、创业导向、结构正规化、结构集权化、环境动态性、环境竞争性和公司基本情况。中高层管理人员对企业战略导向、结构设计和市场环境具有整体性认知，因此其对企业市场导向和创业导向、组织结构的正规化和集权化特征及企业所处市场环境特征的评价更大程度上反映了组织的真实状况。员工问卷包括对组织二元文化和组织创造力的评价。

问卷调查采用现场发放与通过邮箱发放两种形式，现场调查方式：我们首先向被试企业的人力资源部经理说明调查目的和方案，其次在该人力资源部经理的陪同下将问卷分别发放给 3 位左右中高层管理人员和 3～40 位员工填写，最后人力资源部经理以组织为单位，将管理人员问卷与员工问卷收回一并整理成为完整的一套组织调查问卷。该部分调查主要使用纸质问卷进行调查。电子邮件调查方式：由我们直接联系企业中高层管理人员，由中高层管理者向3位左右中高层管理人员和3～40位员工发放电子问卷，作为联系人的中高层管理人员熟知问卷调查流程，并在调查过程中与我们保持密切且顺畅的沟通，以保证问卷调查的有效性，问卷收集整理后反馈给我们。

二、研究工具

本章研究涉及变量分别是：市场导向、创业导向、适应性文化、一致性文化、组织创造力。以下所有测量项目均采用1～5的等级分值，由调研对象评价该项目与实际情况的符合程度，从“1-非常不符合”到“5-非常符合”。

市场导向的测量条目参照Narver和Slater（1990）开发的包含15条目的量表进行编制，分别从顾客导向、竞争者导向和跨职能协同三个维度进行测量。其中6个条目测量顾客导向，4个条目测量竞争者导向，5个条目测量跨职能协同。

创业导向的测量条目根据Hughes和Morgan（2007）对Lumpkin和Dess（1996）的五维度量表改编而成的包含18条目的创业导向量表进行编制，分别从风险承担性、创新性、主动性、竞争性和自主性五个维度进行测量。

组织二元文化的测量条目参考Fey和Denison（2003）的组织文化量表中的一致性和适应性维度及对企业的访谈编制而成，共包含14个。通过对上海某高新技术园区的企业的预调研数据进行探索性因子分析，根据结果删除了“组织内部强调遵守原则”“组织将失败视为学习提高的机会”两个条目，最终包含12个条目。该量表的具体开发过程详见第四章。

组织创造力的测量根据Lee和Choi（2003）的组织创造力5条目量表进行编制，主要聚焦组织创造性的动机、过程、环境和结果等方面对整个组织的创造力进行较为系统的综合评价。

同时，考虑到企业所有制、企业成立年限、企业规模、所属行业及企业外部市场环境的动态性和竞争性程度都有可能影响组织创造力，因此在模型中将它们作为控制变量。其中企业成立年限划分为“1～5年”、“6～10年”和“10年以上”三个级别，企业规模将员工数量划分为从“不足50人”到“500人以上”四个级别；所有制分为国有、私营、外资和其他四种类型，采用三个0-1型虚拟变量进行控制；行业被划分为电子信息技术、新材料及新能源、高技术服务业及其他四个类别，也采用三个0-1型虚拟变量进行控制。用来刻画市场环境特征的环境动态性和环境竞争性采用 Jansen 等（2006）的包含 5 条目的环境动态性量表和包含 4 条目的环境竞争性量表来测量。

另外，尽管员工和中高层管理人员分别评价的方式，在一定程度上避免了潜在的同源误差风险，但我们仍然检验可能存在的影响研究结论的共同方法变异偏差问题。首先，根据 Harman 单因素检验进一步检验可能存在的影响研究结论的共同方法变异偏差。如果一个总因子的特征值在变量中占有绝大多数协方差的比率，则表明存在显著的共同方法变异偏差（Podsakoff and Organ，1986）。对本章测量变量的所有项目进行主因子分析，发现有八个因子的特征值都大于 1，总的贡献率为 76.812%，其中第一个因子的方差解释率为 17.488%，没有发现单一的因子，也没有发现哪一个因子的方差比率占绝大多数，因此在本数据中不太可能存在显著的共同方法变异偏差。其次，我们根据 Podsakoff 等（2003）的建议，将加入潜在共同方法变异偏差因子后的测量模型（χ^2/df=1.797，RMSEA=0.074，TLI=0.933，CFI=0.950）和原测量模型（χ^2/df=1.910，RMSEA=0.079，TLI=0.923，CFI=0.936）进行比较，发现拟合指数变化不显著（RMSEA 变化 0.005，TLI 变化 0.010）。由于加入潜在共同方法变异偏差因子后的测量模型没有显著改善原测量模型的拟合度，再次说明本章结果不太可能受共同方法变异偏差的影响。

第三节　数据分析与假设检验

本章研究主要采用 Stata12.0 和 AMOS17.0 进行描述性统计分析、验证性因子分析、层次回归分析等，并检验本章所提出的研究变量之间的关系假设是否成立。在分析过程中对所有涉及平方项的变量都进行了中心化处理，以避免方程中潜在的多重共线性问题。

一、描述性统计分析

企业成立年限划分为“1～5 年”、“6～10 年”和“10 年以上”三个级别，企业规模划分为“不足 50 人”、“50～100 人”、“101～500 人”及“500 人以上”四个级别；所有制分为国有企业、私营企业、外资企业和其他四种类型，采用三个 0-1 型虚拟变量进行控制；行业被划分为电子信息技术行业、新材料及新能源行业、高技术服务业及其他行业四个类别，采用三个 0-1 型虚拟变量进行控制。

对调查对象的数据统计显示（表 5-2），所调查企业大部分为私营企业（40.0%）和外资企业（37.2%），其次为国有企业（16.6%），少量为其他企业（6.2%）。多数企业成立年限在 6～10 年（46.9%），成立年限低于 6 年和超过 10 年的企业所占比重相当，分别为 27.6%和 25.5%。规模少于 50 人（31.0%）的企业占的比重最大，其次为规模超过 500 人（29.0%）的企业，占比重最少的为规模在 50～100 的企业（14.5%）。就行业而言，属于电子信息技术行业的企业最多（43.4%），其次是属于高技术服务业（22.8%），其他行业占比最少（14.5%）。

表 5-2　样本特征数据统计分析（企业数=145）

企业属性	类别	测量	样本数	所占比例
所有制	国有企业	0-1	24	16.6%
	私营企业	0-1	58	40.0%
	外资企业	0-1	54	37.2%
	其他	0-1	9	6.2%
企业成立年限	1～5 年	1	40	27.6%
	6～10 年	2	68	46.9%
	>10 年	3	37	25.5%
企业规模	<50 人	1	45	31.0%
	50～100	2	21	14.5%
	101～500	3	37	25.5%
	>500	4	42	29.0%
所属行业	电子信息技术	0-1	63	43.4%
	新材料及新能源	0-1	28	19.3%
	高技术服务业	0-1	33	22.8%
	其他	0-1	21	14.5%

二、信度与效度分析

市场导向、创业导向、适应性文化、一致性文化和组织创造力均是组织层次的变量，需要聚合组织中个体的评分来获得。各个变量聚合后的组内评价者信度（within-group interrater reliability，RWG）系数值分别为 0.979、0.985、0.967、0.968 和 0.958，均大于 0.7，表明所有变量均具有较好的一致性，说明本章研究所涉及的变量聚合效果良好。

首先，对量表进行信度分析。如表 5-3 所示，市场导向、创业导向、适应性文化、一致性文化及组织创造力五个潜变量的 Cronbach's α 系数分别为 0.961、0.956、0.857、0.917、0.940，均在 0.8 以上，表明这些变量的测量量表具有较好的内部一致性，其内在质量较高。如表 5-4 所示，市场导向、创业导向、适应性文化、一致性文化及组织创造力五个变量的组合信度分别为：0.962、0.931、0.853、0.928、0.942，均大于 0.8。其次，为了进一步验证变量的聚合与区分效度，根据因子载荷计算每个变量的平均方差抽取值（average variance extracted，AVE）并比较每个构念与其测量项目间共享的方差和该构念与其他构念间共享的方差，若各变量的 AVE 达到 0.5 则表明其所有测量具有较好的聚合效度，同时如果各变量 AVE 的平方根大于该变量与其他变量的相关系数，则表示该变量与其他变量间具有较好的区分效度（Fornell and Larcker，1981）。从表 5-4 的分析结果可知，市场导向、创业导向、适应性文化、一致性文化及组织创造力五个变量的 AVE 分别为 0.895、0.732、0.493、0.684 和 0.765。除了适应性文化的 AVE 小于 0.5 之外，其他四个变量的 AVE 均大于 0.5，表明量表具有较好的聚合效度。同时，从表 5-5 可以看出，各变量 AVE 的平方根（对角线括号内的数值）均大于该变量与其他变量间的相关系数，表明所有潜变量间具有良好的区分效度。

表 5-3　研究变量信度分析结果

变量		条目	该条目删除后量表均值	该条目删除后量表方差	CITC	该条目删除后量表差 α	Cronbach's α系数	
市场导向	顾客导向	1	60.0566	48.374	0.789	0.958	0.912	0.961
		2	60.0219	48.899	0.725	0.959		
		3	59.9712	49.672	0.676	0.96		
		4	59.9857	48.786	0.767	0.958		
		5	60.1799	48.346	0.711	0.960		
		6	59.9965	48.423	0.798	0.958		
	竞争者导向	1	60.1141	47.661	0.804	0.958	0.914	
		2	60.2441	47.688	0.782	0.958		
		3	60.1455	47.934	0.808	0.958		
		4	60.1661	48.050	0.823	0.957		
	跨职能协同	1	60.1679	47.304	0.834	0.957	0.920	
		2	60.2643	46.856	0.866	0.956		
		3	60.1115	48.572	0.763	0.958		
		4	60.3943	47.272	0.788	0.958		
		5	60.2594	49.090	0.658	0.961		
创业导向	风险承担性	1	68.7912	97.244	0.597	0.956	0.875	0.956
		2	68.9358	94.259	0.715	0.954		
		3	68.6949	95.119	0.787	0.953		
	创新性	1	68.7140	94.311	0.804	0.953	0.880	
		2	69.0705	93.082	0.736	0.954		
		3	68.6379	95.946	0.748	0.954		

续表

变量		条目	该条目删除后量表均值	该条目删除后量表方差	CITC	该条目删除后量表α	Cronbach's α系数	
创业导向	主动性	1	68.6608	95.140	0.782	0.953	0.910	0.956
		2	68.7505	93.289	0.796	0.953		
		3	68.9880	92.607	0.713	0.954		
	竞争性	1	68.8633	94.758	0.638	0.955	0.884	
		2	69.0434	92.217	0.756	0.954		
		3	68.6384	94.903	0.734	0.954		
	自主性	1	68.9190	92.614	0.766	0.953	0.935	
		2	68.7752	94.308	0.744	0.954		
		3	68.7588	93.218	0.767	0.953		
		4	68.7824	92.744	0.761	0.953		
		5	68.9890	93.802	0.687	0.955		
		6	68.8203	91.891	0.656	0.956		
组织二元文化	一致性文化	1	20.9113	9.230	0.845	0.894	0.917	
		2	21.4281	7.830	0.708	0.927		
		3	20.9801	8.936	0.851	0.891		
		4	21.0843	9.434	0.766	0.903		
		5	21.0602	9.242	0.765	0.903		
		6	21.0077	9.186	0.802	0.898		
	适应性文化	1	20.4636	6.599	0.727	0.818	0.857	
		2	20.0007	7.538	0.687	0.832		
		3	20.2212	6.962	0.712	0.822		
		4	20.6152	6.508	0.644	0.837		
		5	20.5095	6.787	0.632	0.837		
		6	20.4101	7.586	0.528	0.853		
环境特征	环境动态性	1	17.7637	3.879	0.685	0.797	0.841	
		2	17.7472	4.331	0.562	0.83		
		3	17.6831	4.012	0.751	0.783		
		4	17.8121	4.004	0.655	0.806		
		5	17.8097	3.874	0.596	0.826		
	环境竞争性	1	13.1955	3.563	0.713	0.839	0.864	
		2	13.3152	3.176	0.777	0.805		
		3	13.2984	3.058	0.795	0.796		
		4	13.5921	2.520	0.681	0.875		
组织创造力		组织创造力 1	16.3054	3.776	0.793	0.934	0.940	
		组织创造力 2	16.2832	3.660	0.857	0.922		
		组织创造力 3	16.1133	3.628	0.897	0.915		
		组织创造力 4	16.2219	3.642	0.840	0.925		
		组织创造力 5	16.2577	3.588	0.807	0.932		

表 5-4　研究变量的组合信度与 AVE

潜变量		条目	因子载荷	信度	组合信度	AVE
市场导向		顾客导向	0.917	0.841	0.962	0.895
		竞争者导向	0.977	0.955		
		跨职能协同	0.943	0.889		
创业导向		风险承担性	0.826	0.682	0.931	0.732
		创新性	0.969	0.939		
		主动性	0.916	0.839		
		竞争性	0.856	0.733		
		自主性	0.682	0.465		
组织二元文化	适应性文化	适应性文化 1	0.807	0.651	0.853	0.493
		适应性文化 2	0.680	0.462		
		适应性文化 3	0.668	0.446		
		适应性文化 4	0.719	0.517		
		适应性文化 5	0.687	0.472		
		适应性文化 6	0.640	0.410		
	一致性文化	一致性文化 1	0.911	0.830	0.928	0.684
		一致性文化 2	0.695	0.483		
		一致性文化 3	0.924	0.854		
		一致性文化 4	0.758	0.575		
		一致性文化 5	0.810	0.656		
		一致性文化 6	0.841	0.707		
环境特征	环境动态性	环境动态性 1	0.794	0.630	0.846	0.528
		环境动态性 2	0.608	0.370		
		环境动态性 3	0.852	0.726		
		环境动态性 4	0.704	0.496		
		环境动态性 5	0.647	0.419		
	环境竞争性	环境竞争性 1	0.792	0.627	0.886	0.662
		环境竞争性 2	0.851	0.724		
		环境竞争性 3	0.874	0.764		
		环境竞争性 4	0.729	0.531		
组织创造力		组织创造力 1	0.806	0.650	0.942	0.765
		组织创造力 2	0.885	0.783		
		组织创造力 3	0.930	0.865		
		组织创造力 4	0.885	0.783		
		组织创造力 5	0.864	0.746		

表 5-5 研究变量的均值、标准差、相关系数

控制变量	1. 市场导向	2. 创业导向	3. 适应性文化	4. 一致性文化	5. 组织创造力	6. 企业成立年限	7. 企业规模	8. 所有制 1	9. 所有制 2	10. 所有制 3	11. 行业 1	12. 行业 2	13. 行业 3	14. 环境动态性	15. 环境竞争性
1. 市场导向	(0.946)														
2. 创业导向	0.774***	(0.856)													
3. 适应性文化	0.626***	0.682***	(0.702)												
4. 一致性文化	0.675***	0.621***	0.541***	(0.827)											
5. 组织创造力	0.544***	0.568***	0.470***	0.426***	(0.875)										
6. 企业成立年限	−0.053	−0.054	−0.085	−0.034	0.106										
7. 企业规模	−0.049	−0.031	−0.042	0.029	0.101	0.508***									
8. 所有制 1	0.058	0.019	0.063	0.040	0.018	0.089	0.222**								
9. 所有制 2	−0.227**	−0.184*	−0.131	−0.261**	−0.095	−0.228**	−0.414***	−0.364***							
10. 所有制 3	0.278 **	0.301***	0.201 *	0.320***	0.151	0.159	0.186*	−0.343***	−0.629***						
11. 行业 1	0.003	0.069	−0.025	−0.071	0.134	0.006	−0.046	−0.128	0.080	0.073					
12. 行业 2	0.247 **	0.137	0.144	0.241**	0.150	0.014	−0.111	0.158	−0.185*	0.057	−0.429***				
13. 行业 3	−0.017	−0.014	0.015	0.024	−0.087	−0.030	0.133	0.024	0.060	−0.078	−0.476***	−0.266**			
14. 环境动态性	0.272**	0.263**	0.152	0.122	0.374***	−0.051	−0.042	−0.101	0.001	0.112	0.350***	−0.154	0.057		
15. 环境竞争性	0.257**	0.256**	0.213*	0.104	0.145	−0.091	−0.054	−0.223**	0.024	0.150	0.333***	−0.333***	0.060	0.726***	
均值	4.296	4.048	4.075	4.216	4.059	1.979	2.524	0.166	0.400	0.372	0.435	0.193	0.228	4.440	4.451
标准差	0.495	0.569	0.522	0.594	0.475	0.731	1.208	0.373	0.492	0.485	0.497	0.396	0.421	0.491	0.572

注：对角线括号内为各变量 AVE 的平方根

*表示$p<0.05$，**表示$p<0.01$，***表示$p<0.001$

为了验证各变量间的区分效度，我们首先构建了包含所有五个潜变量（市场导向、创业导向、适应性文化、一致性文化、组织创造力）的测量模型作为基准模型，通过合并相关潜变量，生成并比较 18 种不同的因子测量模型。从表 5-6 所示的结果可见，基准模型测量结果最优，证实五个潜变量的构思效度较好。

表 5-6 测量模型比较结果

模型	因子结构	χ^2	df	χ^2 / df	$\Delta\chi^2$	RMSEA	CFI	TLI	IFI
基准模型	五因子	473.618	248	1.910		0.079	0.936	0.923	0.937
模型 1	1 与 2 合并	601.114	252	2.385	127.496***	0.098	0.902	0.883	0.903
模型 2	1 与 3 合并	508.953	253	2.012	35.335***	0.084	0.928	0.914	0.929
模型 3	2 与 3 合并	520.623	253	2.058	47.005***	0.086	0.925	0.911	0.926
模型 4	1 与 4 合并	747.970	253	2.956	274.352***	0.117	0.861	0.835	0.862
模型 5	2 与 4 合并	889.608	253	3.516	415.990***	0.132	0.821	0.787	0.823
模型 6	3 与 4 合并	711.938	253	2.814	238.320***	0.112	0.871	0.847	0.872
模型 7	1 与 5 合并	868.019	253	3.431	394.401***	0.130	0.827	0.795	0.829
模型 8	2 与 5 合并	932.496	253	3.686	458.878***	0.137	0.809	0.809	0.811
模型 9	1 与 2；3 与 4 合并	842.539	256	3.291	368.921***	0.126	0.835	0.806	0.837
模型 10	1 与 3；2 与 4 合并	917.789	257	3.571	444.171***	0.134	0.814	0.783	0.816
模型 11	1 与 3；2 与 5 合并	968.743	257	3.769	495.125***	0.139	0.799	0.766	0.802
模型 12	2 与 3；1 与 4 合并	797.855	257	3.104	324.237***	0.121	0.848	0.822	0.849
模型 13	2 与 3；1 与 5 合并	918.866	257	3.575	445.248***	0.134	0.814	0.782	0.816
模型 14	1 与 4；2 与 5 合并	1183.512	257	4.605	709.894***	0.158	0.739	0.695	0.742
模型 15	2 与 4；1 与 5 合并	1252.684	257	4.874	779.066***	0.164	0.719	0.673	0.723
模型 16	3 与 4；1 与 5 合并	1095.733	257	4.264	622.115***	0.151	0.764	0.724	0.767
模型 17	3 与 4；2 与 5 合并	1158.443	257	4.508	684.825***	0.156	0.746	0.704	0.749
模型 18	一因子	1328.524	258	5.149	854.906***	0.170	0.698	0.649	0.702

注：因子结构中 1、2、3、4、5 分别代表市场导向、创业导向、适应性文化、一致性文化和组织创造力

***表示 $p<0.001$

三、假设检验

我们利用 Stata 12.0 进行层次回归分析来检验所提出的研究变量之间的线性及非线性关系假设是否成立，并在分析过程中对所有平方项所涉及的变量进行中心化处理，以避免方程中潜在的多重共线性问题。层次回归分析的每一步对应的回归模型及结果如表 5-7 所示。

表 5-7 假设检验的层次回归分析

变量		模型 1	模型 2	模型 3	模型 4	模型 5	模型 6	模型 7	模型 8	模型 9	模型 10	模型 11	模型 12	模型 13	模型 14
		组织创造力										适应性文化		一致性文化	
控制变量	企业成立年限	0.039	0.071	0.082	0.090	0.114	0.086	0.082	0.065	0.079	0.090	−0.099	−0.050	−0.099	−0.061
	企业规模	0.137	0.162	0.176*	0.164	0.168*	0.136	0.153	0.134	0.171*	0.162*	0.001	0.038	0.033	0.061
	所有制 1	0.141	−0.031	−0.013	−0.058	−0.043	−0.062	−0.068	0.074	−0.001	−0.042	0.432**	0.171	0.275*	0.075
	所有制 2	0.222	0.118	0.102	0.029	0.059	0.041	0.069	0.193	0.132	0.079	0.385*	0.228*	0.194	0.073
	所有制 3	0.257	0.011	0.070	−0.014	0.017	−0.004	−0.028	0.115	0.058	0.016	0.556**	0.184	0.510**	0.224
	行业 1	0.097	0.034	−0.005	−0.012	0.052	0.083	0.049	0.019	−0.036	−0.023	0.030	−0.064	0.090	0.018
	行业 2	0.227*	0.014	0.002	0.031	0.049	0.107	0.029	0.129	0.014	0.035	0.255*	−0.066	0.344**	0.097
	行业 3	−0.012	−0.090	−0.104	−0.100	−0.085	−0.053	−0.083	−0.064	−0.103	−0.094	0.088	−0.027	0.163	0.074
	环境动态性	0.491***	0.472***	0.481***	0.479	0.506***	0.542***	0.501***	0.492***	0.478***	0.512***	−0.106	−0.136	−0.021	−0.045
	环境竞争性	−0.170	−0.332**	−0.332**	−0.324	−0.368***	−0.337**	−0.356**	−0.202	−0.306**	−0.332**	0.354**	0.108	0.167	−0.022
主效应	市场导向		0.534***	0.454***	0.105	0.087		0.360**		0.399***	0.197		0.807***		0.621***
	市场导向平方			−0.215**	−0.209**	0.052				−0.152	−0.146				
中介效应	适应性文化						0.470***	0.215*			0.260*				
	一致性文化								0.362***	0.132	0.124				
	一致性文化平方								−0.197**	−0.169*	−0.192*				
调节效应	创业导向				0.392**	0.233									
	市场导向×创业导向					−0.081									
	市场导向平方×创业导向					0.316*									
R^2		0.246	0.447	0.483	0.511	0.528	0.424	0.463	0.398	0.520	0.543	0.193	0.655	0.223	0.494
调整的 R^2		0.189	0.401	0.436	0.463	0.473	0.376	0.414	0.343	0.468	0.490	0.133	0.626	0.165	0.453
ΔR^2			0.201	0.036	0.028	0.017	0.178	0.016	0.152	0.037	0.060		0.462		0.271
F 值		4.361***	9.770***	10.271***	10.533***	9.629***	8.886***	9.477***	7.272***	10.050***	10.206***	3.213**	22.885***	3.851***	11.898***

*表示p <0.05，**表示p <0.01，***表示p <0.001

模型 1、模型 2 和模型 3 检验市场导向对组织创造力的影响。在模型 1 中首先将所有控制变量对组织创造力进行回归，模型 2 和模型 3 在此基础上分别再加入市场导向和市场导向的平方项。模型 2 回归结果显示，市场导向回归系数显著为正（β=0.534，p<0.001）且市场导向平方项回归系数显著为负（β=−0.215，p<0.01），说明市场导向与组织创造力呈显著倒“U”形关系，H1 得到支持。市场导向和组织创造力间的倒“U”形关系如图 5-2 所示。根据 Cohen 等（2003）提出的方法计算（$Z_x=-b_1/2b_2$，其中 Z_x 表示对称轴数值；b_1 表示一次项系数；b_2 表示二次项系数）得出，图 5-2 中曲线零斜率点的市场导向为 0.795（b_1=0.434，b_2=−0.273）。从图 5-2 可见，市场导向最初与组织创造力之间正向相关，但是随着市场导向的增加，这一正相关关系逐渐减弱。直至市场导向增加至距离均值 0.795 个标准差处，当市场导向超过这一值后，组织创造力随着市场导向的增加而减小。由此说明市场导向与组织创造力之间呈倒“U”形关系。

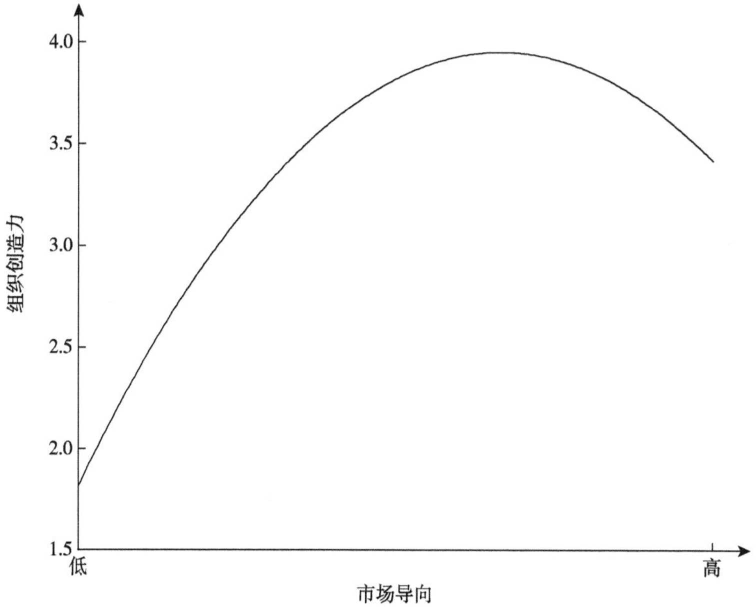

图 5-2 市场导向与组织创造力的倒“U”形关系

模型 12 和模型 14 检验了市场导向与组织二元文化之间的关系。模型 12 在模型 11 基础上加入市场导向，结果显示市场导向对适应性文化产生显著正向影响（β=0.807，p<0.001），H2a 得到支持。模型 14 在模型 13 基础上加入市场导向，结果显示市场导向对一致性文化产生显著正向影响（β=0.621，p<0.001），H2b 得到支持。结果表明，市场导向对适应性文化和一致性文化均产生显著正向影响。

模型 6 和模型 8 检验了组织二元文化对组织创造力的影响。模型 6 在模型 1

基础上加入适应性文化，结果显示适应性文化对组织创造力产生显著正向影响（β=0.470，p<0.001），H3a 得到支持。模型 8 在模型 1 的基础上加入一致性文化和其平方项，结果显示一致性文化回归系数显著为正（β=0.362，p<0.001）且其平方项回归系数显著为负（β=−0.197，p<0.01），说明一致性文化与组织创造力呈倒“U”形关系，H3b 得到支持。一致性文化与组织创造力间的倒“U”形关系如图 5-3 所示。用相同的方法计算得到图 5-3 中曲线零斜率点的一致性文化为 0.537（b_1=0.289，b_2= −0.269），说明组织创造力最初随着一致性文化的增强逐渐提升，但当一致性文化超过距离均值 0.537 个标准差的阈限值时，其与组织创造力间的关系转变为负向，表明了一致性文化与组织创造力之间呈倒“U”形关系。

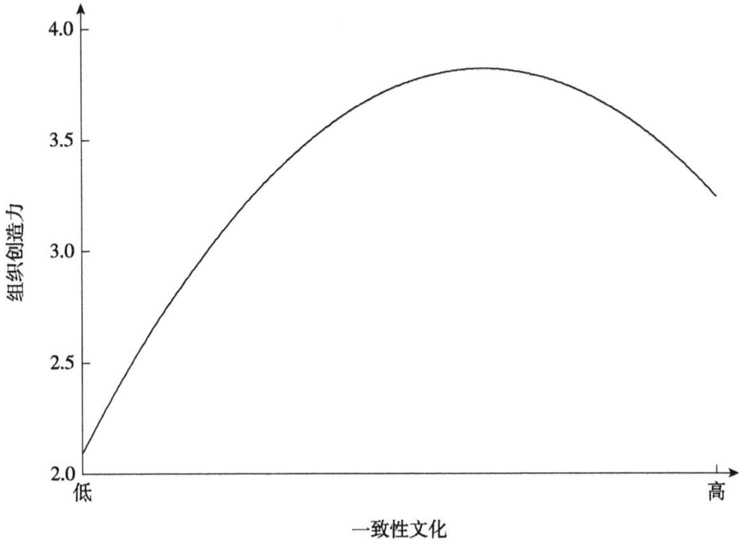

图 5-3 一致性文化与组织创造力的倒“U”形关系

模型 7 检验了适应性文化在市场导向和组织创造力之间的中介效应。根据中介效应检验步骤（Baron and Kenny，1986），首先，模型 2 验证了市场导向与组织创造力的显著正向关系；其次，模型 12 验证了市场导向与适应性文化的显著正向关系，模型 6 验证了适应性文化与组织创造力的显著正向关系；最后，模型 7 表明，在适应性文化进入之后，市场导向对组织创造力的回归系数由 0.534（p<0.001）降低至 0.360（p<0.01），仍然显著，表明适应性文化在市场导向和组织创造力之间发挥部分中介作用。为了进一步检验适应性文化的中介作用，本章采取 Bootstrap 抽样的方法计算间接效应（结果见表 5-8），重复抽样 1000 次、2000 次、5000 次的瞬时中介效应值（θ）为 0.166，90%与 95%的置信区间均不包括 0，说明该瞬时中介效应显著，H4a 得到支持。

表 5-8　适应性文化和一致性文化的瞬时中介效应及显著性检验

中介变量	x 取值	重复抽样次数	90%置信区间		95%置信区间		瞬时中介效应值
			上限	下限	上限	下限	
适应性文化		1000	0.021	0.343	0.003	0.366	0.166
		2000	0.021	0.328	0.014	0.352	0.166
		5000	0.016	0.324	0.011	0.367	0.166
一致性文化	3.801	1000	0.103	0.462	0.062	0.456	0.238
		2000	0.104	0.435	0.067	0.463	0.238
		5000	0.097	0.436	0.068	0.469	0.238
	4.296	1000	−0.033	0.148	−0.056	0.176	0.047
		2000	−0.039	0.151	−0.058	0.169	0.047
		5000	−0.038	0.149	−0.057	0.163	0.047
	4.791	1000	−0.352	−0.006	−0.371	0.036	−0.144
		2000	−0.316	0.017	−0.366	0.049	−0.144
		5000	−0.326	0.007	−0.356	0.356	−0.144

由于市场导向与一致性文化呈正向线性关系，而一致性文化与组织创造力呈倒“U”形关系，当路径中包含非线性关系时无法采用上述步骤检验一致性文化在市场导向与组织创造力间的中介效应。参照 Hayes 和 Preacher（2010）及 Stolzenberg（1980）的建议，可以通过计算瞬时中介效应值（θ）来检验中介效应是否显著，即计算中介变量 M 对自变量 X 的一阶偏导$\partial M(X)/\partial X$ 与因变量 Y 对 M 的一阶偏导$\partial Y(X, M)/\partial M$ 的乘积，通过赋予自变量特定的值 x 计算相应的瞬时中介效应值（θ），并采用 Bootstrap 方法检验特定 x 值对应的瞬时中介效应的显著性。采用以上检验步骤，根据模型 9 的方程系数，计算得出当市场导向取值为距离均值−1 个标准差（3.801）、均值（4.296）及距离均值+1 个标准差（4.791）时，一致性文化在市场导向和组织创造力之间的瞬时中介效应值（θ），采用 Bootstrap 重复抽样得出瞬时中介效应的 90%置信区间和 95%置信区间，如表 5-8 所示。

根据瞬时中介效应值（θ）计算公式可知一致性文化在市场导向与组织创造力之间的瞬时中介效应是市场导向的函数。从表 5-8 中可见，一致性文化的瞬时中介效应随着市场导向的增大而逐渐减小。重复抽样 1000 次的结果显示，当市场导向从距离均值−1 个标准差上升至均值时，瞬时中介效应从 0.238 降至 0.047，对应的置信区间从不包含 0 变为包含 0，说明一致性文化的正向瞬时中介效应从显著变为不显著；当市场导向继续上升至距离均值+1 个标准差时，瞬时中介效应继续降低且从正向变为负向（−0.144），对应的 90%的置信区间不包含 0，说明其负向瞬时中介效应显著。由此可见，一致性文化在市场导向与组织创造力之间的瞬时中介效应随着市场导向的增强，由正向显著逐渐减弱至不显著，并在市场导向发展至较高程度后转变为显著的负向瞬时中介效应，H4b 得到部分支持。

模型 4 和模型 5 检验了创业导向对市场导向与组织创造力关系是否有调节作用。模型 4 在模型 3 的基础上加入创业导向，结果显示创业导向对组织创造力产生显著正向影响（β=0.392，p<0.01），且模型 5 进一步加入了创业导向与市场导向的交互项及与市场导向平方项的交互项，结果显示创业导向与市场导向平方项的交互效应显著（ΔR^2=0.017，p<0.001；β=0.316，p<0.05），说明创业导向对市场导向与组织创造力间的非线性关系存在显著调节作用，H5 得到支持。图 5-4 进一步说明了在不同创业导向发展水平下，市场导向与组织创造力间的关系。从图 5-4 可见，在低创业导向型企业中，市场导向与组织创造力间呈倒“U”形关系；在高创业导向型企业中，市场导向与组织创造力间呈“U”形关系。

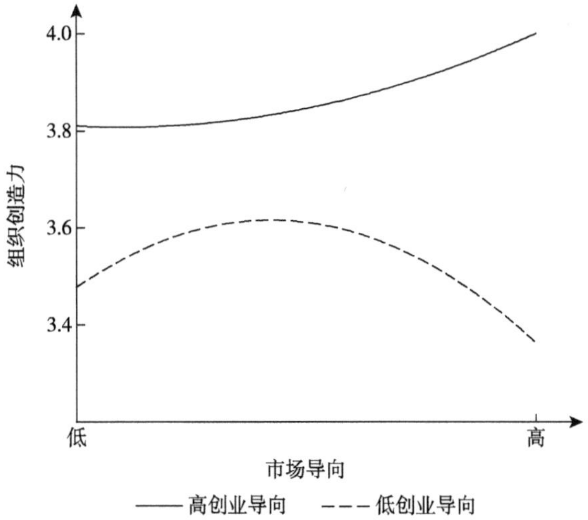

图 5-4　创业导向对市场导向与组织创造力关系的调节作用

进一步对图 5-4 中的曲线进行简单斜率检验，结果如表 5-9 所示。表中结果表明，当创业导向较低时，市场导向对组织创造力起初存在显著的积极影响，但随着市场导向的增高这一正向影响逐渐减弱，直至变为负向不显著。当市场导向从距均值−2 标准差增加到距离均值−1 标准差时，市场导向对组织创造力的斜率从 0.386（p<0.05）降低至 0.258（p<0.001）；当市场导向增加到均值时，其斜率进一步降至 0.131（p<0.05）；当市场导向增加到距离均值+1 标准差时，其斜率进一步降至 0.003 且变得不显著，直至市场导向增加到距离均值+2 标准差时，斜率变为负向（−0.125）且不显著。可见，当创业导向较低时，随着市场导向的增强，其对组织创造力的积极影响逐渐减弱。当创业导向较高时，市场导向对组织创造力的影响起初不显著，但随着市场导向的增强，其对组织创造力逐渐产生越来越

强的积极影响。当市场导向低于均值时，市场导向对组织创造力的影响为负向不显著，但负向影响逐渐减小，从 $\gamma=-0.373$ 变为 $\gamma=-0.167$；当市场导向增加至均值时，这一不显著的负向影响转变为正向（$\gamma=0.038$）但仍不显著；当市场导向从均值增加到距离均值+1 标准差时，市场导向对组织创造力的影响增加了 0.205 且变为显著（$\gamma=0.243$，$p<0.05$），当市场导向增加到距离均值+2 标准差时，市场导向对组织创造力的影响进一步增加，变为 0.449（$p<0.05$）。可见，当创业导向较高时，随着市场导向的增强，其对组织创造力的积极影响逐渐增强。由此，H5 得到支持。

表 5-9　斜率检验结果

创业导向程度	市场导向取值	斜率	斜率差异	t 值	显著性
低创业导向	均值−2SD	0.386	0.154	2.513	$p<0.05$
	均值−SD	0.258	0.068	3.802	$p<0.001$
	均值	0.131	0.065	2.005	$p<0.05$
	均值+SD	0.003	0.150	0.018	不显著
	均值+2SD	−0.125	0.244	−0.513	不显著
高创业导向	均值−2SD	−0.373	0.253	−1.474	不显著
	均值−SD	−0.167	0.149	−1.121	不显著
	均值	0.038	0.063	0.598	不显著
	均值+SD	0.243	0.095	2.559	$p<0.05$
	均值+2SD	0.449	0.193	2.320	$p<0.05$

第四节　实证研究结论与贡献

一、研究结论

我们基于组织战略理论和二元情境理论，在验证市场导向和组织二元文化与组织创造力间非线性关系的基础上，深入分析和论证了组织二元文化对市场导向与组织创造力间关系的中介效应，以及创业导向对这两者间非线性关系的调节效应，得出如下研究结果。

（一）市场导向对组织二元文化和组织创造力的影响

市场导向促进组织二元文化的形成，对组织创造力的影响呈倒“U”形。以往研究大多从市场价值的实现角度关注市场导向的产出结果（Keskin，2006），我们则从组织二元性视角探讨市场导向对组织文化情境及组织创造力等创新前端因素的影响，拓展了关于市场导向作用结果的研究。市场导向与适应性文化和一致性文化的显著正向关系揭示了市场导向对组织内部情境的二元影响：市场导向既有利于组织内培育鼓励冒险、倡导学习和以创造性方式适应环境挑战的适应性文化；又易于形成协调一致、相互合作朝着满足顾客需求这一共同目标持续努力的一致性文化。另外，适度的市场导向有利于提升组织创造力，而随着市场导向程度的增加这种积极影响逐渐减弱。这一结论支持耿紫珍等（2012）的研究观点，强调管理者在构建组织创造力的实践中需要谨慎把握市场导向的适度性，避免过低或过高的市场导向对组织创造力带来不利影响。

（二）组织二元文化对组织创造力的影响

适应性文化和一致性文化对组织创造力的影响存在差异性：前者对其产生正向影响，后者对其产生倒“U”形影响。这一结论从组织二元情境视角扩展了支持创造力的组织文化研究，尤其是一致性文化与组织创造力间的倒“U”形关系揭示了目标认同、协调一致和避免冲突等组织文化特征对组织创造力的促进作用存在阈值效应，深化了单纯将影响创造力的组织文化因素分为促进因素和阻碍因素的认知（Amabile，1996）。

（三）组织二元文化的中介效应

在市场导向和组织创造力之间，适应性文化发挥部分中介作用，而一致性文化的中介作用却随市场导向的增高而逐渐减弱直至变为负向。该结论从组织文化视角丰富了市场导向影响组织创造力的内在机制研究，并且揭示了两类文化在市场导向和组织创造力间的中介效应的差异。适应性文化主要传导市场导向对组织创造力的部分积极影响；而一致性文化因其对组织创造力影响存在阈值效应，不仅传导了适度市场导向的部分积极影响，还传导了高度市场导向的部分消极影响。由此表明市场导向型企业在构建二元文化营造激发创造力的组织情境过程中，应该把握好适应性文化和一致性文化的平衡，尽量有效发挥两者对市场导向积极效应的协同传导作用，避免极端的一致性文化对市场导向负面效应的传导作用。

（四）创业导向的调节效应

当存在不同程度创业导向时，市场导向对组织创造力的影响也不同。当创业导向较低时，市场导向对组织创造力的积极影响逐渐减弱；当创业导向较高时，市场导向对组织创造力影响由不显著变为正向逐渐增强。说明当企业缺乏创业精神时，应当保持适度的市场导向以维持企业的创造性动机；当企业具有强烈的创业精神时，可以发展与之程度相适应的市场导向，以不断激发企业中新颖有用想法的产生。这一结论支持以往研究中将高市场导向和高创业导向视为最优组合的论点（Atuahene-Gima and Ko，2001）。另外，当企业具有高创业导向和较低的市场导向时，并不能对组织创造力发挥显著作用。这一结果提醒管理者不能忽视市场导向对创业中的企业的重要作用。因为市场知识和信息对于创业过程至关重要，市场导向提供了实现创业目标的有效工具（Bhuian et al.，2005）。

综上所述，研究结果显示市场导向通过组织二元文化对组织创造力产生非线性影响，而且创业导向对这一关系发挥权变影响。

二、研究贡献

本章的研究发现对管理实践具有重要的启示作用，主要体现在以下三方面。

（一）适当的市场导向提升组织创造力，并应重视发挥创业战略导向的协同作用

创新企业应注意把握市场导向的适度性，避免过低或过高的市场导向对组织创造力带来不利影响。管理者需要认识市场导向在提升组织创造力方面的局限性，并适当结合创业导向以克服这一局限性：当企业在采取市场导向而又缺乏足够原创性想法的情形下，通常倾向于选择模仿和跟随式的创新模式；而具有高度创业精神的企业能够有效地促进组织中大量灵感和创意涌现，有助于企业克服过度专注现有市场而导致的不愿放弃现有技术和领域的缺陷，强化企业开拓创新、积极求变的动机，不断提升组织创造力并进行自主创新与突破创新。

（二）市场战略导向促进组织二元文化的形成，并应认识和把握对二元文化两维度的不同作用

管理者应该认识到市场导向型企业在创新过程中，必然会在组织内形成相应的二元文化情境并最终影响组织创造力的培育和提升。因为企业一方面要通过持续地创造和创新应对市场环境挑战，并会在组织内强调鼓励冒险、倡导学习和支持创新，这些都是适应性文化氛围的要素；另一方面，企业为了快速高效地响应

顾客需求还必须保证内部响应的整体效率和一致性，因而会在企业内形成相互协调、相互合作和朝着满足顾客需求这一共同目标持续努力的一致性文化。在这两方面文化共同发展的过程中，企业尤其应注意发挥适应性文化对市场导向积极效应的传导作用，以及避免极端的一致性文化对市场导向负面效应的传导作用。

（三）组织二元文化两维度对组织创造力影响存在差异性，应营造有助于组织创造力提升的二元文化

适应性文化和一致性文化对组织创造力影响具有差异性，即适应性文化对组织创造力具有线性的积极影响，适度的一致性文化对组织创造力具有积极影响，过高的一致性文化则不利于组织创造力，因此企业在建设支持创造力的组织文化时，既要兼顾保障整体一致性效率和鼓励以求新求变的方式适应外部环境发展的双重需求，又要防止过高或过强的一致性文化形成。

我们基于组织创造力的输入—过程—输出模型，结合竞争价值观框架和组织二元性理论，在拓展和开发组织二元文化的概念维度及测量的基础上，从战略视角探讨了市场导向对组织创造力的影响，以及二元文化的两维度分别在两者间发挥怎样的中介作用，并考虑了创业导向对两者关系的调节作用，所得出的结论具有一定创新性，且对管理实践可提供重要的理论参考。但本章研究仍存在以下局限性，有待在未来研究中进一步完善。

第一，在样本搜集方面，我们虽然通过对员工和管理者的问卷调查，能在一定程度上减少共同方法变异偏差，但是以组织为对象的研究获取调查样本较为困难，因此只收集了 145 家分别来自中高层管理者和员工的共 979 份问卷，平均每家企业约占 7 份。在规模较大的企业中，可能存在调查对象的认知偏差问题，未来研究将在增加调查组织数量的同时提高每个组织中被试的比例。

第二，在研究设计方面，我们是采用横截面数据进行的实证研究。横向研究描述的变量间关系并不能完全代表因果关系，而且组织创造力的培育和提升需要一定的时间，组织制度和文化因素的影响可能具有滞后性。因此，未来研究有必要采用纵向研究设计以加深对因果关系的认识。

第三，在研究内容方面，我们仅聚焦战略导向对组织创造力的影响及二元文化的两维度分别在其中发挥何种中介作用，并未考虑组织制度特征等对组织创造力的互动作用。未来研究可从组织层面探讨战略和人力资源管理实践等制度因素之间的互动对组织创造力的综合作用，并挖掘其他潜在的中介变量。另外，我们虽然考虑了市场导向与创业导向对组织创造力的二次交互效应，但未深入探讨这一效应是通过何种机制传导至组织创造力的，后续研究可以深入挖掘二者对组织创造力的交互效应的潜在中介因素。

参 考 文 献

耿紫珍，刘新梅，杨晨辉. 2012. 战略导向、外部知识获取对组织创造力的影响. 南开管理评论，15（4）：15-27.

彭灿. 2003. 企业创造力及其开发与管理. 研究与发展管理，15（3）：27-31.

张婧，段艳玲. 2011. 市场导向对创新类型和产品创新绩效的影响. 科研管理，32（5）：68-77.

Ahuja G，Lampert C M. 2001. Entrepreneurship in the large corporation：a longitudinal study of how established firms create breakthrough inventions. Strategic Management Journal，22（6/7）：521-543.

Alves J，Marques M J，Saur I，et al. 2007. Creativity and innovation through multidisciplinary and multisectoral cooperation. Creativity and Innovation Management，16（1）：27-34.

Amabile T M. 1996. Creativity in context. Boulder：Westview Press.

Amabile T M. 1997. Motivating creativity in organizations：on doing what you love and loving what you do. California Management Review，40（1）：39-58.

Amabile T，Gryskiewicz S S. 1987. Creativity in the R&D laboratory. Greensboro：Center for Creative Leadership.

Andriopoulos C. 2001. Determinants of organisational creativity：a literature review. Management Decision，39（10）：834-841.

Atuahene-Gima K，Ko A. 2001. An empirical investigation of the effect of market orientation and entrepreneurship orientation alignment on product innovation. Organization Science，12（1）：54-74.

Baker W E，Sinkula J M. 1999. The synergistic effect of market orientation and learning orientation on organizational performance. Journal of the Academy of Marketing Science，27（4）：411-427.

Baron R M，Kenny D A. 1986. The moderator–mediator variable distinction in social psychological research：conceptual，strategic，and statistical considerations. Journal of Personality and Social Psychology，51（6）：1173-1182.

Bassett-Jones N. 2005. The paradox of diversity management，creativity and innovation. Creativity and Innovation Management，14（2）：169-175.

Bhuian S N，Menguc B，Bell S J. 2005. Just entrepreneurial enough：the moderating effect of entrepreneurship on the relationship between market orientation and performance. Journal of Business Research，58（1）：9-17.

Brown R T. 1989. Creativity//Handbook of creativity. Boston：Springer：3-32.

Burnside R M. 1990. Improving Corporate Climates for Creativity//West M A，Farr I L. Innovation and Creativity at Work. Chichester：Wiley：265-284.

Christensen C M，Bower J L. 1996. Customer power，strategic investment，and the failure of leading firms. Strategic Management Journal，17（3）：197-218.

Cohen J, Cohen P, West S G, et al. 2003. Applied Multiple Regression/Correlation Analysis for the Behavioral Sciences. 3rd Ed. Mahwah: Lawrence Erlbaum Association.

Davenport T H. 1993. Need radical innovation and continuous improvement? Integrate process reengineering and TQM. Planning Review, 21（3）: 6-12.

Fey C F, Denison D R. 2003. Organizational culture and effectiveness: can American theory be applied in Russia?. Organization Science, 14（6）: 686-706.

Fornell C, Larcker D F. 1981. Structural equation models with unobservable variables and measurement error: algebra and statistics. Journal of Marketing Research, 18（3）: 382-388.

Frösén J, Luoma J, Jaakkola M, et al. 2016. What counts versus what can be counted: the complex interplay of market orientation and marketing performance measurement. Journal of Marketing, 80（3）: 60-78.

Gatignon H, Xuereb J M. 1997. Strategic orientation of the firm and new product performance. Journal of Marketing Research, 34（1）: 77-90.

Gibson C B, Birkinshaw J. 2004. The antecedents, consequences, and mediating role of organizational ambidexterity. Academy of Management Journal, 47（2）: 209-226.

Grinstein A. 2008. The effect of market orientation and its components on innovation consequences: a meta-analysis. Journal of the Academy of Marketing Science, 36（2）: 166-173.

Han J K, Kim N, Srivastava R K. 1998. Market orientation and organizational performance: is innovation a missing link?. Journal of Marketing, 62（4）: 30-45.

Harrington D M. 1990. The ecology of human creativity: a psychological perspective based on a colloquium, “Toward a psychology of creative environments: an ecological perspective”. Berkeley: Institute of Personality Assessment and Research.

Hayes A F, Preacher K J. 2010. Quantifying and testing indirect effects in simple mediation models when the constituent paths are nonlinear. Multivariate Behavioral Research, 45（4）: 627-660.

Hughes M, Morgan R E. 2007. Deconstructing the relationship between entrepreneurial orientation and business performance at the embryonic stage of firm growth. Industrial Marketing Management, 36（5）: 651-661.

Hult G T M, Hurley R F, Knight G A. 2004. Innovativeness: its antecedents and impact on business performance. Industrial Marketing Management, 33（5）: 429-438.

Hult G T M, Ketchen D J. 2001. Does market orientation matter? A test of the relationship between positional advantage and performance. Strategic Management Journal, 22（9）: 899-906.

Hunt S D, Morgan R M. 1995. The comparative advantage theory of competition. Journal of Marketing, 59（2）: 1-15.

Im S, Workman J P. 2004. Market orientation, creativity, and new product performance in high-technology firms. Journal of Marketing, 68（2）: 114-132.

Jansen J J P, van den Bosch F A J, Volberda H W. 2006. Exploratory innovation, exploitative innovation, and performance: effects of organizational antecedents and environmental moderators. Management Science, 52（11）: 1661-1674.

Jaworski B J, Kohli A K. 1993. Market orientation: antecedents and consequences. Journal of Marketing, 57（3）: 53-70.

Joseph J, Klingebiel R, Wilson A J. 2016. Organizational structure and performance feedback: centralization, aspirations, and termination decisions. Organization Science, 27（5）: 1065-1083.

Keskin H. 2006. Market orientation, learning orientation, and innovation capabilities in SMEs: an extended model. European Journal of Innovation Management, 9（4）: 396-417.

Kurtzberg T R. 2005. Feeling creative, being creative: an empirical study of diversity and creativity in teams. Creativity Research Journal, 17（1）: 51-65.

Lee H, Choi B. 2003. Knowledge management enablers, processes, and organizational performance: an integrative view and empirical examination. Journal of Management Information Systems, 20（1）: 179-228.

Leonard-Barton D. 1992. Core capabilities and core rigidities: a paradox in managing new product development. Strategic Management Journal, 13（S1）: 111-125.

Li Y, Wei Z L, Liu Y. 2010. Strategic orientations, knowledge acquisition, and firm performance: the perspective of the vendor in cross-border outsourcing. Journal of Management Studies, 47（8）: 1457-1482.

Liu S S, Luo X M, Shi Y Z. 2002. Integrating customer orientation, corporate entrepreneurship, and learning orientation in organizations-in-transition: an empirical study. International Journal of Research in Marketing, 19（4）: 367-382.

Liu Y, Li Y, Xue J Q. 2011. Ownership, strategic orientation and internationalization in emerging markets. Journal of World Business, 46（3）: 381-393.

Lukas B A, Ferrell O C. 2000. The effect of market orientation on product innovation. Journal of the Academy of Marketing Science, 28（2）: 239-247.

Lumpkin G T, Dess G G. 1996. Clarifying the entrepreneurial orientation construct and linking it to performance. Academy of Management Review, 21（1）: 135-172.

Lumpkin G T, Dess G G. 2001. Linking two dimensions of entrepreneurial orientation to firm performance: the moderating role of environment and industry life cycle. Journal of Business Venturing, 16（5）: 429-451.

Mahmoud M A, Blankson C, Owusu-Frimpong N, et al. 2016. Market orientation, learning orientation and business performance: the mediating role of innovation. International Journal of Bank Marketing, 34（5）: 623-648.

March J G. 1991. Exploration and exploitation in organizational learning. Organization Science, 2（1）: 71-87.

Matsuno K, Mentzer J T, Özsomer A. 2002. The effects of entrepreneurial proclivity and market orientation on business performance. Journal of Marketing, 66（3）: 18-32.

Miller D. 1983. The correlates of entrepreneurship in three types of firms. Management Science, 29（7）: 770-791.

Morgan N A, Vorhies D W, Mason C H. 2009. Market orientation, marketing capabilities, and firm performance. Strategic Management Journal, 30（8）: 909-920.

Nadler D A. 1998. Champions of Change. San Francisco: Jossey-Bass.

Nahm A Y, Vonderembse M A, Koufteros X A. 2004. The impact of organizational culture on time-based manufacturing and performance. Decision Sciences, 35（4）: 579-607.

Narver J C, Slater S F. 1990. The effect of a market orientation on business profitability. Journal of Marketing, 54（4）: 20-35.

Ozkaya H E, Droge C, Hult G T M, et al. 2015. Market orientation, knowledge competence, and innovation. International Journal of Research in Marketing, 32（3）: 309-318.

Pelham A M, Wilson D T. 1996. A longitudinal study of the impact of market structure, firm structure, strategy, and market orientation culture on dimensions of small-firm performance. Journal of the Academy of Marketing Science, 24（1）: 27-43.

Piercy N F, Harris L C, Lane N. 2002. Market orientation and retail operatives' expectations. Journal of Business Research, 55（4）: 261-273.

Podsakoff P M, MacKenzie S B, Lee J Y, et al. 2003. Common method biases in behavioral research: a critical review of the literature and recommended remedies. Journal of Applied Psychology, 88（5）: 879-903.

Podsakoff P M, Organ D W. 1986. Self-reports in organizational research: problems and prospects. Journal of Management, 12（4）: 531-544.

Porter M E. 1985. Competitive Advantage: Creating and Sustaining Superior Performance. New York: FreePress.

Quinn R E. 1988. Beyond Rational Management: Mastering the Paradoxes and Competing Demands of High Performance. San Francisco: Jossey-Bass.

Renko M, Carsrud A, Brännback M. 2009. The effect of a market orientation, entrepreneurial orientation, and technological capability on innovativeness: a study of young biotechnology ventures in the United States and in Scandinavia. Journal of Small Business Management, 47（3）: 331-369.

Ruekert R W. 1992. Developing a market orientation: an organizational strategy perspective. International Journal of Research in Marketing, 9（3）: 225-245.

Saffold G S. 1988. Culture traits, strength, and organizational performance: moving beyond "strong" culture. Academy of Management Review, 13（4）: 546-558.

Senge P M. 1990. The art and practice of the learning organization. The new paradigm in business: emerging strategies for leadership and organizational change, 126-138.

Senge P M. 1998. The leader's new work: building learning organizations. Sloan Management Review, 32（1）: 7-23.

Sinkula J M, Baker W E, Noordewier T. 1997. A framework for market-based organizational learning: linking values, knowledge, and behavior. Journal of the Academy of Marketing Science, 25（4）: 305-318.

Slater S F, Narver J C. 1993. Product-market strategy and performance: an analysis of the miles and snow strategy types. European Journal of Marketing, 27（10）: 33-51.

Slater S F, Narver J C. 1995. Market orientation and the learning organization. Journal of Marketing, 59（3）: 63-74.

Stalk G. 1988. Time-the next source of competitive advantage. Harbard Business Review, 66（7/8）: 41-51.

Stolzenberg R M. 1980. The measurement and decomposition of causal effects in nonlinear and nonadditive models. Sociological Methodology, 11: 459-488.

Troyer L, Youngreen R. 2009. Conflict and creativity in groups. Journal of Social Issues, 65（2）: 409-427.

Vaznyte E, Andries P.2019. Entrepreneurial orientation and start-ups' external financing. Journal of Business Venturing, 34（3）: 439-458.

Venkatraman N. 1989. Strategic orientation of business enterprises: the construct, dimensionality, and measurement. Management Science，35（8）：942-962.

Verhees F J H M，Meulenberg M T G. 2004. Market orientation，innovativeness，product innovation，and performance in small firms. Journal of Small Business Management，42（2）：134-154.

Wales W J. 2016. Entrepreneurial orientation：a review and synthesis of promising research directions. International Small Business Journal：Researching Entrepreneurship，34（1）：3-15.

Wang C L，Rafiq M. 2014. Ambidextrous organizational culture，contextual ambidexterity and new product innovation：a comparative study of UK and Chinese high-tech firms. British Journal of Management，25（1）：58-76.

Woodman R W，Sawyer J E，Griffin R W. 1993. Toward a theory of organizational creativity. Academy of Management Review，18（2）：293-321.

Zhang J A，Edgar F，Geare A，et al. 2016. The interactive effects of entrepreneurial orientation and capability-based HRM on firm performance：the mediating role of innovation ambidexterity. Industrial Marketing Management，59：131-143.

Zheng W，Yang B Y，McLean G N. 2010. Linking organizational culture，structure，strategy，and organizational effectiveness：mediating role of knowledge management. Journal of Business Research，63（7）：763-771.

Zhou K Z，Li J J，Zhou N. 2004. Employee's perceptions of market orientation in a transitional economy：China as an example. Journal of Global Marketing，17（4）：5-22.

Zhou K Z，Yim C K B，Tse D K. 2005. The effects of strategic orientations on technology-and market-based breakthrough innovations. Journal of Marketing，69（2）：42-60.

第六章　组织结构和二元文化对组织创造力的作用检验

在第五章，我们实证检验了组织制度因素的战略导向和组织二元文化对组织创造力的作用及其机理。在本章，我们聚焦组织制度的另一关键要素——组织结构特征与组织二元文化对组织创造力的作用及其机理，以进一步研究组织制度因素与组织文化对组织创造力的作用。

组织结构是影响组织创造力的重要组织情境因素之一（Woodman，1993）。组织结构的正规化设计对组织的有序发展具有重要作用。为了促进员工实施创新活动和激发员工创造性思想，需要通过制定、展示和实践规范化的标准将工作整合起来，为创新组织的结构设计提供清晰的指导（Dougherty and Tolboom，2008）。然而，目前关于组织结构正规化和创新前端之间关系的研究结论存在不一致或争议（Zaltman et al.，1973；Daft，1978）。

尽管已有一些文献研究了组织结构特征与组织创新的关系（Terziovski，2010），但较少关注其对组织创新前端的组织创造力的影响，更缺乏从二元视角探讨企业中并存的两种相对应的文化类型在此影响过程中分别所起的传导作用。另外，以往研究大多关注机械式和有机式、官僚式和非官僚式的两极理想结构对创新和创造力的影响，而实际组织结构通常是处于两种相反的理想结构类型之间的连续体上的中间类型，目前对于这种中间类型的组织结构特征的研究相对匮乏（Damanpour and Evan，1990）。

基于上述讨论，在本章，我们选择结构正规化、结构集权化、组织二元文化和组织创造力作为主要研究变量，旨在实现以下三方面的研究目的：首先，检验结构正规化与组织创造力间的非线性关系；其次，探讨结构正规化如何通过组织二元文化影响组织创造力，深化对其内在作用机制的认知；最后，揭示在与不同程度的结构集权化特征共存的情形下，结构正规化对组织创造力具有何种权变影响，以此剖析中间类型组织结构特征的变动对组织创造力的作用模式。

第一节　组织结构、二元文化与组织创造力的关系假设

一、理论基础

组织结构特征对组织创造力的影响也需要经由相应的文化特征来实现。由于组织创造力是组织中的创造性过程、创造性产品、富于创造力的人员和创造性环境整合及互动结果（Brown，1989；Harrington，1990），正规化的结构设计对于这一整合过程至关重要。然而目前关于结构正规化和创新前端之间关系的研究结论存在诸多不一致（Zaltman et al.，1973；Daft，1978）。基于结构权变理论的研究表明，结构正规化对组织创新的作用随着企业的发展由积极转变为消极（Koberg et al.，1996），由于结构正规化程度伴随着企业不断发展而逐渐增高（Patel，2005），由此推断，结构正规化可能在逐渐增高过程中对组织创造力的影响也从积极逐渐转向消极，即两者间存在倒“U”形关系。同时，组织结构权变理论认为，没有某种单一的结构能在不同的绩效方面同时获得较好的结果，组织结构通常需要权衡短期效率所需的一致性和长期效益所需的适应性（Ruekert et al.，1985）。基于组织结构设计的这种二元考虑，推断组织二元文化有可能是连接两者关系的潜在环节。另外，集权化作为另一关键组织结构特征（Cardinal，2001；Lin and Germain，2003；Miller and Dröge，1986；Zmud，1982），当其处于不同程度时，结构正规化的持续变动对组织创造力的影响有可能具有权变性。结构正规化通过促进员工提出改进现有过程和惯例的创造性想法而提升创造力。然而，随其程度的不断加深，严格的规范化会越来越限制员工对打破常规的创造性想法的尝试。若再加上阻碍员工参与决策过程、使沟通渠道变窄的高度结构集权化，则更不利于组织中创造性想法的产生（Cardinal，2001；Atuahene-Gima，2003）。由此推断，高度结构集权化可能削弱适度结构正规化对组织创造力的积极影响，并强化高度结构正规化对组织创造力的消极影响。综合以上考虑，有必要探讨正规化结构特征对组织创造力的非线性作用，并探讨组织二元文化在其中发挥的中介效应和结构集权化特征对这一关系的权变影响。

二、研究概念

本章研究相关概念界定见表 6-1。

表 6-1 本章研究的基本概念的界定

相关概念	内涵	理论参考
结构正规化	组织内规则、程序、指令和沟通等的规范化或书面化，以及使用这些正式的规则、政策和程序对整个工作过程进行控制和协调的程度	Khandwalla（1997）；Ford 和 Slocum（1977）；Bodewes（2002）
结构集权化	决策权在组织中的分配和管理人员参与决策的程度	Aiken 和 Hage（1968）
组织二元文化	强调内部整合的一致性文化和外部灵活的适应性文化的两种文化类型的集合，既包含强调组织内部协调与整合的一致性文化，又包含强调重视顾客、从经验教训中学习、敢于冒险的适应性文化	Fey 和 Denison（2003）；Davenport（1993）；Saffold（1988）；Nadler（1998）；Senge（1990）；Stalk（1988）
组织创造力	有价值的和有用的新产品、服务、想法、步骤或过程的创造；是创造性过程、创造性产品、富于创造力的人员和创造性环境整合及互动的结果	Woodman 等（1993）；Brown（1989）；Harrington（1990）

三、研究假设

（一）结构正规化与组织创造力

组织创造力作为一个新兴的研究领域，源于创造力研究。如前所述，已有少部分文献关注影响组织创造力的组织情境因素，强调组织创造力是创造性过程、创造性产品、富于创造力的人员和创造性环境整合及互动的结果（Brown，1989；Harrington，1990）。其中，创造性环境主要由组织结构等影响组织创造力的重要组织特征所构成（Woodman et al.，1993）。组织结构正规化作为组织结构的核心维度（Pugh et al.，1968；Blau and Schoenherr，1971），引起创新研究者的关注，但已有相关文献对组织结构正规化和非正规化影响创新的相对优势及劣势存在争论（Wheelen and Hunger，1999；Qian and Li，2003），因此关于组织结构正规化如何影响创造力仍有待探讨。

结构正规化是指组织内规则、程序、指令和沟通等的规范化或书面化（Khandwalla，1997），以及使用这些正式的规则、政策和程序对整个工作过程进行控制和协调的程度（Ford and Slocum，1977；Bodewes，2002）。当论及结构正规化的影响时，需要同时考虑政策和程序被编码化的程度及组织成员对这些政策和程序的遵守程度（Walsh and Dewar，1987），包含双重含义的结构正规化概念比仅仅只考虑政策和程序被编码化的程度的结构正规化更适于解释结构正规化和创造力间的关系（Bodewes，2002）。

以往关于结构正规化对组织创新的影响研究存在不一致观点。一些研究认为组织构建和追求结构正规化过程有利于组织中新想法的产生。一方面，结构正规化的目的在于通过对过程和产出的不断改进减少偏差（Benner and Tushman，2003），因此有利于促进组织内产生有关改进现有惯例的建议（Zollo and Winter，2002）。研究表明，组织通过结构正规化将最佳实践进行编码和提炼，并推广到组织的各个部分，这一过程可促进流程的改善（Zander and Kogut，1995），正式的结构和系统有利于制造型企业压缩成本进而促进流程的改进和创新（Bessant and Tidd，2007）。另一方面，在结构正规化组织中存在的明确规则、政策和程序有利于减少角色模糊和角色冲突（Michaels et al.，1988），进而降低这两种角色压力对创造力的阻碍作用（Tang and Chang，2010）。Ford（1996）指出，为应对压力等其他目标而困惑的员工可能会放弃创造性的尝试。Taggar（2002）证实对成员任务和角色界定不清晰的团队可能直接或间接地使团队成员分心，进而影响团队发挥创造力。

还有一些研究认为，结构正规化不利于组织中创造性想法的产生。因为创造力需要一个并非高度强调规章制度的灵活的工作情境（Lee and Choi，2003）。严格遵守规章的工作环境限制了员工的自主性，抑制了员工在工作中的变通（Homburg and Fürst，2005），因此高度结构正规化阻碍角色的开放性和灵活性，而这些正是产生新想法的先决条件（Shepard，1967；Pierce and Delbecq，1977）。研究认为，成熟企业变得越来越不具有创新性的原因是企业为了更有效地执行其他功能使结构变得过度正规化，从而扼杀了创新性（Koberg et al.，1996）。以往聚焦于支持创新的组织情境研究大多认为高度结构正规化阻碍组织创新（Damanpour，1991）；灵活性和对工作规则的较低注重程度有利于创新（Burns and Stalker，1994；Thompson，1965；Aiken and Hage，1971）；结构正规化程度较低的有机式组织比机械式组织更有利于创新（Burns and Stalker，1994；Aiken and Hage，1971）。

现有研究结论的不一致可能是由于随着结构正规化程度的提高，其对组织创造力的影响发生了变化。组织结构权变理论采用系统和权变的观点将组织看作开放、动态的社会技术系统，结构正规化特征的作用在不同情境下会发生变化，这些情境因素包括组织的环境、规模、任务不确定性、生命周期等（Donaldson，2001；Walsh and Dewar，1987）。组织结构权变研究指出：结构正规化的作用在组织发展的不同阶段存在差异（Walsh and Dewar，1987）。结构正规化对组织创新的作用随着公司的发展由积极转变为消极（Koberg et al.，1996）。结构正规化使发展初期的企业集中有限的资源和精力，进而提高效率、提升士气并促进创新（van de Ven and Ferry，1980；Walsh and Dewar，1987），发展成熟和壮大的企业则有可能因为拥有庞大的、过于正规化的结构和系统而阻碍创新（van de Ven，1986）。

由于不同结构正规化程度所起的作用不同，我们推断：结构正规化在不断增强过程中对组织创造力的影响在不断发生变化，从积极转向消极，即存在倒“U”形影响。结构正规化的目的是通过对过程和结果的不断改进减少偏差（Benner and Tushman，2003），这有利于促进企业员工提出有关改进现有惯例的建议（Zollo and Winter，2002）。在企业逐步建立结构正规化的过程中，新的规则和程序造就新的行为整合或协调模式（Galbraith，1974），结构正规化程度的增强带来管理效率的提高（Prakash and Gupta，2008），不仅有利于企业系统化地提升创造力（Basadur，1992），而且有助于减轻创业者的管理压力，使其将能量更专注于创造性活动（Koberg et al.，1996）。而在高度结构正规化的组织中，严格遵循规章的工作实践则限制员工的自主权，抑制员工在工作中的主动性（Homburg and Fürst，2005），进而不利于创造性想法的产生。高度结构正规化的企业对规则和流程的严格规定，制约员工按既定的模式对环境变化做出反应（Daft and Lengel，1986），导致组织内很难出现打破常规的创造性想法，进而不利于组织创造力的提升。

由此，我们提出如下假设。

H1：结构正规化对组织创造力有显著倒“U”形影响。

（二）结构正规化与组织二元文化

源于组织二元性理论的组织二元文化概念，指包含相互对应又能并存的两种类型的组织文化（Gibson and Birkinshaw，2004；Wang and Rafiq，2014）。Quinn（1988）基于竞争价值观理论认为不同类型文化的平衡共存有助于企业应对环境的动态变化。我们基于组织二元性理论和竞争价值观理论将组织二元文化具体界定为包含强调内部整合的一致性文化和外部灵活的适应性文化的两维度。既包含强调组织内部良好协调与整合的一致性文化（Davenport，1993；Saffold，1988），又包含强调重视顾客、从经验教训中学习、敢于冒险的适应性文化（Nadler，1998；Senge，1990；Stalk，1988）。

基于二元视角的创新研究普遍认为结构正规化有利于形成抑制基础性创新、鼓励增量性创新的组织情境。Duncan（1976）提出的二元模型认为，结构正规化有利于创新的实施但阻碍创新的开发。在此基础上，学者进一步指出，正规化结构所营造的组织情境弱化了复杂的、非结构化的、具有根本性差异的解决方案所带来的益处，因为这种解决方案通常与已建立的制度化工作规则和实践之间存在重大偏差（Deshpandé et al.，1993）。而较高的结构正规化程度通过增强工作情境中的清晰度、透明度和客观性，简化决策过程以提高效率和速度，有益于不完全背离现有操作和能力的增量性创新（Menguc et al.，2010）。

由组织结构设计所反映的组织解决问题的范式，有助于理解组织文化的形成。我们基于二元情境视角推断结构正规化对组织二元文化的两维度产生不同影响。一方面，结构正规化促进组织内形成强调目标一致和避免冲突的一致性文化。结构正规化的目的之一就是确保组织成员的工作方式与组织的使命和战略方向一致（Caruana et al.，1998），结构正规化过程有利于促进组织内员工为实现组织目标共同付出努力。同时，正式的系统和流程强调对员工角色界定清晰（Patel，2005；Prakash and Gupta，2008），使组织内的互动具有可预测性，为分配公平提供标准（Walsh and Dewar，1987），由此降低产生冲突的风险，有利于组织形成避免冲突的一致性文化。

另一方面，结构正规化对适应性文化的形成存在倒“U”形影响。适度结构正规化有利于组织内形成重视响应环境和经验性学习的适应性文化。构建正规化结构的目的就是便于组织以某种已知的方式响应环境中的变化（Daft and Lengel，1986；Lyles and Schwenk，1992），因此组织在渐进规范的过程中强调对环境变化的响应。同时，组织中的规则、政策和程序的逐渐建立过程能够促进组织内更高效地经验交流及学习。标准化流程将组织内现有知识制度化并融入组织惯例，帮助员工建立公共参考框架，并最终使员工对事情形成相似的看法，以此简化解释和理解所需的沟通过程（de Boer et al.，1999），进而使经验交流更高效。员工也会认为嵌入正规化结构中的知识积累更加可靠、有力及合法化（Katila and Ahuja，2002），因而更愿意投入这一知识学习过程中。Damanpour（1992）发现大型组织的创新文化往往更正式，且基于操作流程和研究能力而形成。

然而，高度结构正规化造成的组织刚性会削弱组织内鼓励创新和适应环境的适应性文化。首先，高度结构正规化强调对规则和程序的严格遵循，这会阻碍组织进行探索性尝试（March and Simon，1993），降低组织中的个体偏离结构化行为的可能性（Weick，1979）。因此，不利于员工进行冒险性创新尝试。其次，高度结构正规化导致组织内产生根深蒂固的既得利益，进而成为组织适应环境变化的阻力（Walsh and Dewar，1987）。正规化的结构规定了合适和不合适行为的边界，为创造和保护既得利益提供了条件（Walsh and Dewar，1987）。这些在高度正规化结构内形成的根深蒂固的既得利益，会使成员抗拒组织内任何形式的改变和创新，因而不利于组织内部提倡对环境变化的适应。

由此，我们提出如下假设。

H2a：结构正规化对一致性文化有显著正向影响。

H2b：结构正规化对适应性文化有显著倒“U”形影响。

（三）组织二元文化的中介效应

由于在第五章中已经对组织二元文化和组织创造力的关系进行了理论论述和假设，并验证了一致性文化和适应性文化对组织创造力的显著影响，因此，本章不再重复进行假设和检验。

综合本章的上述分析及第五章关于组织二元文化与组织创造力间关系的论述，可以认为：标准化的结构和流程及详细的惯例与规则一方面有利于通过建立固定的、可预测的行为互动模式形成为达成组织战略目标而持续努力的一致性文化（Kang and Snell，2009；Walsh and Dewar，1987；Caruana et al.，1998），激发组织内的创造性动机和围绕共同目标的活跃思想流（Sinkula et al.，1997），促进组织中创造性想法的产生；另一方面，这种结构有利于通过促进知识积累和提高组织内部学习效率（Kang and Snell，2009），形成倡导学习的适应性文化，增强组织认知能力进而提升组织创造力。同时，结构正规化作为一种渐进规范的过程，强调通过不断改进现有惯例实现以已知的方式响应环境变化的目的（Benner and Tushman，2003；Daft and Lengel，1986），这种倡导改进和响应的适应性文化可促进组织员工产生创造性的想法和提出创造性的建议（Zollo and Winter，2002）。

由此，我们提出如下假设。

H3a：一致性文化中介结构正规化与组织创造力间的关系。

H3b：适应性文化中介结构正规化与组织创造力间的关系。

（四）结构集权化的调节效应

结构集权化和结构正规化同属于组织结构的两大关键要素（Cardinal，2001；Lin and Germain，2003；Miller and Dröge，1986；Zmud，1982）。结构集权化是指决策权在组织中的分配和管理人员参与决策的程度（Aiken and Hage，1968）。以往关于组织中的创造力和创新的研究大多将结构集权化视为阻碍组织中产生创造性想法的因素，研究认为高度结构集权化不利于创新（Burns and Stalker，1994）。研究表明，分权化、低结构正规化和高复杂性的有机结构特征促使创新提案的产生，具有相反特性的机械式结构则不利于创新的产生（Zaltman et al.，1973）。创新需要权力的分散，决策权的集中阻碍创造性解决方案的产生（Thompson，1965）。反之，参与决策过程的个体容易产生不同的创造性想法（Ouchi，2006）。参与性的工作环境通过提高组织成员的觉悟、承诺和投入进而促进创新（Damanpour，1991）。已有研究将具有低结构正规化和低结构集权化特征的有机结构视为有利于创造力和创新产生的组织形式（Nicholson，1990），认为高度结构正规化和高度结构集权化共同阻碍创新（Narayanan，2001）。

由此推断，高度结构集权化可能削弱适度结构正规化对组织创造力的积极影响，并强化高度结构正规化对组织创造力的消极影响。在初步建立结构正规化的企业发展初期，员工大多为具有较强创业精神和能力的创业者（Koberg et al.，1996），高度结构集权化限制员工对决策过程的参与，不利于他们提出改进现有过程和惯例的创造性想法，因此会削弱适度结构正规化对组织创造力的积极影响。随着结构正规化程度的增强，企业不断严格要求员工对既有规则和流程的遵循，使得员工习惯于按既定的模式对环境变化做出反应，从而很难打破常规和脱离现有组织路径，若再加上阻碍员工寻求非常规解决方案的结构集权化，则会更加抑制创意的产生（Cardinal，2001；Atuahene-Gima，2003），进而强化高度结构正规化对组织创造力的消极影响。

由此，我们提出如下假设。

H4：结构集权化调节结构正规化与组织创造力间的倒“U”形关系：相较于低度的结构集权化，在高度结构集权化时，随着结构正规化程度的增强，结构正规化对组织创造力的积极影响大幅减弱并转变为消极影响。

基于以上分析和推理，我们的研究假设模型如图 6-1 所示。

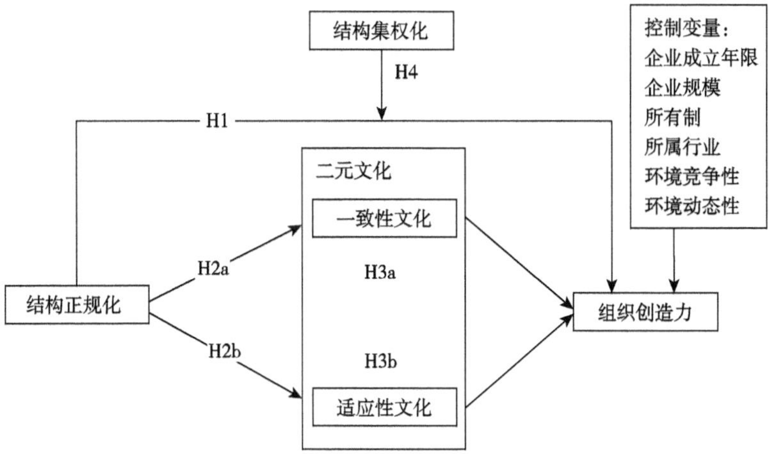

图 6-1　研究假设模型

第二节 研究设计与方法

一、数据搜集

本书的研究对象是创新型企业，将调查重点聚焦在电子信息技术、新材料及新能源、高技术服务业等技术含量较高的行业，所调研企业涵盖多种所有制形式，地点在上海、湖南、深圳与浙江等地区。本章研究的数据搜集程序与在第五章中采用的程序相同，在此不做赘述。

二、研究工具

本章研究模型涉及变量分别是：结构正规化和结构集权化、组织二元文化和组织创造力。所有测量项目均采用 1～5 的等级分值，由调研对象评价该项目与实际情况的符合程度，从“1-非常不符合”到“5-非常符合”。结构正规化的测量采用 Jansen 等（2006）编制的包含 5 条目的量表，此量表条目通过对 Deshpandé 和 Zaltman（1982）的结构正规化量表条目精简获得。

结构集权化采用 Hage 和 Aiken（1967）开发的权力层级量表来衡量决策过程中的集权程度，共包含 5 条目。经 Dewar 等（1980）和 Jansen 等（2006）验证得出该量表的信度和效度均较好。

另外，组织二元文化和组织创造力的量表与第五章中所采用的量表相同，控制变量包括企业成立年限、企业规模、所有制、所属行业及环境竞争性和环境动态性。这些变量的测量工具也与第五章中相同。在此不做赘述。

我们对员工与中高层管理人员分别进行问卷调查，在一定程度上避免了潜在的同源误差风险，根据 Harman 单因素检验进一步检验可能存在的共同方法变异偏差问题。如果一个总因子的特征值在变量中占有绝大多数协方差的比率，则表明存在显著的共同方法变异偏差问题（Podsakoff and Organ，1986）。对本章测量变量的所有项目进行主因子分析，发现有五个因子的特征值都大于 1，总的贡献率为 74.856%，其中第一个因子的方差解释率为 16.104%，没有发现单一的因子，也没有发现哪一个因子的方差比率占绝大多数，因此在本章调查数据中不太可能存在显著的共同方法变异偏差。

第三节　数据分析与假设检验

我们基于问卷调查展开实证分析，探讨组织结构正规化对组织创造力的非线性影响，以及组织二元文化在两者关系间的中介作用，并探讨结构集权化对两者关系的调节作用。我们主要采用SPSS21.0和Stata12.0进行描述性统计分析、层次回归分析等，并检验本章所提出的研究变量之间的关系假设。在分析过程中对所有涉及平方项的变量都进行了中心化处理，以避免方程中潜在的多重共线性问题。

一、描述性统计分析

本章研究控制变量与第五章相同。企业成立年限划分为“1～5 年”、“6～10 年”和“10 年以上”三个级别，企业规模划分为“不足 50 人”、“50～100 人”、“101～500 人”及“500 人以上”四个级别；所有制分为国有企业、私营企业、外资企业和其他四种类型，采用三个 0-1 型虚拟变量进行控制；行业被划分为电子信息技术行业、新材料及新能源行业、高技术服务业及其他行业四个类别，采用三个 0-1 型虚拟变量进行控制。由于与第五章样本来源相同，样本特征与第五章也相同（表 5-2）。

二、信度与效度分析

测量适应性文化、一致性文化和组织创造力这三个变量的量表的聚合效果已经在第五章中通过检验，本章不再做重复检验。本章涉及的其他两个变量（结构正规化和结构集权化）量表的 RWG 系数值分别为 0.954 和 0.941，均大于 0.7（James et al.，1984）。说明这两个变量均具有较好的内部一致性，两者聚合效果都比较好。

在第五章中已验证了组织二元文化和组织创造力均具有理想的信度与效度，因此在本章中，我们不再重复检验。这里主要检验结构正规化和结构集权化的信度及效度。

首先，采用 SPSS21.0 统计软件对量表进行信度分析，结果显示结构正规化和结构集权化两个潜变量的 Cronbach's α 系数分别为 0.932 和 0.891，均在 0.8 以上，表明这两个变量的测量量表具有较好的内部一致性，其内在质量较高（见表 6-2）。如表 6-3 所示，结构正规化、结构集权化的组合信度分别为 0.924 和 0.894，均大于 0.8。

表 6-2 研究变量信度分析结果

变量	条目	该条目删除后量表均值	该条目删除后量表方差	CITC	该条目删除后量表α	Cronbach's α 系数
结构正规化	1	17.2690	6.087	0.796	0.903	0.932
	2	17.3862	6.211	0.760	0.910	
	3	17.4483	6.110	0.824	0.898	
	4	17.3931	5.754	0.865	0.889	
	5	17.4552	5.889	0.742	0.915	
结构集权化	1	15.7261	9.421	0.644	0.89	0.891
	2	16.4126	7.144	0.685	0.892	
	3	16.1538	7.757	0.809	0.850	
	4	16.1226	7.408	0.828	0.844	
	5	16.1354	8.193	0.794	0.856	

表 6-3 研究变量的信度与效度测量

变量	条目	因子载荷	信度	组合信度	AVE
结构正规化	结构正规化 1	0.773	0.598	0.924	0.713
	结构正规化 2	0.905	0.819		
	结构正规化 3	0.854	0.729		
	结构正规化 4	0.819	0.671		
	结构正规化 5	0.866	0.750		
结构集权化	结构集权化 1	0.886	0.785	0.894	0.634

续表

变量	条目	因子载荷	信度	组合信度	AVE
结构集权化	结构集权化 2	0.950	0.903	0.894	0.634
	结构集权化 3	0.802	0.643		
	结构集权化 4	0.637	0.406		
	结构集权化 5	0.659	0.434		

然后，应用 AMOS18.0 对结构正规化和结构集权化两个变量进行验证性因子分析及通过计算各变量的 AVE 来检验两个变量的聚合效度和区分效度。验证性因子分析结果表明，结构正规化（χ^2/df =1.215，RMSEA=0.039，SRMR =0.011，CFI=0.999，NFI=0.996，TLI=0.996）和结构集权化（χ^2/df =1.733，RMSEA=0.071，SRMR=0.029，CFI=0.994，NFI=0.986，TLI=0.985）的测量模型的关键拟合指标均达到了可接受水平（Hu and Bentler，1999）。随后根据因子载荷计算每个变量的 AVE 并比较每个构念与其测量项目间共享的方差和该构念与其他构念间共享的方差。从表 6-3 的分析结果可见，结构正规化和结构集权化两个变量的 AVE 分别为 0.713 和 0.634，均大于 0.5，表明两个量表均具有较好的聚合效度。同时，从表 6-4 可看出，本章研究所涉及的各变量 AVE 的平方根（对角线括号内的数值）均大于该变量与其他变量间的相关系数，表明所有潜变量间具有良好的区分效度（Fornell and Larcker，1981）。

三、假设检验

我们采用 SPSS21.0 进行相关分析，并且采用层次回归分析来检验所提出的研究变量之间的非线性关系假设。并在分析过程中对所有平方项所涉及的变量均进行中心化处理，以避免方程中潜在的多重共线性问题。层次回归分析的每一步对应的回归模型和结果如表 6-5 所示。

表 6-4 研究变量的均值、标准差、相关系数

控制变量	1. 结构正规化	2. 结构集权化	3. 适应性文化	4. 一致性文化	5. 组织创造力	6. 企业成立年限	7. 企业规模	8. 所有制 1	9. 所有制 2	10. 所有制 3	11. 行业 1	12. 行业 2	13. 行业 3	14. 环境动态性	15. 环境竞争性
1. 结构正规化	（0.844）														
2. 结构集权化	0.233**	（0.796）													
3.适应性文化	0.253**	0.029	（0.702）												
4. 一致性文化	0.707***	0.527***	0.541***	（0.827）											
5. 组织创造力	0.325***	0.194*	0.470***	0.426***	（0.875）										
6. 企业成立年限	−0.046	−0.030	−0.085	−0.034	0.106										
7. 企业规模	−0.078	−0.100	−0.042	0.029	0.101	0.508***									
8. 所有制 1	0.145	0.092	0.063	0.040	0.018	0.089	0.222**								
9. 所有制 2	−0.195*	−0.144	−0.131	−0.261**	−0.095	−0.228**	−0.414***	−0.364***							
10. 所有制 3	0.179*	0.156	0.201*	0.320***	0.151	0.159	0.186*	−0.343***	−0.629***						
11. 行业 1	−0.035	−0.097	−0.025	−0.071	0.134	0.006	−0.046	−0.128	0.080	0.073					
12. 行业 2	0.322***	0.301***	0.144	0.241**	0.150	0.014	−0.111	0.158	−0.185*	0.057	−0.429***				
13. 行业 3	−0.048	0.004	0.015	0.024	−0.087	−0.030	0.133	0.024	0.060	−0.078	−0.476***	−0.266**			
14. 环境动态性	0.113	0.117	0.152	0.122	0.374***	−0.051	−0.042	−0.101	0.001	0.112	0.350***	−0.154	0.057		
15. 环境竞争性	0.098	0.006	0.213*	0.104	0.145	−0.091	−0.054	−0.223**	0.024	0.150	0.333***	−0.333***	0.060	0.726***	
均值	4.345	4.028	4.075	4.216	4.059	1.979	2.524	0.166	0.400	0.372	0.435	0.193	0.228	4.440	4.451
标准差	0.608	0.697	0.522	0.594	0.475	0.731	1.208	0.373	0.492	0.485	0.497	0.396	0.421	0.491	0.572

注：对角线括号内为各变量AVE的平方根

*表示$p<0.05$，**表示$p<0.01$，***表示$p<0.001$

表 6-5 假设检验的层次回归分析

变量		模型 1	模型 2	模型 3	模型 4	模型 5	模型 6	模型 7	模型 8	模型 9	模型 10	模型 11	模型 12	模型 13	模型 14
		组织创造力										一致性文化		适应性文化	
控制变量	企业成立年限	0.039	0.050	0.061	0.061	0.017	0.065	0.086	0.086	0.090	0.098	−0.099	−0.073	−0.099	−0.073
	企业规模	0.137	0.160	0.152	0.151	0.175*	0.134	0.118	0.136	0.137	0.121	0.033	0.088	0.001	0.035
	所有制 1	0.141	0.040	0.031	0.031	0.100	0.074	0.044	−0.062	−0.068	−0.028	0.275*	0.029	0.432**	0.249*
	所有制 2	0.222	0.166	0.138	0.139	0.234	0.193	0.140	0.041	0.032	0.070	0.194	0.059	0.385*	0.268
	所有制 3	0.257	0.147	0.179	0.180	0.290	0.115	0.111	−0.004	0.025	0.014	0.510**	0.246	0.556**	0.388*
	行业 1	0.097	0.042	−0.012	−0.012	−0.001	0.019	−0.024	0.083	0.030	0.001	0.090	−0.045	0.030	−0.105
	行业 2	0.227*	0.097	0.129	0.130	0.109	0.129	0.144	0.107	0.108	0.140	0.344**	0.028	0.255*	0.052
	行业 3	−0.012	−0.063	−0.031	−0.031	−0.053	−0.064	−0.039	−0.053	−0.040	−0.041	0.163	0.041	0.088	0.023
	环境动态性	0.491***	0.518***	0.476***	0.478***	0.510***	0.492***	0.449***	0.542***	0.513***	0.493***	−0.021	0.042	−0.106	−0.090
	环境竞争性	−0.170	−0.240*	−0.179	−0.180	−0.245*	−0.202	−0.151	−0.337**	−0.289**	−0.254*	0.167	−0.003	0.354**	0.276*
主效应	结构正规化		0.273**	0.117	0.121	0.222*		−0.192		−0.028	−0.226*		0.661***		0.363***
	结构正规化平方			−0.288**	−0.288**	−0.714***		−0.312***		−0.207*	−0.185*				−0.206*
中介效应	一致性文化						0.362***	0.424***			0.281**				
	一致性文化平方						−0.197**	−0.126			−0.216**				
	适应性文化								0.470***	0.398***	0.392***				
调节效应	结构集权化				−0.007	0.246*									
	结构正规化×结构集权化					0.082									
	结构正规化平方×结构集权化					−0.635***									
R^2		0.246	0.302	0.356	0.356	0.429	0.398	0.456	0.424	0.453	0.535	0.223	0.553	0.193	0.391
调整的 R^2		0.189	0.244	0.298	0.293	0.363	0.343	0.397	0.376	0.398	0.481	0.165	0.516	0.133	0.336
ΔR^2			0.056	0.054	0.000	0.073	0.152	0.099	0.178	0.097	0.179		0.330		0.198
F 值		4.361***	5.226***	6.090***	5.580***	6.469***	7.272***	7.772***	8.886***	8.338***	9.904***	3.851***	14.959***	3.213**	7.061***

*表示$p<0.05$，**表示$p<0.01$，***表示$p<0.001$

模型 1、模型 2 和模型 3 检验结构正规化对组织创造力的影响。在模型 1 中首先将所有控制变量对组织创造力进行回归，模型 2 和模型 3 在此基础上分别再加入结构正规化和结构正规化的平方项。模型 2 回归结果显示，结构正规化回归系数显著为正（β=0.273，p<0.01）且结构正规化平方项回归系数显著为负（β=−0.288，p<0.01），说明结构正规化与组织创造力呈显著倒“U”形关系，H1 得到支持。结构正规化和组织创造力间的倒“U”形关系，如图 6-2 所示。根据 Cohen 等（2003）提出的方法（$Z_x=-b_1/2b_2$）计算得出，图 6-2 中曲线零斜率点的结构正规化为 0.176（b_1=0.091，b_2=−0.258）。如图 6-2 所示，结构正规化最初与组织创造力之间正向相关，直至结构正规化增加至距离均值 0.176 个标准差处，当结构正规化程度超过这一值后，组织创造力随着结构正规化的增加而降低。由此说明结构正规化与组织创造力之间呈倒“U”形关系。

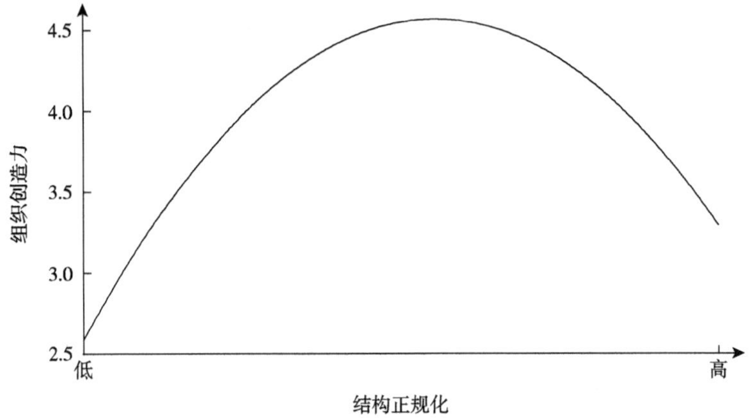

图 6-2 结构正规化与组织创造力的倒“U”形关系

模型 12 和模型 14 检验了结构正规化与组织二元文化两维度之间的关系。模型 12 在模型 11 基础上加入结构正规化，结果显示结构正规化对一致性文化产生显著正向影响（β=0.661，p<0.001），H2a 得到支持。模型 14 在模型 13 基础上加入结构正规化和其平方项，结果显示结构正规化平方项回归系数显著为负（β=−0.206，p<0.05），说明结构正规化与适应性文化呈显著倒“U”形关系，H2b 得到支持。结构正规化和适应性文化间的倒“U”形关系如图 6-3 所示。用与上面相同的方法计算得到图 6-3 中曲线零斜率点的结构正规化为 0.772（b_1= 0.312，b_2=−0.202）。如图 6-3 所示，结构正规化最初与适应性文化之间正向相关，直至结构正规化增加至距离均值 0.772 个标准差处，当结构正规化程度超过这一值后，适应性文化随着结构正规化的增加而减小。由此说明结构正规化与适应性文化之间呈倒“U”形关系。

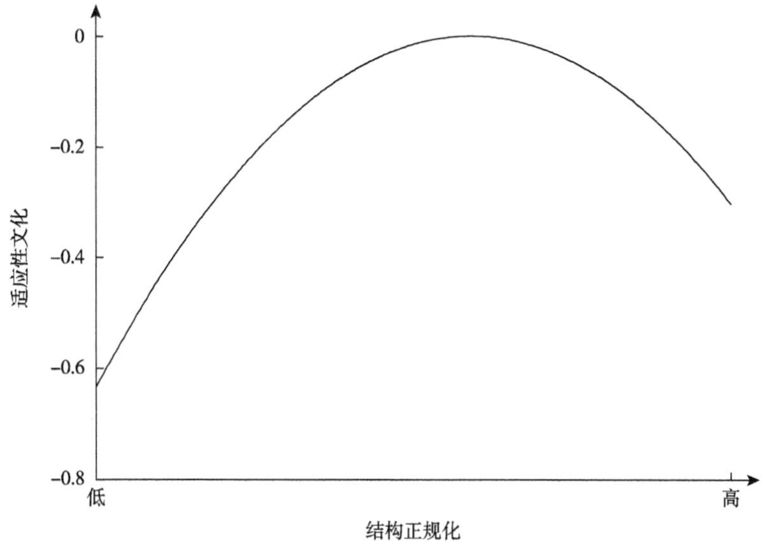

图 6-3　结构正规化与适应性文化的倒“U”形关系

本书在第五章中已经检验了组织二元文化与组织创造力之间的关系，结果显示适应性文化和一致性文化分别与组织创造力存在正向和倒“U”形关系。

由于结构正规化与一致性文化呈正向线性关系，而一致性文化与组织创造力呈倒“U”形关系，且结构正规化与适应性文化呈倒“U”形关系，而适应性文化与组织创造力呈正向线性关系，当路径中包含非线性关系时无法采用中介效应检验的三个步骤（Baron and Kenny，1986）检验一致性文化和适应性文化在结构正规化与组织创造力间的中介效应。参照 Hayes 和 Preacher（2010）及 Stolzenberg（1980）的建议，可以通过计算瞬时中介效应值（θ）来检验中介效应是否显著，即计算中介变量 M 对自变量 X 的一阶偏导 $\partial M(X)/\partial X$ 与因变量 Y 对 M 的一阶偏导 $\partial Y(X, M)/\partial M$ 的乘积，通过赋予自变量特定的值 x 计算相应的瞬时中介效应值（θ），并采用 Bootstrap 方法检验特定 x 值对应的瞬时中介效应的显著性。采用以上检验步骤，根据模型 7 和模型 9 的方程系数计算得出，当结构正规化取值为距离均值−1 个标准差（3.737）、均值（4.345）及距离均值+1 个标准差（4.952）时，一致性文化和适应性文化在结构正规化和组织创造力之间的瞬时中介效应值（θ），用 Stata 12.0 软件进行 Bootstrap 重复抽样得出瞬时中介效应的 90%置信区间和 95%置信区间，如表 6-6 所示。

表 6-6　一致性文化和适应性文化的瞬时中介效应及显著性检验

中介变量	自变量取值	Bootstrap 重复抽样次数	90%置信区间		95%置信区间		瞬时中介效应值
			上限	下限	上限	下限	
一致性文化	3.737	1000	0.185	0.524	0.161	0.594	0.340

续表

中介变量	自变量取值	Bootstrap 重复抽样次数	90%置信区间		95%置信区间		瞬时中介效应值
			上限	下限	上限	下限	
一致性文化	3.737	2000	0.194	0.552	0.161	0.594	0.340
	3.737	5000	0.187	0.546	0.163	0.586	0.340
	4.345	1000	0.166	0.358	0.145	0.381	0.261
	4.345	2000	0.169	0.377	0.145	0.386	0.261
	4.345	5000	0.171	0.369	0.148	0.392	0.261
	4.952	1000	0.025	0.319	0.001	0.356	0.182
	4.952	2000	0.029	0.326	−0.002	0.360	0.182
	4.952	5000	0.028	0.325	−0.01	0.346	0.182
适应性文化	3.737	1000	0.089	0.337	0.068	0.357	0.199
	3.737	2000	0.095	0.337	0.075	0.37	0.199
	3.737	5000	0.092	0.338	0.076	0.366	0.199
	4.345	1000	0.082	0.236	0.058	0.248	0.146
	4.345	2000	0.077	0.224	0.066	0.240	0.146
	4.345	5000	0.075	0.227	0.066	0.246	0.146
	4.952	1000	0.016	0.203	0.043	0.239	0.093
	4.952	2000	0.018	0.093	−0.001	0.240	0.093
	4.952	5000	0.017	0.211	0.003	0.237	0.093

根据瞬时中介效应值（θ）计算公式可知一致性文化在结构正规化与组织创造力之间的瞬时中介效应是结构正规化的函数。从表 6-6 中可见，一致性文化的瞬时中介效应随着结构正规化的增大而逐渐减小。重复抽样 1000 次的结果显示，当结构正规化从距离均值−1 个标准差上升至均值时，一致性文化和适应性文化的瞬时中介效应分别降低了 0.079（从 0.340 降至 0.261）和 0.053（从 0.199 降至 0.146），且对应的置信区间均不包括 0，说明一致性文化和适应性文化的正向瞬时中介效应逐渐减小。当结构正规化继续上升至距离均值+1 个标准差时，一致性文化和适应性文化的瞬时中介效应同样分别降低了 0.079（从 0.261 降至 0.182）和 0.053（从 0.146 降至 0.093），对应的置信区间仍然均不包含 0，说明一致性文化和适应性文化的正向瞬时中介效应继续减小。由此可见，一致性文化和适应性文化在结构正规化与组织创造力之间的瞬时中介效应随着结构正规化程度的增强而逐渐减小，H3a 和 H3b 得到支持。

模型 4 和模型 5 检验了结构集权化对结构正规化与组织创造力间关系的调节作用。模型 4 和模型 5 分别在模型 3 的基础上分步加入了结构集权化和结构集权化与结构正规化的交互项及结构集权化与结构正规化平方项的交互项，结果显示结构集权化与结构正规化平方项的交互效应显著（$\Delta R^2=0.073$，$p<0.001$），说明结构集权化对结构正规化与组织创造力的关系有显著调节作用，H4 得到支持。图 6-4 进一步说明了在不同结构集权化程度下，结构正规化与组织创造力间的关系。从图 6-4 可见，在低度结构集权化型企业中，结构正规化与组织创造力间呈较平滑的倒“U”形关系；在高度结构集权化型企业中，结构正规化与组织创造力间呈较陡峭的倒“U”形关系。

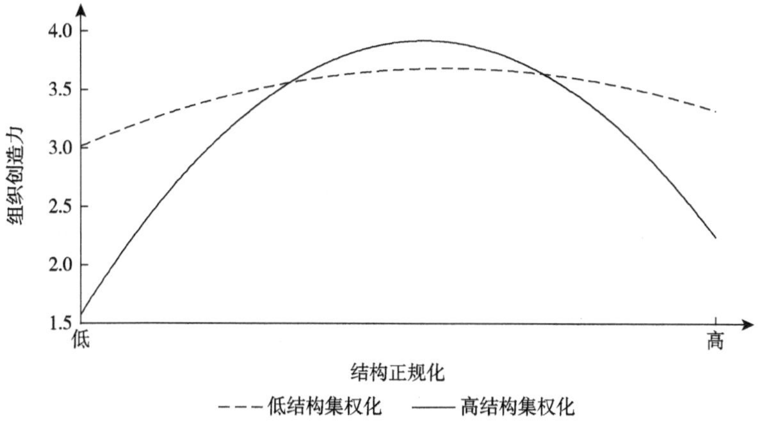

图 6-4　结构集权化对结构正规化与组织创造力间关系的调节作用

进一步对图 6-4 中的曲线进行简单斜率检验，结果如表 6-7 所示。从表 6-7 中可见，当结构集权化较低时，结构正规化对组织创造力起初存在显著的正向影响，但随着结构正规化程度的增高这一正向影响逐渐减弱直至不显著，最终转变为显著负向影响。当结构正规化从距离均值−2 个标准差增加到距离均值−1 个标准差时，结构正规化对组织创造力的斜率从 0.723（$p<0.001$）降低至 0.416（$p<0.001$），减少了 0.307；当结构正规化增加到均值时，其斜率进一步降低至 0.109，且变得不显著；当结构正规化增加到距离均值+1 标准差时，其斜率转变为负向（−0.198），仍然不显著，直至结构正规化增加到距离均值+2 标准差时，斜率降低为−0.505（$p<0.05$），仍然是减少了 0.307。可见，当结构集权化程度较低时，随着结构正规化程度的增强，其对组织创造力的正向影响逐渐减弱变为不显著，最后转变为负向影响。

表 6-7　斜率检验结果

结构集权化程度	结构正规化取值	斜率	斜率差异	t 值	显著性
低度结构集权化	均值−2SD	0.723	0.042	17.076	$p<0.001$
	均值−SD	0.416	0.031	13.437	$p<0.001$
	均值	0.109	0.108	1.011	不显著
	均值+SD	−0.198	0.174	−1.134	不显著
	均值+2SD	−0.505	0.239	−2.113	$p<0.05$
高度结构集权化	均值−2SD	1.920	0.491	3.909	$p<0.001$
	均值−SD	1.078	0.271	3.974	$p<0.001$
	均值	0.237	0.111	2.137	$p<0.05$
	均值+SD	−0.605	0.239	−2.529	$p<0.05$
	均值+2SD	−1.446	0.456	−3.169	$p<0.001$

注：$t>1.96$，$p<0.05$；$t>2.58$，$p<0.01$；$t>3.16$（3.30），$p<0.001$

当结构集权化程度较高时，随着结构正规化程度的增强，结构正规化对组织创造力的正向影响大幅减弱，并转变为较强的负向影响。当结构正规化从距离均值−2 标准差增加到距离均值−1 标准差时，结构正规化对组织创造力的斜率从 1.920（$p<0.001$）降低至 1.078（$p<0.001$），减小了 0.842；当结构正规化增加到均值时，其斜率进一步降低至 0.237（$p<0.05$）；当结构正规化继续增加到距离均值+1 标准差时，结构正规化对组织创造力的影响从正向转变为显著负向（$\gamma=-0.605$，$p<0.05$），当结构正规化增加到距离均值+2 标准差时，结构正规化对组织创造力的影响继续大幅下降 0.841，变为−1.446（$p<0.001$）。可见，当结构集权化程度较高时，随着结构正规化程度的增强，其对组织创造力的积极影响大幅减弱并转变为较强的消极影响。由此，H4 得到支持。

第四节　实证研究结论与贡献

一、研究结论

我们在实证检验组织结构正规化与组织二元文化和组织创造力间非线性关系的基础上，深入分析和论证了组织二元文化对结构正规化与组织创造力间关系的中介效应，以及组织结构集权化对这两者间非线性关系的调节效应，得出以下研究结论。

（一）组织结构正规化对组织创造力的影响

组织结构正规化对组织创造力存在倒“U”形影响。以往研究大多关注影响创新和绩效的组织结构特征，而我们则从新想法产生的角度，聚焦组织结构特征对组织创造力这一创新前端因素的影响，扩展了有关组织结构和创新间关系的研究。同时，以往关于创新前因变量的研究大部分将结构正规化视为创新的阻碍因素（Damanpour，1991）。本章研究则发掘了结构正规化与组织创造力这一创新前端之间的非线性关系。这一研究结论表明：如果适度把握组织结构正规化程度，那么正规化组织结构能在一定程度上对组织创造力发挥积极作用。我们既要充分认识并利用结构正规化对提升组织创造力的积极效应，又要尽量避免其潜在的负面效应。

（二）结构正规化对组织二元文化的影响

结构正规化促进组织二元文化的形成，而且对其两维度产生差异性影响：对一致性文化产生正向影响，对适应性文化产生倒“U”形影响。这一研究结论基于组织二元情境视角深化了对组织刚性制度因素影响柔性文化情境的认知，拓展了 Duncan（1976）关于结构正规化和创新间关系的二元模型，揭示了伴随特定组织结构特征能形成兼顾一致性和适应性的二元文化。一方面，结构正规化和一致性文化的正向关系表明，随着组织结构正规化程度的加深，组织通过建立和不断完善各种规则及标准流程，保障所有员工的行为与组织使命和目标相一致，并重视遵守这些系统和流程以统一协调组织内的互动和尽量减少因缺乏共同参考框架而产生的冲突，进而逐渐形成强调内部整合的一致性的价值观和规范。另一方面，结构正规化和适应性文化之间倒“U”形复杂关系的发现，解释了一些致力于建设创新文化的企业所面临的两难困境：虽需要不断完善现有系统和流程以鼓励员工积累经验和学习，但对这些规则和程序的惯性依赖又削弱了组织中员工进行冒险和创新的动机。这一结果表明，适当的结构正规化有助于形成倡导经验积累、不断学习和调整以应对动态复杂环境的适应性文化；而过度依赖于规则和标准的管理约束则容易导致组织刚性，使组织抗拒任何形式的改变和创新，不利于鼓励员工进行偏离结构化行为的冒险性创新尝试，进而抑制组织中适应性文化的形成。

（三）组织二元文化的中介效应

组织二元文化的两个维度在结构正规化和组织创造力之间均发挥中介效应，一致性文化和适应性文化的中介效应都随着结构正规化程度的增高而逐渐减弱，且减弱的幅度相近，当结构正规化达到较高程度后，一致性文化和适应性文化均开始产生负面中介效应。但相对于后者而言，在结构正规化处于同一程度时前者的瞬时中介效应较强。这一结论弥补了以往文献关于组织结构特征对组织创造力内在作用机制的研究薄弱的缺点，说明组织二元文化作为重要的中介因素传导了结构正规化对组织创造力的影响，而且其两维度的传导作用均随着结构正规化程度的增加而同步逐渐减弱。由此表明，结构正规化通过在组织中营造二元文化情境对组织创造力产生间接影响。一方面，由于一致性文化本身对组织创造力存在倒“U”形影响，随着结构正规化程度升高而不断增强的一致性文化氛围，不仅传导了适度正规化结构对组织创造力的部分积极影响，同时传导了高度正规化结构对组织创造力的部分消极影响；另一方面，适应性文化的确发挥了传递正规化结构对组织创造力积极影响的作用，但其瞬时中介效应随着结构正规化程度的增高从正面转变为负面，这说明企业过度强化规则和标准化流程等组织制度的管理效力，是以削弱组织中的适应性文化氛围、牺牲组织创造力为代价的。该结论有助于我们理性认识高度正规化的结构可能引发的连锁负面效应。

另外，在组织二元文化两维度中，一致性文化的中介作用强于适应性文化。这说明结构正规化对组织创造力的影响较多地依赖于一致性文化进行传导，而且适度结构正规化的积极影响和过度结构正规化的消极影响都依赖其进行传导。因此，企业在初步建立正规化结构的过程中，通过构建适度平衡的适应性文化和一致性文化激发组织中的创造性想法。但随着企业规范化程度日益增高，组织中逐渐形成了较强的一致性文化和相对较弱的适应性文化，但过度的一致性文化不利于组织中产生支持创造力所需要的不同的心智模式及适度的冲突（Alves et al.，2007；Troyer and Youngreen，2009），进而对组织创造力产生负面效应。

（四）结构集权化的调节作用

结构集权化调节结构正规化和组织创造力间的倒“U”形关系，使结构正规化对组织创造力积极影响逐渐减弱直至变为负向的发展趋势：即结构集权化程度较高时，随着结构正规化程度的增加，结构正规化对组织创造力的积极影响比结构集权化程度较低时减弱得更多，并迅速转变为较强的消极影响。这表明在较灵活的低结构正规化企业和较成熟稳定的高结构正规化的企业中，组织应该尽量分权化，以避免因高度结构集权化而大幅削弱适度结构正规化对组织创造力的正面效应或强化高度结构正规化对组织创造力的负面效应。另外，在中等结构正规化的企业中，一定程度的结构集权化反而比完全分权更有利于组织创造力的提升。组织内程序和流程比较正规的企业通常具有一定规模（Miller and Dröge，1986），必要的集权控制能在较广的组织范围内保障创造活动的一致性和效率。正如Zaltman等（1973）提出的创新两难困境，即尽管一定程度的分权对创新想法的产生是必要的，但是要在更广的组织内有效地实现这些想法，集权也是必需的。组织需要对发现问题、解决问题和实施解决方案三个方面都加以培育和管理，才能实现组织创造力的提升（Basadur，1992）。Damanpour（1991）关于创新前因变量的元分析表明结构集权化有利于管理创新，分权化有利于技术创新。因此，不能忽视结构集权化对管理过程中创造性想法的提出所发挥的积极效用。我们通过探讨结构正规化和结构集权化两种结构要素对组织创造力的权变影响，解释了中间类型组织结构的具体特征对组织创造力的作用模式。

综上所述，结构正规化通过组织二元文化对组织创造力产生非线性作用，而且结构集权化对这一关系发挥权变影响。

二、研究贡献

本章的研究发现对管理实践具有重要的启示作用，主要体现在以下两方面。

（一）适当的结构正规化可以促进组织创造力，但要避免其潜在负面效应

管理者既要充分认识并利用适度结构正规化对提升组织创造力的潜在积极效应，又要尽量避免其潜在的负面效应。一方面，起步发展中的企业要积极建立规范性的管理制度和程序，并鼓励员工提出创造性的意见和建议以便对这些规则和程序进行不断改进和完善；另一方面，随着企业规则和流程的日益完善，企业应尽量避免因过度强调遵守规章制度而限制组织情境的开放性和灵活性，束缚组织中创造性想法的产生。另外，企业可以采用员工合理化建议制度等鼓励创新的规范化体系促进组织中创造性想法的产生，促使企业系统地捕获整个组织范围内的创造力以提高质量和获得竞争优势。

同时，管理者还应注重将适度规范和有效监督相结合以提升对企业创造活动的管理和组织效率。在较灵活的低度结构正规化企业和较成熟稳定的高度结构正规化的企业中，应该尽量鼓励员工参与决策过程，以避免因高度结构集权化而大幅削弱适度结构正规化对组织创造力的正面效应或强化高度结构正规化对组织创

造力的负面效应。另外，在中度结构正规化的企业中，管理者除了要根据组织的发展阶段和规模建立相应的程序和流程外，还要对组织创新的全过程实施必要的监督和引导，以便正确界定创新的边界，并在较广的范围内保障组织创造活动具有一致目标和高效率。

（二）结构正规化对二元文化有差异性影响，需适度发挥结构正规化的积极作用

企业在不断创新和发展中要注重构建与结构正规化程度相应的二元文化，以通过适应性文化及一致性文化最大程度地传导正规化结构的积极作用。企业通过建立和完善规则及标准流程，一方面可以保障所有员工的行为与组织使命和目标相一致，统一协调组织内的互动，尽量减少冲突，最终在整个组织范围内提升创造活动的效率和有效性；另一方面有助于倡导在持续规范化进程中积累经验、不断学习和调整以应对动态复杂环境，进而促进组织创造力。然而，管理者也不能忽视高度正规化结构通过组织二元文化引发连锁负面效应的可能。企业在初步建立结构正规化的过程中，可以通过构建适度平衡的适应性文化和一致性文化激发组织中的创造性想法的产生。而随着企业规范化程度日益增高，组织中逐渐形成较强的一致性文化和相对较弱的适应性文化，这有可能导致组织中的想法过于趋同，不利于产生异质性的创造性想法。因此，应认识、把握和利用组织结构正规化的适度作用，营造和发挥对组织二元文化的积极作用，进而提升组织创造力。

我们基于组织创造力的输入—转化—输出模型，结合组织竞争价值观理论和组织二元性理论，在拓展和开发组织二元文化的概念维度及测量的基础上，从结构权变视角分析了结构正规化特征的变化对组织创造力的动态影响，以及二元文化的两维度分别在这两者间发挥何种中介作用，并检验了结构集权化的共存对这一关系的权变作用。所得出的结论具有一定创新性，且对管理实践提供了重要理论参考，但仍存在以下局限性，有待在未来研究中进一步完善。

第一，在样本搜集与研究设计方面存在的可能缺陷与第五章相似，未来研究将在增加调查组织数量的同时提高每个组织中被试的比例或采取多阶段问卷搜集方式来降低样本搜集与研究设计上的局限性对研究结果的影响。

第二，在研究内容方面，我们聚焦组织结构特征对组织创造力的影响及二元文化的两维度分别在其中发挥何种中介作用，并未考虑其他组织制度特征对组织创造力的互动作用及可能存在的其他中介变量。未来研究可从组织层面探讨结构和人力资源管理实践等制度因素之间的互动对组织创造力的综合作用，并挖掘其他潜在的中介变量。另外，虽然考虑了不同组织结构维度对组织创造力的二次交

互效应，但并未深入探讨这一效应是通过何种机制传导至组织创造力的，后续研究可以深入挖掘两者对组织创造力的交互效应的潜在中介因素。

参考文献

Aiken M，Hage J. 1968. Organizational interdependence and intra-organizational structure. American Sociological Review，33（6）：912-930.

Aiken M，Hage J. 1971. The organic organization and innovation. Sociology，5（1）：63-82.

Alves J，Marques M J，Saur I，et al. 2007. Creativity and innovation through multidisciplinary and multisectoral cooperation. Creativity and Innovation Management，16（1）：27-34.

Atuahene-Gima K. 2003. The effects of centrifugal and centripetal forces on product development speed and quality：how does problem solving matter?. Academy of Management Journal，46(3)：359-373.

Baron R M，Kenny D A. 1986. The moderator-mediator variable distinction in social psychological research：conceptual，strategic，and statistical considerations. Journal of Personality and Social Psychology，51（6）：1173-1182.

Basadur M. 1992. Managing creativity：a Japanese model. Academy of Management Executive，6(2)：29-42.

Benner M J，Tushman M L. 2003. Exploitation，exploration，and process management：the productivity dilemma revisited. Academy of Management Review，28（2）：238-256.

Bessant J，Tidd J. 2007. Innovation and Entrepreneurship. Hoboken：John Wiley & Sons.

Blau P M，Schoenherr R A. 1971. The Structure of Organizations. New York：Basic Book.

Bodewes W E. 2002. Formalization and innovation revisited. European Journal of Innovation Management，5（4）：214-223.

Brown R T. 1989. Creativity：What Are We to Measure? // Glover J A，Ronning R R，Reynolds C R. Handbook of Creativity.New York：Plenum Press：3-32.

Burns T，Stalker G M. 1994. The Management of Innovation. 3rd ed. Oxford：Oxford University Press.

Cardinal L B. 2001. Technological innovation in the pharmaceutical industry：the use of organizational control in managing research and development. Organization Science，12（1）：19-36.

Caruana A，Morris M，Vella A I. 1998. The effect of centralization and formalization on entrepreneurship in export firms. Journal of Small Business Management，36（1）：16-29.

Cohen J，Cohen P，West S G，et al. 2003. Applied Multiple Regression/Correlation Analysis for the Behavioral Sciences. 3rd Ed. Mahwah：Lawrence Erlbaum Association.

Daft R L. 1978. A dual-core model of organizational innovation. Academy of Management Journal，21（2）：193-210.

Daft R L，Lengel R H. 1986. Organizational information requirements，media richness and structural design. Management Science，32（5）：554-571.

Damanpour F. 1991. Organizational innovation：a meta-analysis of effects of determinants and moderators. Academy of Management Journal，34（3）：555-590.

Damanpour F. 1992. Organizational size and innovation. Organization Studies，13（3）：375-402.

Damanpour F，Evan W M. 1990. The adoption of innovation overtime：structural characteristics and performance of organizations. San Diego：Annual Meeting of the Decision Science Institute.

Davenport T H. 1993. Need radical innovation and continuous improvement? Integrate process reengineering and TQM. Planning Review，21（3）：6-12.

de Boer J F，Milner T E，Nelson J S. 1999. Determination of the depth-resolved Stokes parameters of light backscattered from turbid media by use of polarization-sensitive optical coherence tomography. Optics Letters，24（5）：300-302.

Deshpandé R，Farley J U，Webster F E. 1993. Corporate culture customer orientation，and innovativeness in Japanese firms：a quadrad analysis. Journal of Marketing，57（1）：23-37.

Deshpandé R，Zaltman G. 1982. Factors affecting the use of market research information：a path analysis. Journal of Marketing Research，19（1）：14-31.

Dewar R D，Whetten D A，Boje D. 1980. An examination of the reliability and validity of the Aiken and Hage scales of centralization，formalization，and task routineness. Administrative Science Quarterly，25（1）：120-128.

Donaldson L. 2001. The Contingency Theory of Organizations. Thousand oaks：Sage.

Dougherty D，Tolboom J N. 2008. Creative Organizing to Enable Organizational Creativity// Zhou J，Shalley C E. Hand Book of Organizational Creativity. Mahwah：Lawrence Erlbaum Associates：237-262.

Duncan R B. 1976. The ambidextrous organization：designing dual structures for innovation. The Management of Organization，1：167-188.

Fey C F，Denison D R. 2003. Organizational culture and effectiveness：can American theory be applied in Russia?. Organization Science，14（6）：686-706.

Ford C M. 1996. A theory of individual creative action in multiple social domains. Academy of Management Review，21（4）：1112-1142.

Ford J D，Slocum J W. 1977. Size，technology，environment and the structure of organizations. Academy of Management Review，2（4）：561-575.

Fornell C，Larcker D F. 1981. Structural equation models with unobservable variables and measurement error：algebra and statistics. Journal of Marketing Research，18（3）：382-388.

Galbraith J R. 1974. Organization design：an information processing view. Interfaces，4（3）：28-36.

Gibson C B，Birkinshaw J. 2004. The antecedents，consequences，and mediating role of organizational ambidexterity. Academy of Management Journal，47（2）：209-226.

Güttel W H，Konlechner S W. 2009. Continuously hanging by a thread：managing contextually ambidextrous organizations. Schmalenbach Business Review（SBR），61（2）：150-172.

Hage J，Aiken M. 1967. Relationship of centralization to other structural properties. Administrative Science Quarterly，12（1）：72-92.

Harrington D M. 1990. The ecology of human creativity：a psychological perspective based on a colloquium，"Toward a psychology of creative environments：an ecological perspective". Berkeley：Institute of Personality Assessment and Research.

Hayes A F, Preacher K J. 2010. Quantifying and testing indirect effects in simple mediation models when the constituent paths are nonlinear. Multivariate Behavioral Research, 45（4）: 627-660.

Homburg C, Fürst A. 2005. How organizational complaint handling drives customer loyalty: an analysis of the mechanistic and the organic approach. Journal of Marketing, 69（3）: 95-114.

Hu L T, Bentler P M. 1999. Cutoff criteria for fit indexes in covariance structure analysis: conventional criteria versus new alternatives. Structural Equation Modeling: A Multidisciplinary Journal, 6（1）: 1-55.

James L R, Demaree R G, Wolf G. 1984. Estimating within-group interrater reliability with and without response bias. Journal of Applied Psychology, 69（1）: 85-98.

Jansen J J P, van den Bosch F A J, Volberda H W. 2006. Exploratory innovation, exploitative innovation, and performance: effects of organizational antecedents and environmental moderators. Management Science, 52（11）: 1661-1674.

Kang S C, Snell S A. 2009. Intellectual capital architectures and ambidextrous learning: a framework for human resource management. Journal of Management Studies, 46（1）: 65-92.

Katila R, Ahuja G. 2002. Something old, something new: a longitudinal study of search behavior and new product introduction. Academy of Management Journal, 45（6）: 1183-1194.

Khandwalla P N. 1997. The Design of Organizations. New York: Harcourt Brace Jovanovich.

Koberg C S, Uhlenbruck N, Sarason Y. 1996. Facilitators of organizational innovation: the role of life-cycle stage. Journal of Business Venturing, 11（2）: 133-149.

Lee H, Choi B. 2003. Knowledge management enablers, processes, and organizational performance: an integrative view and empirical examination. Journal of Management Information Systems, 20（1）: 179-228.

Lin X H, Germain R. 2003. Organizational structure, context, customer orientation, and performance: lessons from Chinese state-owned enterprises. Strategic Management Journal, 24（11）: 1131-1151.

Lyles M A, Schwenk C R. 1992. Top management, strategy and organizational knowledge structures. Journal of Management Studies, 29（2）: 155-174.

March J G, Simon H A. 1993. Organizations revisited. Industrial and Corporate Change, 2（1）: 299-316.

Menguc B, Auh S, Ozanne L. 2010. The interactive effect of internal and external factors on a proactive environmental strategy and its influence on a firm's performance. Journal of Business Ethics, 94（2）: 279-298.

Michaels R E, Cron W L, Dubinsky A J, et al. 1988. Influence of formalization on organizational commitment and work alienation of salespeople and industrial buyers. Journal of Marketing Research, 25（4）: 376-383.

Miller D, Dröge C. 1986. Psychological and traditional determinants of structure. Administrative Science Quarterly, 31（4）: 539-560.

Nadler D A. 1998. Champions of Change. San Francisco: Jossey-Bass.

Narayanan V K. 2001. Managing Technology and Innovation for Competitive Advantage. Upper Saddle River: Prentice-Hall.

Nicholson N. 1990. Organizational innovation in context: Culture, Interpretation and Application// West M A, Farr J A.Innovation and Creativity at Work. New York: Wiley: 179-204.

Ouchi W G. 2006. Power to the principals：decentralization in three large school districts. Organization Science，17（2）：298-307.

Patel S H. 2005. Business age and characteristic of SME performance. Working Paper.

Pierce J L，Delbecq A L. 1977. Organization structure，individual attitudes and innovation. Academy of Management Review，2（1）：27-37.

Podsakoff P M，Organ D W. 1986. Self-reports in organizational research：problems and prospects. Journal of Management，12（4）：531-544.

Prakash Y，Gupta M. 2008. Exploring the relationship between organization structure and perceived innovation in the manufacturing sector of India. Singapore Management Review，30（1）：55-76.

Pugh D S，Hickson D J，Hinings C R，et al. 1968. Dimensions of organization structure. Administrative Science Quarterly，13（1）：65-105.

Qian G，Li L. 2003. Profitability of small-and medium-sized enterprises in high-tech industries：the case of the biotechnology industry. Strategic Management Journal，24（9）：881-887.

Quinn R E. 1988. Beyond Rational Management：Mastering the Paradoxes and Competing Demands of High Performance. San Francisco：Jossey-Bass.

Ruekert R W，Walker O C，Roering K J. 1985. The organization of marketing activities：a contingency theory of structure and performance. Journal of Marketing，49（1）：13-25.

Saffold G S. 1988. Culture traits，strength，and organizational performance：moving beyond "strong" culture. Academy of Management Review，13（4）：546-558.

Senge P M. 1990. The Art and Practice of the Learning Organization. New York：Doubleday.

Senge P M. 1998. The leader's new work：building learning organizations. Sloan Management Review，32（1）：7-23.

Shepard H A. 1967. Innovation-resisting and innovation-producing organizations. The Journal of Business，40（4）：470-477.

Sinkula J M，Baker W E，Noordewier T. 1997. A framework for market-based organizational learning：linking values，knowledge，and behavior. Journal of the Academy of Marketing Science，25（4）：305-318.

Stalk G. 1988. Time-the next source of competitive advantage. Harbard Business Review，66（7/8）：41-51.

Stolzenberg R M. 1980. The measurement and decomposition of causal effects in nonlinear and nonadditive models. Sociological Methodology，11：459-488.

Taggar S. 2002. Individual creativity and group ability to utilize individual creative resources：a multilevel model. Academy of Management Journal，45（2）：315-330.

Tang Y T，Chang C H. 2010. Impact of role ambiguity and role conflict on employee creativity. African Journal of Business Management，4（6）：869-881.

Terziovski M. 2010. Innovation practice and its performance implications in small and medium enterprises（SMEs） in the manufacturing sector：a resource-based view. Strategic Management Journal，31（8）：892-902.

Thompson V A. 1965. Bureaucracy and innovation. Administrative Science Quarterly，10（1）：1-20.

Troyer L，Youngreen R. 2009. Conflict and creativity in groups. Journal of Social Issues，65（2）：409-427.

van de Ven A H. 1986. Central problems in the management of innovation. Management Science，

32（5）：590-607.

van de Ven A H，Ferry D L. 1980. Measuring and Assessing Organizations. New York：Wiley.

Walsh J P，Dewar R D. 1987. Formalization and the organizational life cycle. Journal of Management Studies，24（3）：215-231.

Wang C L，Rafiq M. 2014. Ambidextrous organizational culture，contextual ambidexterity and new product innovation：a comparative study of UK and Chinese high-tech firms. British Journal of Management，25（1）：58-76.

Weick K E. 1979. Cognitive processes in organizations. Research in Organizational Behavior，1（1）：41-74.

Wheelen T L，Hunger D J. 1999. Major hurdles to the success of the European economic and monetary union：the future of the Euro. SAM Advanced Management Journal，64：11-15.

Woodman R W. 1993. Observations on the field of organizational change and development from the lunatic fringe. Organization Development Journal，11（2）：71-75.

Woodman R W，Sawyer J E，Griffin R W. 1993. Toward a theory of organizational creativity. Academy of Management Review，18（2）：293-321.

Zaltman G，Duncan R，Holbek J. 1973. Innovations and Organizations. New York：John Wiley & Sons.

Zander U，Kogut B. 1995. Knowledge and the speed of the transfer and imitation of organizational capabilities：an empirical test. Organization Science，6（1）：76-92.

Zmud R W. 1982. Diffusion of modern software practices：influence of centralization and formalization. Management Science，28（12）：1421-1431.

Zollo M，Winter S G. 2002. Deliberate learning and the evolution of dynamic capabilities. Organization Science，13（3）：339-351.

第七章　CEO 完美主义和学习文化对组织创造力的作用检验

当今，资源环境约束日益强化，传统的高投入、高消耗和粗放式发展方式难以为继，以创新为主要引领和支撑的发展方式成为共识。如前所述，组织创造力作为企业创新的前端和基础，直接影响企业创新成果的实现和竞争力（Woodman et al.，1993）。围绕组织创造力这一问题，已有少部分的文献从组织创造力形成机制进行探讨。这些研究主要从组织战略（刘新梅等，2013）、领导风格（Gumusluoglu and Ilsev，2009）等方面进行分析。但对组织决策与战略有重要影响的 CEO 个体特征却被忽视（Hambrick and Quigley，2014；Simsek et al.，2010）。高层管理者，尤其是 CEO 在组织中扮演着独特的角色。CEO 通过建立组织目标、沟通组织愿景和创造适应能力影响公司的发展方向与结果（Berson et al.，2008；Peterson et al.，2012；Resick et al.，2009）。由于 CEO 角色的特殊性，CEO 的个性特征不仅体现在他们个人的偏好和行为上，还体现在组织战略、结构和绩效上（Hambrick and Mason，1984）。尽管在理解 CEO 个体特征的重要性方面取得一些进展，但许多重要的 CEO 个体特征尚未得到研究，将 CEO 个体特征与战略影响力和绩效联系起来的机制仍然不足（Jung et al. 2008；Resick et al.，2009）。

我们试图拓展 CEO 个人特征领域的研究，探讨存在于 CEO 个体中的适应性完美主义对组织的影响以加深对 CEO 个体特征的理解。首先，通过检验 CEO 的适应性完美主义与组织创造力的关系［这也呼应 Woodman 等（1993）和 Amabile（1996）提出的要研究并识别更多影响组织创造力的情境因素的提议］，弥补了 CEO 个体完美主义在组织情境研究中的欠缺。其次，我们提出组织学习文化是解释 CEO 的适应性完美主义与组织创造力之间关系的中间机制。具有高适应性完美主义的 CEO 更专注于探索问题的解决方式，根据高阶理论（Hambrick and Mason，1984），这种偏好会影响到组织战略导向，在组织中形成探索与学习的文化氛围，随之促进组织创造力的提升。这有利于帮助我们理解未经检验的 CEO 的适应性完美主义作为“暗箱”领导特质如何对组织创造力产生影响，丰富了高阶理论关于 CEO 特质的研究。最后，我们认为魅力型领导是 CEO 特质能否有效影响组织战略导向的一个边界条件。CEO 的魅力越大，其对追随者的号召力及对组织的影响力也越大（Ralston et al.，1999），这更有利于其本身的偏好向组织传递。探讨 CEO 的适应性完美主义对组织创造力产生影响的边界条件，有利于帮助我们理解 CEO 的适应性完美主义产生影响的情境条件，有利于深化对高阶理论的理解。本章研究不仅丰富了 CEO 个体特征与组织创造力的研究成果，还为今后分析 CEO 性格特征提供了一个新研究视角。

第一节　CEO 完美主义、学习文化与组织创造力的关系假设

一、理论基础与相关概念研究

（一）理论基础

早期的战略管理研究多关注在如何监控或预测外部环境的变动方面，并借此探索企业可以有效发展的领域，但忽略了人对组织的作用。源自产业组织经济学的 Porter（1980）五力分析理论是分析产业竞争强度的工具，其更重要的意义在于它强调任何组织的行动应该根据产业竞争结构来制定与调整，组织应该由外而内来决定做什么、如何做及何时做；选对了行业，绩效自然会好。这种结构—行为—绩效（structure-conduct-performance，SCP）的思维模式，忽略了人在组织发展中的重要性，但企业管理者的判断与选择对企业的发展有重要作用。更明确地说，企业不仅要重视环境分析，更不能忽略由内而外的战略选择在企业可持续发展中的作用（Cyert and March，1963）。高阶理论正好弥补这一缺陷，高阶理论观点认为战略是高层管理者决策的结果（Thompson，1967）。

事实上，从高阶理论观点出发的相关研究已从本质上指出，CEO 的个体特质，以及他们对内外环境的认识与行事风格将决定企业战略、管理制度与组织文化（Dalton and Kesner，1985）。实证研究发现，CEO 的人口统计学变量的特征及心理、性格特征变量是组织行动与策略决策的关键因素。例如，研究证实年龄与风

险偏好倾向（Vroom and Pahl，1971），学历与信息整合能力（Dollinger，1984）及创新接受度（Wiersema and Bantel，1992），专业、教育与工作背景和战略导向（Bantel and Jackson，1989；Daellenbach et al.，1999），CEO 自恋性格与组织绩效变动（Wales et al.，2013）等均有显著相关性。因此，CEO 对组织的影响力不容忽视，上述研究为 CEO 对组织运作过程有重要影响力提供了有力证据。同时，CEO 扮演着全面性的战略决定者与执行者角色，CEO 的性格与偏好能够影响组织的文化与氛围，进而影响到组织和组织内个体。

（二）相关概念研究

1. 个体完美主义

追求完美是人类最本质的特征（Adler，1956），以往研究认为完美主义有适应性和非适应性之分（Enns et al.，2002）。适应性完美主义与适应不良完美主义的共同点是追求高标准，差异在于适应不良完美主义有避免错误动机倾向，时常自我否定与批评，这往往会给个体带来焦虑、烦躁等消极结果；适应性完美主义的个体在追求高标准的同时会分配更多的努力去探索，以实现其所设定的目标，与适应不良完美主义相比其追求完美的动机是为了取得成功，而非避免失败(Enns et al.，2002)。适应性完美主义个体往往更专注于问题的解决，通常能够带来积极结果（Chan，2008）。Gutierrez 等（2012）研究发现，适应性思考是 CEO 的一个典型的特征，且 CEO 很少具有自我批评的倾向（Gutierrez et al.，2012）。因此，我们认为适应性完美主义是 CEO 完美主义性格的主导特征。尽管未有研究探索 CEO 适应性完美主义特质带来的影响，但已有研究者从个体的角度检验了适应性完美主义的积极作用，如成就动机（Stoeber and Becker，2008）、学习目标导向（Chan，2008）等。因此，拥有适应性完美主义性格特征的 CEO，会将个人精力更多地投入到其关注的企业产品、服务、流程等方面，并努力完善它们，这种以成功动机为导向的完美主义往往会给企业带来积极结果。高阶理论认为公司战略与文化是 CEO 个体特质的一种投射（Hambrick and Quigley，2014）。因此，CEO 的适应性完美主义特性往往会使组织不断探索与学习，而对知识的探索与学习会促进组织内新想法与新观点的产生。换言之，CEO 的适应性完美主义与组织创造力存在联系。在实际工作中，很多优秀企业的 CEO 都被认为有追求完美的特性。例如，对产品追求完美的苹果公司前 CEO 乔布斯打造了苹果公司的一个新时代；百度公司 CEO 李彦宏在访谈中也指出其是一个对目标和细节要求完美的人，他会以合适的方式释放追求完美带来的压力。这些特征描述都是适应性完美主义者的典型特征。适应性完美主义者以积极的动机为特征（Slade and Owens，1998），更专注于问题的解决（Chan，2008），而组织内不断探索解决问题的能力是组织创造力的一个体现。因此，我们认为 CEO 的适应性完美主义与组织创造力之间存在一定的内在联系，但以往研究却忽视了对二者之间关系的理论与实证探讨。

1）完美主义概念与分类

研究者从单维观（Terry-Short et al.，1995）、双维观（Enns et al.，2002）、多维观（Hewitt and Flett，1991）三个角度对完美主义的概念和内涵进行了界定，单维观认为完美主义是设定不切实际的高标准，严格且持续的强迫自己朝此目标前进，对事件的负向结果有过度在意的倾向，往往带来负向的心理体验；双维观完美主义者认为完美主义有消极和积极之分，积极完美主义倾向高者为自己设定高标准的同时以弹性的方式看待自己的表现，并进行自我调整，能够通过自己的表现给其带来正向心理感受，其追求完美的动机是为了取得成功，而非避免失败；多维观则从不同的行为对象来定义完美主义，并没有对完美主义的正负向进行明确界定，持该观点的研究者认为完美主义者不仅对自己有严格要求，对社会和他人也有严格的要求。本节将对这三个视角定义的完美主义进行详细阐述。

（1）单维观。早期关于完美主义的研究大多来自临床工作者的观察与描述，对完美主义的界定局限于适应不良的神经质层面及偏执的心理因素，认为完美主义是一种病态的认知风格。Hollender（1965，1978）阐述了完美主义者的信息特征，认为完美主义者有自我贬抑（self-belittlement）倾向，他们关心自己做错什么而非做对什么，并且以适应不良完美主义的人格特质来形容完美主义。Terry-Short 等（1995）认为所有的完美主义者都是认知功能失调的个体，具有两极分化的思考风格且对负向事件有过度在意的倾向。Burns（1980）则认为完美主义者会设定不切实际的高标准，严格且持续的强迫自己朝此目标前进，同时完全依据自我表现和成就来衡量自我价值。也就是说，在完美主义者的认知过程中，其注意力完全聚焦于工作表现的缺失，对未达到的目标或要求有放大关注的扭曲知觉，即所谓的望远镜效应。因此，完美主义者经常把注意力集中在自己所设定的理想标准上，如果理想标准没有完成则会伤害其整体的自我价值感。这使得完美主义者眼中完成之事总有缺陷，感受不到完成工作的满足与快乐；也因未能实现所设定的不合理目标，对自我成就有着强烈的负面评价，往往会导致无助感和忧郁情绪的产生。

持完美主义单维观的研究者认为完美主义本质上是一种负向的病态性格，个体极端或过度追求完美且害怕失败，其工作常常由于极端或过度追求完美而无法完成。完美主义一词在精神疾病与诊断统计手册（First er al.，1997）中，是诊断强迫性（obsessive-compulsive disorder）人格的一个准则，会妨碍工作的完成（如因未能达到自己制定的标准，而不能完成计划）。Shafran 等（2002）则从临床视角出发，认为完美主义的核心病理是病态的害怕失败及持续不断的追求成功，且个体至少在某一特殊领域，有过度依赖以个人要求或自己强加的高标准来评价自我的倾向。

综合上述，单维观完美主义本质上是从完美主义负面视角进行界定，指完美主义是一种病态的人格特质和认知行为。负向的完美主义者在工作中对自己或他人有高标准或高期望的要求，而如此高的标准往往导致个体产生害怕失败的心理。因此，负向完美主义者往往会有自我挫败与功能失调的认知方式，并伴随着苛刻的自我评价和自我贬抑，以至于对自己的表现从未满意。

（2）双维观。传统意义上的完美主义被定义为一个单维度的负向构念，这种观点着眼于它对个体身心的病态影响。另有其他研究者则认为，在个体适应过程中，完美主义的高个人标准对于促进个体的正向心理健康有其重要性。从适应的角度来看，Adler（1956）认为追求完美是人类天生的本能。正常的完美主义者追求可实现的目标，致力于追求成功；相对而言，神经质的完美主义者设定不切实际的目标，奋力追求上等的表现，他们极度害怕批评、过度在意犯错，并且渴望获得他人赞赏，也由于害怕失败而变得压抑与焦虑（Rice and Preusser，2002）。Hamachek（1978）也提出了相同的区分方式，指出正常的（适应性）完美主义者有合理的自我期待，对自己有高标准，会弹性地调整自己与接受不完美，也会因为欣赏个人成就，在工作完成后有正向的心理感受。神经质的（适应不良）完美主义者则为自己设立不切实际的目标，不仅过分追求高标准，而且低估自我能力，过度关注失败。Burns（1980）和 Hamachek（1978）的观点颇为相似，也将完美主义区分为正常与神经质两种类型。

（3）多维观。完美主义者不仅仅对自己严格要求，对他人也有严格的要求。有研究者提出了完美主义在社会（人际）维度的概念，即完美主义者不仅对自己有严格的标准和要求，对他人也抱持相同的高标准（Burns，1980；Hollender，1965）；同时，负向完美主义者对于完美追求的动机是希望获得周围的重要他人的喜爱和赞许（Adler，1956）。在以往研究基础上，Hewitt 和 Flett（1991）依据完美主义者行为的对象（对己或对重要他人）和来源（受自己或重要他人所要求），将完美主义区分为三个维度：①自我导向型完美主义（self-oriented perfectionism，SOP），该维度个体对自我要求甚严，其行为包括为自己制定极高的标准，同时严格评价自我表现，其主要动机是努力追求完美和避免出错；②他人导向型完美主义（other-oriented perfectionism，OOP），该维度个体在行为上会对重要他人的表现有很高的标准和完美的要求，因此容易导致对他人的责备、不信任和敌意，但也有可能正向地鼓励或领导他人；③社会期许型完美主义（socially prescribed perfectionism，SPP），该维度指个人知觉到或相信重要他人对自己有完美的要求且会严格评估自己，由于非常害怕有负面评价和得不到别人的赞同，自己需要尽力达到重要他人所要求的极高标准和期望，以获得赞许。

这一区分得到许多研究者的认可，认为完美主义有正向和负向之分。Frost 等（1990）在对以往文献中所提及的完美主义重要特质进行归纳和总结后，认为完美主义包含过度在意错误等六个维度。Frost 等（1990）六个维度的心理结构见表 7-1。Frost 等（1990）认为追求高标准的表现并非病态的，许多相当有能力的成功人士皆具有此项特质，这些人也就是 Hamachek（1978）所称的能容忍错误并且弹性调整自己目标的正常完美主义者；但如果在高标准之下有过度的自我批评，则是负向的特质（訾非和周旭，2006）。后来的研究（Chang et al.，2004；Frost et al.，1993；Kawamura et al.，2001）则进一步将这六维度归纳分为健康（或适应性）和不健康（适应不良）两个高阶因素，前者包含个人标准和组织，后者包含过度在意错误、怀疑行为、父母期望和父母批评。

表 7-1　Frost 等（1990）的完美主义维度

维度	说明
过度在意错误	把错误看作失败，并相信失败后会失去他人尊敬
个人标准	个人对自己设定很高的标准，并且过度地强调这些标准对自我评量的重要性
父母期望	相信其父母对自己设定高目标
父母批评	感觉父母（或曾经）对于自己有过度要求
怀疑行为	怀疑自己的能力是否可以完成某件工作
组织	个人相信一切事物都需要有组织和有次序

资料来源：Frost 等（1990）

Hill 等（2004）在 Frost 等（1990）、Hewitt 和 Flett（1991）对完美主义内涵界定的基础上，把完美主义分为八维度，同时进一步将这八个维度区分为谨慎负责的完美主义（conscientious perfectionism）（适应性完美主义，包括追求卓越、计划性、组织及对他人高标准等维度）和自我评价的完美主义（self-evaluative perfectionism）（适应不良完美主义，包括沉思、过度在意错误、需求认可、知觉双亲压力等维度）。

Enns 等（2002）综合 Adler（1956）、Burns（1980）、Hamachek（1978）、Hollender（1965）等研究者的观点，将适应不良（神经质的）完美主义与适应性（正常的）完美主义的特征差异进行归纳与整理，如表 7-2 所示。表 7-2 归纳结果显示适应性完美主义者认为自我的成就表现符合对个人能力的高预期，且弹性地追求高标准；其动机是获得正向回馈及追求成功，以做对事情为焦点，可从行动和努力中获得满足或快乐，能及时完成工作，并以适当、平衡的思考观点看待表现结果；遭遇失败会沮丧，但会再接再厉，并不影响个人对自我的评价。而适应不良完美主义者则对成就表现出不合实际的高预期，僵化地追求高标准，其动机是避免负向结果及害怕失败，以避免错误为焦点，有焦虑、紧张的工作态度，以至于无法从行动和努力中获得满足或快乐，同时会以选择性、二分化思考方式更多关注负向表现，遇到挫折容易产生强烈的自我批评，全面否定自我价值。

表 7-2　适应不良（神经质的）与适应性（正常的）完美主义区别

适应不良完美主义特征	适应性完美主义特征
无法从行动和努力中获得满足或快乐	可从行动和努力中获得满足或快乐
没有弹性的高标准	根据情境修正标准
不合理或不实际的高预期	符合对个人能力的高预期
过度的高标准	可达到的标准
害怕失败	追求成功
以避免错误为焦点	以做对事情为焦点
焦虑、紧张的工作态度	轻松但谨慎的工作态度
工作表现与个人标准落差很大	工作表现与个人标准相符
自我价值取决于行为表现	对自我的感受不受行为表现影响
拖延	及时完成工作
动机是避免负面结果	动机是获得正向回馈
为提升自我而努力	为贡献社会而努力
失败会严厉批评自己	失败会沮丧，但会再接再厉
二分化思考：完美或者失败	平衡的思考
个人应该有卓越的信念	想要卓越
强迫性倾向与怀疑	行为是合理的

资料来源：Enns 等（2002）

后来研究者在描述完美主义时多以 Adler（1956）和 Hamachek（1978）的概念为基础（Rice and Preusser，2002），认为正向（适应性）和负向（适应不良）完美主义之间的差异是形成完美主义双过程模式的基础（Flett and Hewitt，2002）。就测量来说，以往研究已证实完美主义可区分为正（适应性）、负（适应不良）两维度（Johnson and Slaney，1996；Rice and Preusser，2002）。两维度完美主义包括正向与负向（Kawamura et al.，2001；Terry-Short et al.，1995）、适应性与适应不良（Chang et al.，2004；Enns et al.，2002；Johnson and Slaney，1996；Rice and Preusser，2002；Slaney et al.，2001）、谨慎负责的与自我评价的（Hill et al.，2004）、个人标准型与自我批评型（Dunkley et al.，2003；Powers et al.，2004）、个人标准型与评价关注型（Aldea and Rice，2006；Dunkley et al.，2000）、积极与消极（Lynd-Stevenson and Hearne，1999）。这些研究都使得完美主义双重结构的本质获得支持。

综上所述，近年来的研究已支持将完美主义区分为适应性（其他用词尚有正向、正常的、积极、谨慎负责的或个人标准型等）与适应不良（其他用词尚有负向、神经质的、消极、自我评价的或评价关注型等）两个独立又相关的双维度概念，这能更真实地呈现完美主义的内涵。两者的共同特征是高标准的设立，而差异则在于正向完美主义倾向高者强调秩序性和组织性，能以弹性的方式看待自己的表现，同时进行自我调整，能以积极的方式或正面态度来期待结果，以获取成功为动机；负向完美主义倾向高者则过度关注评价，以避免失败为动机，伴有较多负向情绪，且因表现与标准有所差距而对自己的表现永不满意，导致失败感和低自尊等负向情绪产生。

尽管完美主义早期的研究大多关注完美主义带来的负面影响（适应不良完美主义），但现在越来越多的研究者关注完美主义带来的积极结果（适应性完美主义），适应性完美主义的高标准设定、追求成功、以做对事情为焦点等特性，会促使个体在高要求标准的目标下，不断探索正确解决问题的方法以追求成功。因此，个体的适应性完美主义与个体不断探索新知识、新方法解决问题有着内在的联系。相关研究结果发现，适应性完美主义个体往往有更高的成就动机（Stoeber and Becker，2008）、学习目标导向（Chan，2008）及自我控制能力（Richardson et al.，2014）。适应不良完美主义有更高的害怕失败的倾向。Gutierrez 等（2012）通过对印度、中国等国家 CEO 特征的调查发现，适应性思考是 CEO 的一个典型的特征，并发现这些地区的 CEO 很少具有自我批评的倾向。因此，笔者认为，企业的 CEO 是不同程度的适应性完美主义者，而非总是处于失调与自我批评的适应不良完美主义者。笔者认为适应性完美主义性格是 CEO 完美主义性格的主导性格特征，而非适应不良完美主义特征。换言之，成功的 CEO 一般有很低水平或不具备适应不良完美主义性格特征，在追求完美时往往展现的是适应性完美主义特征。适应性完美主义的 CEO，往往有更高的成就动机、学习目标导向，从高阶理论来讲，这些特征对于组织创造力有至关重要的作用。因此，有必要进一步探索 CEO 的适应性完美主义与组织创造力之间的关系。

2）个体完美主义影响结果

完美主义可以分为适应性完美主义和适应不良完美主义，研究者也分别探讨了适应性完美主义与适应不良完美主义所带来的影响。完美主义的元分析发现完美主义与个体的工作投入、精神健康、心理状态等密切相关（Harari et al.，2018；Curran and Hill，2017）。实证研究发现，适应不良完美主义往往与负向结果相关，如 Richardson 等（2014）研究发现适应不良完美主义者比适应性完美主义者更压抑和焦虑；Rice 等（2012）研究发现适应不良完美主义者往往具有拖延倾向，而这一倾向会导致个体的心理失调；Stoeber 等（2008）和 Chan（2008）研究共同发现了适应不良完美主义与绩效规避导向正向相关，即适应不良完美主义者有避免犯错误的倾向。同时，研究者发现适应性完美主义会带来积极的影响结果，如

Richardson 等（2014）调查研究发现适应性完美主义者比适应不良完美主义者更能够进行自我控制；Stoeber 等（2008）研究发现适应性完美主义与精通导向、绩效证明导向正向相关；Chan（2008）研究认为个体的适应性完美主义与学习目标导向、绩效证明导向正向相关；Stoeber 和 Becker（2008）研究也发现了相似的结论。关于完美主义的相关研究如表 7-3 所示。

表 7-3 完美主义相关研究整理

研究文献	完美主义类型	结果	研究结论
Richardson 等（2014）	适应性完美主义	压抑、焦虑、矛盾、自我控制	适应不良完美主义者更压抑、焦虑和矛盾，而适应性完美主义则有较高的控制感
	适应不良完美主义		
Rice 等（2012）	适应不良完美主义	心理失调	适应不良完美主义者有拖延倾向，进而会产生心理失调
Powers 等（2011）	适应不良完美主义	目标完成进度	适应不良完美主义与目标完成进度负相关
Stoeber 等（2008）	适应性完美主义	精通导向 绩效证明导向 绩效规避导向	适应性完美主义与精通导向、绩效证明导向正向相关，与绩效规避导向负向相关；适应不良完美主义与绩效规避导向正向相关
	适应不良完美主义		
Chan（2008）	适应性完美主义	学习目标导向 绩效证明导向 绩效规避导向	适应性完美主义与学习目标导向、绩效证明导向正向相关；适应不良完美主义与绩效规避导向正向相关
	适应不良完美主义		
Stoeber 等 Becker（2008）	适应性完美主义	成就动机 避免失败动机	适应性完美主义与成就动机正相关；适应不良完美主义与避免失败动机正相关
	适应不良完美主义		
Enns 等（2002）	适应性完美主义	压抑	适应性完美主义与压抑感负相关，适应不良完美主义与压抑正相关
	适应不良完美主义		

2. CEO 个体特征对组织的作用结果

已有相关文献以高阶理论为基础，主要讨论 CEO 人口背景特征、性格或心理特征对组织带来的影响。Kitchell（2009）把 CEO 特质分为两大类，一类为人口背景特征，其中包含年龄、教育背景、国际经验和任期；另一类则为 CEO 特质，研究者也主要从这两个方面探讨 CEO 对组织结果（如创新绩效、财务绩效）的影响。在 CEO 人口特征方面，研究者认为 CEO 在决定策略时，会反映出自身所拥有的认知基础，而认知基础的构成包含了个人的教育和经验。Hambrick 和 Mason（1984）提出的高阶理论指出，CEO 的人口统计变量可以有效预测组织的绩效，Daellenbach 等（1999）也认为 CEO 的任期、职能性背景、教育背景与企业创新存在关系。Wu 等（2005）进一步研究发现，CEO 的任期与创新呈现倒“U”形的关系，其结果显示任期短的 CEO 会在高度不确定性的科技环境中引领创新，而任期长的 CEO 则需要在已趋稳定的科技环境中才会引领创新。除此之外，Barker 和 Mueller（2002）的研究结果显示当 CEO 年龄较为年轻、持股比例较高时，其企业的研发投入会比较高；而 CEO 的教育程度与研发投入并没有显著的相关性。研究者关于 CEO 的背景特征对组织带来影响的研究整理见表 7-4。由上述的文献分析可以发现，高层管理者人口背景特征对于企业的战略选择、创新程度、风险趋避、经营绩效等都被证明有显著的影响，因此高层管理者是企业制定决策的一个重要的因素。此外，还有很多研究者针对 CEO 的性格或心理特质对组织的影响展开研究。

表 7-4　CEO 的人口特征与组织结果关系研究整理

研究文献	人口背景特征	研究发现
Hambrick 和 Mason（1984）	年龄 职能性背景 教育程度 任职部门	对高层管理者特质与企业绩效之间关系进行理论分析与假设，认为高层管理者不同的背景特征会对企业产生不同影响
Chaganti 和 Sambharya（1987）	任期 教育程度 年龄	高层管理者的特质与产品创新及差异化策略相关
Daellenbach 等（1999）	任期 职能性背景 教育背景	高层管理团队特征对于创新承诺之间的关系
Barker 和 Mueller（2002）	任期 年龄 股权比例 职能性背景	CEO 年龄与研发费用负相关；CEO 股权比例越高，研发费用越高；营销和工程师背景的 CEO 更愿意进行研发投入
Wu 等（2005）	任期	CEO 任期与创新存在倒“U”形关系
Simsek（2007）	任期	CEO 任期通过影响高层管理团队的冒险倾向和公司追求创业倾向而间接地影响组织绩效
宁静和井润田（2009）	教育程度 工作经验	CEO 教育程度、工作经验与组织结果的关系受到情境因素的影响

关于心理和性格特质影响决策的相关研究，研究者聚焦在大五人格、自信、开放性、核心自我评价、自恋等特质，Peterson 等（2003）采用传记分析法探讨 CEO 大五人格与高管团队动态性的相关性。

Simsek 等（2010）采用来自 129 家企业 CEO 和高管团队的数据，以及时间滞后的创业导向测量数据研究发现，CEO 的核心自我评价特质对组织创业导向有正向积极作用，在外部环境不确定的情况下，这种影响作用尤为强烈。Wales 等（2013）采用 173 家企业 CEO 的调查数据，验证 CEO 的自恋性格对组织绩效变异的影响关系。CEO 的个性特征对组织影响的文献研究如表 7-5 所示。

表 7-5 CEO 心理、性格特征与组织结果关系研究整理

性格	研究文献	结果变量	结论
自恋	Chatterjee 和 Hambrick（2007）	战略动态性 组织绩效	CEO 的自恋与战略动态性显著相关；但自恋的 CEO 倾向大胆的行动以吸引注意力，易造成大收益或大损失的情况
	Wales 等（2013）	组织绩效变动	CEO 的自恋性格通过影响组织创业导向，进而对组织绩效变动产生影响
积极心理特质	Peterson 等（2009）	组织绩效	CEO 的积极心理特质（如希望、乐观、心理弹性）会对组织绩效产生积极影响
核心自我评价	Simsek 等（2010）	创业导向	CEO 的核心自我评价特质会提升组织的创业导向
自信	Galasso 和 Simcoe（2011）	组织创新	过度自信的 CEO 更可能使他们的公司战略聚焦于新的技术方向
大五人格	Nadkarni 和 Herrmann（2010）	组织绩效	责任心、神经质与组织绩效负向相关；宜人性、外向性、开放性与组织绩效正向相关
傲慢	Li 和 Tang（2010）	企业冒风险行为	傲慢的 CEO 导致企业做出冒风险的行为
开放性	连燕玲和贺小刚（2015）	组织绩效	CEO 开放性对组织绩效产生积极影响

3. 组织学习文化

组织学习文化，是组织文化的一种重要方式，在有些文献研究中，有时也被称为组织学习导向。已有较多文献对组织学习文化或组织学习导向进行了研究，认为组织学习文化是影响企业知识创造和知识使用倾向的一系列的组织价值观（Sinkula et al.，1997）。Sinkula 等（1997）指出组织学习文化的核心是组织重视学习，认为学习对组织是有价值的行为活动，这种重视学习的态度是组织内的共同认知。组织会采取措施使组织成员将学习作为日常的工作重点，以学习的方式寻求改进绩效、提升公司竞争力的方法。Sinkula 等（1997）将组织学习文化界定为包含学习承诺、共享愿景和开放心智三个维度的构念。Baker 和 Sinkula（1999）将组织学习文化描述为一个能够使组织重视双循环学习（double-loop learning）和鼓励成员“打破常规”（think outside a box）的概念。学习导向也反映了组织如何对待知识与如何解决问题的一系列价值观（Baker and Sinkula，1999）。后来研究者对组织学习文化进行了更进一步研究，认为组织学习文化是组织文化的一种重要方式。组织学习文化是通过组织的活动创造和知识利用来提升竞争优势（Calantone et al.，2002）。这些活动包括获得和共享客户需求信息、市场变化信息、竞争者行动信息及新技术开发的信息等，以创造优于竞争者的新产品（Calantone et al.，2002）。组织学习文化会影响组织收集的信息类型（Dixon，1999），以及对这些信息的解释、评估和共享（Argyris and Schön，1978；Sinkula et al.，1997）。Calantone 等（2002）指出组织学习文化由四个维度构成：学习承诺（commitment to learning）、共享愿景（shared vision）、开放心智（open-mindedness）、组织内知识共享（intraorganizational knowledge sharing）。因此，本书根据 Calantone 等（2002）的界定，认为组织学习文化是组织重视学习与知识创造，影响企业创造知识、使用知识倾向的一系列组织价值观，是组织文化的一种重要方式，包括学习承诺、共享愿景、开放心智、组织内知识共享四个维度。

1）学习承诺

学习承诺是指组织对学习的承诺，是组织学习文化的基本价值观，反映的是组织重视和支持学习的程度（Sinkula et al.，1997）。组织学习文化使组织学习成为组织内的一种文化，往往能够培育组织学习氛围（Norman，1985）。Sinkula 等（1997）综合多位研究者观点，认为组织对学习的承诺是组织对学习的一种基本价值观，学习承诺型的组织认为组织学习是组织生存至关重要的投资，组织越重视学习，组织学习越有可能发生。更重要的是，学习承诺是一种长期战略定位，如组织学习承诺是组织中管理者希望员工不间断地利用工作时间追求工作范围外的知识（Slater and Narver，1994）。如果一个组织不鼓励知识开发，员工往往会降低追求学习的动机。

2）开放心智

开放心智是指组织愿意接受对常规的批评和接受新想法（Sinkula et al.，1997）。知识老化率在很多行业很高，改善知识老化率的有效方法是组织保持开放性，正如 Verona（1999）、Porac 和 Thomas（1990）指出的一样，过去的经验教训仍可能有益于组织，在过去经验教训的基础上形成有利于组织发展的新观点同样重要。心智模式是深植于人们心中的对于周围世界如何运行的看法与价值观，会影响人们的行动。在当今竞争激烈的市场环境中，组织必须能够应对迅速变化的技术和市场，而且随着企业成长，过去的心智模式可能已不再适用于当前环境。开放心智模式是指当组织质疑过去长期形成的规范与信念时，组织倾向于清除或改变过往的观念与对事物的看法，对过往观念或事物看法的清除或改变通常会使组织价值观发生改变。开放心智模式对于组织的价值在于让组织成员认识到清除或改变以往不适合组织的旧观念或看法是被组织接受的。

3）共享愿景

共享愿景是指组织范围内集体关注学习（Sinkula et al.，1997）。Verona（1999）强调如果没有共享愿景，组织成员的学习便没有实际意义。换言之，即使组织成员有很强的学习动机，但是如果他们不知道学习什么，也很难发挥学习的效用。在组织中普遍存在一个问题，即许多创造性的想法未得到实现的原因是缺少共同的愿景（Hult，1998）。很多想法的失败是组织过于关注利益多元化，因此一个积极的学习氛围需要组织聚焦新知识的实施（Calantone et al.，2002）。组织学习有明确的方向往往会形成组织的核心竞争优势（Calantone et al.，2002）。

Brown 和 Eisenhardt（1995）指出组织内不同部门会以他们自己的方式获取和解释知识。因此，来自不同职能领域的员工会以不同的方式学习和理解新知识。例如，市场人员更关心的是与市场相关的信息，而研发人员关注的是技术创新方面的信息，因此会出现对相同信息的不同解读（Calantone et al.，2002）。共享愿景鼓励不同部门关注共同学习目标，以提高学习质量；克服部门沟通障碍，鼓励增加信息流的功能，与其他部门协调行动，形成学习的共识（Brown and Eisenhardt，1995）。

共享愿景有别于学习承诺、开放心智，它会影响组织学习的方向，学习承诺、开放心智则影响学习的程度。有研究者认为，共享愿景是组织学习的基础（Calantone et al.，2002），因为它可以提供一个方向来促进组织成员之间沟通与学习。若没有共享愿景，个人就会不知道组织的期望、结果用什么衡量及如何执行；若没有共享愿景，当员工在团队中工作时，他们对某一事物或看法的选择性解释会使他们产生功能性的“短视症”，进而使公司内部形成不同的思维世界。这样的分歧或冲突会削减团队专注于响应市场趋势或环境冲击的能力，而此能力的展现可预测出组织的产能。可见，如果没有共享愿景，最终会影响组织的产能与产出。

4）组织内知识共享

组织内知识共享是指组织内部不同部门相互学习知识，是一种集体信念或行为规范（Moorman and Miner，1998）。它能够保证知识和信息从不同部门汇集，并且指导将来的行动（Zaltman et al.，1973）。例如，市场部门获取的有价值的信息可以为研发部门的产品研发服务，以更好地满足顾客需求（Moorman and Miner，1998）。

由于员工的内部流动和离职，组织内知识共享是防止知识流失的有效手段（Lukas et al.，1996）。即使组织有学习承诺和共享愿景，如果没有知识的累积，组织内知识共享的作用也是有限的（Moorman and Miner，1998）。一些研究者认为，如果没有有效的信息共享和再检验系统，学习在组织内就不会真正发生（Moorman and Miner，1998）。组织内知识共享不是简单地从不同部门获取信息资源，它包括系统的再检验、再建构信息。跨部门的经验和教训必须存储于组织中。

二、研究假设

传统意义上的完美主义被定义为一个单维度的负向构念，这种观点着眼于它对个体身心的病态影响。另有其他研究者则认为，在个体适应过程中，完美主义的高个人标准对于促进个体的正向心理健康有其重要性（Adler，1956）。从适应的角度来看，Adler（1956）认为追求完美是人类天生的本能。适应性完美主义者追求可实现的目标，致力于追求成功；相对而言，适应不良完美主义者设定不切实际的目标，他们过度害怕批评、在意犯错，并且渴望获得他人赞赏，也由于害怕失败而变得压抑与焦虑（Rice and Preusser，2002）。Enns 等（2002）综合以往研究，对适应不良完美主义与适应性完美主义的特征进行总结，认为适应性完美主义者与适应不良完美主义者最大的区别在于动机不同，适应性完美主义者的动机是获得正向回馈及追求成功，而适应不良完美主义者的动机是避免负向结果及害怕失败。

尽管完美主义早期的研究大多关注完美主义带来的负面影响（适应不良完美主义），但现在越来越多的研究者关注完美主义带来的积极结果（适应性完美主义），适应性完美主义的高标准设定、追求成功、以做对事情为焦点等特性，会促使个体在高要求标准的目标下，不断探索正确解决问题的方法以追求成功。因此，个体的适应性完美主义与不断探索新知识、新方法解决问题有着内在的联系。相关研究结果发现，适应性完美主义个体往往有更高的成就动机（Stoeber and Becker，2008）、学习目标导向（Chan，2008）及自我控制能力（Richardson et al.，2014）。如上文所述，CEO 的适应性完美主义的特性，会导致其有更高的成就动机、学习目标导向。根据高阶理论，这些特征对于组织创造力有至关重要的作用。因此，有必要进一步探索 CEO 的适应性完美主义与组织创造力之间的关系。

1. CEO 的适应性完美主义与组织创造力

高适应性完美主义的个体更有可能通过不断努力和探索来实现他们的目标（Stoeber et al.，2008），换言之，高适应性完美主义的 CEO 会被这种高要求驱动前进。为了满足这些要求，适应性完美主义的 CEO 可能会指导他的组织探索新方法来解决高要求带来的问题，而产生新方法的能力被视为组织创造力的核心（Amabile，1996；Woodman et al.，1993）。我们认为适应性完美主义 CEO 通过鼓励组织探索新的“完美”的方法解决面对的问题，能够提升自我需求的满足感。

组织创造力作为组织创新的基础和前端，研究者从不同的角度对组织创造力进行了界定，Woodman 等（1993）从互动视角对组织创造力概念进行界定，认为组织创造力是在复杂的社会系统中，由工作在一起的人创造出有价值且有用的新产品、服务、流程或过程。Amabile（1996）从产品观的视角对组织创造力进行界定，将组织创造力作为整体现象进行研究，将组织创造力界定为有关产品、服务、程序或工艺的有用的新想法。Amabile（1988，1996）的创造力成分理论模型和 Woodman 等（1993）的创造力多层次理论模型是组织创造力研究的两大基本理论模型，基于 Woodman 等（1993）、Amabile（1996）对于创造力的定义，我们认为组织创造力是一种整体现象，是个体、群体在组织情境中产生有关产品、服务、程序或工艺的有用的新想法的能力。

Woodman 等（1993）和 Amabile（1996）的研究指出，CEO 的特质或领导风格是驱使组织创造力产生的重要因素。适应性完美主义的 CEO 在追求高标准时的主要特征是积极地追求成功与卓越（Slade and Owens，1998）。适应性完美主义个体会为自己和他人设定高标准，持续不断地努力和投入，直至问题解决（Hewitt and Flett，1991），取得成功（Enns et al.，2002）。适应性完美主义的个体通过成就导向动机来寻找解决问题的方法、鼓励新知识拓展（Wigert et al.，2012）。根据高阶理论（Hambrick and Mason，1984），CEO 的这种动机会投射于组织。为了满足组织追求卓越与成功的需求，适应性完美主义的 CEO 更愿意激励组织内员工持续不断地探索新知识和新想法，并为这种探索提供组织支持，而新知识与新想法的产生是组织创造力的核心。尽管 CEO 的适应性完美主义特征仍未受到研究者的关注，但研究表明 CEO 严格要求企业不断地完善产品和服务质量会促进企业创新（Makri and Scandura，2010）。Kaplan 等（2012）研究发现，CEO 为产品、服务设定高标准的特性能为企业带来积极的结果。基于以上分析，我们提出以下假设。

H1：CEO 的适应性完美主义与组织创造力正向相关。

2. CEO 的适应性完美主义与组织学习文化

组织学习文化是关于知识更新和知识使用的一系列的共享价值观（Calantone et al.，2002；Sinkula et al.，1997）。Sinkula 等（1997）指出学习导向高的组织重视学习，共同认为学习是对组织有价值的活动。高组织学习文化的企业往往会通过获取和利用及共享与客户需求、市场变化、竞争者行动与新技术开发相关的信息，来生产优于竞争者的新产品（Calantone et al.，2002）。Calantone 等（2002）和 Real 等（2014）认为 CEO 的目标和特质是推动组织学习文化的核心。有研究者指出组织内学习导向的形成往往源于组织的高层管理者重视学习。理论上，学习型组织的高层管理人员会有促进学习的管理风格，这些风格会在组织的战略决策和经营理念中体现（Berson et al.，2008）。因此，与高阶理论一致，CEO 负责设定和指导组织的战略方向，在影响组织层学习导向方面发挥了重要作用。适应性完美主义的个体经常会弹性地设定个人高标准，并以追求成功为动机（Hewitt and Flett，1991）。在这一动机下，促进个体形成学习目标导向（Chan，2008）或精通导向（把学习、掌握工作技能，提高工作能力作为目标）的学习动机（Stoeber and Otto，2006）。Stoeber 等（2008）指出适应性完美主义的个体在完成高标准要求时往往采取精通导向，即会分配更多的努力去学习与掌握新的工作技能，提升工作能力。一方面，适应性完美主义个体追求高标准时，倾向于积极采取应对策略去探索、学习、掌握解决问题的方法。因此，根据高阶理论（Hambrick and Mason，1984），适应性完美主义的 CEO 在为组织设定较高标准的同时会要求组织不断探索、学习和掌握新知识与技术，并为之付出努力。并且，在实现组织目标的过程中，CEO 会通过政策制定、管理实践等方式为组织的学习和掌握新技术提供支持，在组织中形成不断探索与学习的氛围，即组织学习文化。另一方面，根据社会信息加工理论（Salancik and Pfeffer，1978），CEO 的这种追求成功的动机使其具有学习、掌握新知识与技术的特性，并给员工提供与此相同的暗示，员工会接收到这一暗示，并在相互之间的互动中向组织内其他员工不断传递这一信息，促进组织内形成学习的氛围，进而形成学习目标导向。基于以上分析，我们提出以下假设。

H2：CEO 的适应性完美主义与组织学习文化正向相关。

3. 组织学习文化与组织创造力

组织创造力是指组织能够产生新的有关流程、产品或服务的想法的能力（Woodman et al.，1993）。显然，组织学习文化与组织创造力密切相关。已有许多研究者强调组织学习文化对于新想法产生的有重要作用（Calantone et al.，2002；Mavondo et al.，2005；Nasution et al.，2011；Pesämaa et al.，2013）。组织学习文化被认为与新知识的开发积极相关（Calantone et al.，2002），而新知识的产生往往意味着创造力的产生（Amabile，1996）。

研究者认为，组织学习是组织创造力形成的一个影响要素，并认为组织创造力的形成是组织学习的必然结果（Hurley and Hult，1998），这意味着组织学习文化对知识的获取与存取至关重要。Hurley 和 Hult（1998）的研究表明强调学习的组织文化往往具有更高的创新性和创造力。Mavondo 等（2005）研究发现强调组织学习文化的组织更容易解决产品、过程、管理中存在的问题，这也为组织学习文化与组织创造力的积极关系提供了有力支持。Chen 等（2009）研究结果显示强调组织学习文化的组织，更容易创造性地解决问题并获取高创新绩效。Hult 等（2004）认为学习目标导向与组织内的创造性有内在联系，组织能通过学习目标导向的认知去发现创造性的解决方法进而解决问题。高学习目标导向组织的一个特征是它们会密切监视竞争对手的活动（Gatignon and Xuereb，1997），了解竞争对手的优势和缺点，不仅学习竞争对手的优点，也会从竞争对手的失败中学习经验（Calantone et al.，2002），以上研究者研究结果都从不同方面支持了组织学习文化对组织创造力有正向影响的观点。基于以上分析，我们提出以下假设。

H3：组织学习文化与组织创造力正向相关，即组织学习文化水平越高组织创造力越高。

4. 组织学习文化的中介作用

在以往研究的基础上，我们认为CEO的适应性完美主义与组织创造力之间存在积极的正向关系，但是对适应性完美主义如何通过企业的战略导向来影响组织创造力的认知仍然有限。CEO作为组织的认知者和决策制定者（Calori et al., 1994），往往会将自身动机或偏好投射于组织，形成组织特有的风格或属性（如组织文化），进而影响组织结果。高阶理论同样认为CEO的特性会影响CEO的决策过程和组织价值观，进而会影响到组织结果（Hambrick and Mason，1984）。已有研究者实证检验了CEO的性格会影响组织策略或文化进而影响组织结果（Nadkarni and Herrmann，2010）。所以，组织文化是解释CEO特性与组织结果之间关系的重要中介机制。Calantone等（2002）认为组织学习文化是组织文化的一个具体方面，结合前文对CEO的适应性完美主义、组织学习文化、组织创造力两两之间关系的讨论，我们认为组织学习文化是CEO的适应性完美主义与组织创造力之间关系的一个中介解释机制。

适应性完美主义的CEO在设定高标准的同时，以追求成功为动机导向（Enns et al., 2002）。根据高阶理论（Hambrick and Mason，1984），适应性完美主义的追求成功的动机，会使CEO在追求高标准时，以精通导向来要求组织，即要求组织不断探索、学习新工作技能以解决高标准要求所带来的问题。同样，根据社会信息加工理论（Salancik and Pfeffer，1978），组织中的个体会受到CEO的这种精通导向的暗示：一方面，组织中的个体会在互动中传递这一暗示，并在组织中形成精通导向氛围，即组织会形成以学习、掌握技术为主的氛围，这有利组织对新技术的掌握，Amabile（1996）的组织创造力成分理论认为领域相关技能是组织创造力的重要构成成分；另一方面，提升组织中个体的精通导向水平，有利于个体创造力的提升，Woodman等（1993）认为组织中的个体创造力是组织创造力的核心载体。基于以上分析，我们提出以下假设。

H4：组织学习文化中介CEO的适应性完美主义与组织创造力之间关系。

5. 魅力型领导的调节作用

1）魅力型领导

魅力一词源自希腊文，意指天赋异禀，社会学家Weber（1947）指出，魅力是影响力的一种形式，它不是来自传统正式的权力，而是来自下属对领导者特殊能力的认知。一个具有特殊能力的领导人在人际互动中提出的符合社会需求和变革要求的愿景（Strange and Mumford，2002），能吸引追随者认同并相信此愿景，并认为此领导者具有超凡的能力来实现组织愿景（Trice and Beyer，1986）。魅力型领导者被描述为能够通过自身的能力对追随者产生深远影响的领导人（House and Baetz，1979）。魅力型领导者善于构建共同的组织认同，能够带领不同层次员工共同实现组织愿景（House，1977）。

House（1977）指出魅力是用来描述领导者的超凡能力，这种超凡的能力能够获得追随者的忠诚、无条件地接受领导者的愿景。House 和 Aditya（1997）提出了组织情境下的魅力型领导模型来说明魅力型领导风格的作用效应，该模型阐述了魅力型领导者通过自身的特质和行为使下属产生认同与追随效应的过程。

首先，该模型认为魅力型领导者具有强烈的权力欲望、高度自信、强烈的信念等特质。强烈的权力欲望使领导者具有强烈的影响追随者的意图，高度的自信与自我强烈的信念能增加追随者对领导者的信任。

其次，在上述的内隐特质下，魅力型领导者往往会展现以下几项典型的外显领导行为来影响追随者。第一，印象管理（impression management）行为，能够使追随者认为领导者是有能力的行为，如展现自信、阐述先前的成就等行为；第二，目标倡导（goal articulation）行为，将目标传递于追随者，通过提供一个未来的愿景，激起追随者的热情，使员工任务执行得更有意义；第三，角色模范（role modeling）行为，以身作则，促使追随者通过模仿领导者行为，进而模仿领导者的信仰与价值观；第四，表达对追随者高度的期望与信任，使追随者拥有可以成功的自信，以获得追随者对高标准绩效目标的承诺；第五，唤起动机（motive arousal）行为，凭借激励性的演说向追随者表达情绪性诉求，强调忠诚度、优越感与击败强敌等行为，来唤起追随者的成就动机、权力动机与归属感动机。

最后，魅力型领导者通过以上行为能够使追随者产生以下几项认知性效应。第一，认同领导者的价值观；第二，毫无疑问地接受领导者；第三，自愿服从领导者，热情地投入组织任务中，相信自己对任务的成功能做出贡献并设定高绩效目标。

研究者在提出魅力型领导理论后，对其带来的效果进行了实证研究，以验证理论是否成立，并根据实证结果对理论模型进行修正。魅力型领导的研究主要集中在领导者个人魅力和领导风格对组织或组织内部员工产生的直接影响方面（Conger，1999；Yukl，1999；Wowak，et al.，2016）。Lowe 等（1996）回顾以往研究结果发现，魅力型领导者的行为与领导效能存在正向相关关系；魅力型领导作为变革型领导三个维度（魅力型领导、智力激发与个人关怀）中最重要的维度，对领导效能的影响比智力激发及个人关怀行为更大，这与 Yammarino（1994）、Yammarino 和 Bass（1990）的研究观点一致。魅力型领导的最大作用是能够获得追随者认同（Conger et al.，2000）。此外，den Hartog 等（1999）提出的内隐领导理论认为魅力型领导的行为（如有愿景的、激励性的、自我牺牲的、正直的、有决策力的及绩效导向的）能带来积极的组织绩效，以及获得追随者的认同与忠诚。

综上所述，研究者关于魅力型领导的研究发现一个共同结论，即魅力型领导会带来组织内员工的集体认同和他们的追随。

2）魅力型领导的调节作用

魅力型领导者能够通过自身的能力对追随者产生深远影响（House，1976）。魅力型领导者使用个人魅力及有吸引力、说服力的方式对他人产生影响，吸引并获得他人忠诚（Judge et al.，2009），进而构建共同的组织认同，从而能够激发不同层次的员工追随领导者所提出的愿景（House，1976）。魅力型领导的印象管理、目标倡导、角色模范等行为能够激发追随者的追随效应、认同感与归属感（House，1976）。因此，魅力型领导的特质、价值观更能够获得组织内员工的认同，从而使员工忠诚于魅力型领导者提出的目标与愿景。

魅力型领导者具有高度的自信、坚定的信仰与信念等特质，使其对印象管理、目标倡导、角色模范等行为更为重视（House，1976）。在这些行为的影响下，员工往往会更认同领导者的动机、价值观，接受领导者阐述的愿景并热情地投入到组织任务中。因此，魅力型领导能够通过向员工说明共同目标和集体价值观的方式，在组织内有效推动其个人目标与价值观的形成（House，1976）。相应地，在CEO的魅力型领导风格下，适应性完美主义的CEO追求成功与卓越的动机对组织的高标准要求为企业带来不断探索以解决问题的特性，且更容易得到组织内员工认同。员工更容易理解并接受CEO所设立的高标准，并不断努力探索新方法以解决问题，从而在组织内形成不断学习与探索的文化，即组织学习文化。我们认为在高魅力型领导风格下，更利于 CEO 的适应性完美主义向组织学习文化的转换，基于以上分析，我们提出以下假设。

H5：魅力型领导风格正向调节 CEO 的适应性完美主义与组织学习文化之间关系，即在高魅力型领导风格下，CEO的适应性完美主义对组织学习文化的正向作用更强。

最后，我们提出CEO的魅力型领导不仅调节CEO的适应性完美主义与组织学习文化之间关系，还对CEO的适应性完美主义—组织学习文化—组织创造力之间关系具有中介作用。组织学习文化解释了CEO的适应性完美主义对组织创造力影响的中介作用机制（H4）；在高魅力型领导风格下，CEO的适应性完美主义对组织学习文化的影响要强于低魅力型领导风格下的 CEO 的适应性完美主义对组织学习文化的影响（H5）。因此，我们认为在高魅力型领导风格下，CEO的适应性完美主义通过组织学习文化对组织创造力产生的间接效应要强于低魅力型领导风格下这一间接效应。基于以上分析，我们提出以下假设。

H6：CEO的魅力型领导正向调节CEO的适应性完美主义对组织创造力的间接效应，即当CEO的魅力型领导风格较为突出时，CEO的适应性完美主义通过组织学习文化对组织创造力产生的间接作用更强。

基于以上分析和推理，我们的研究假设模型如图 7-1 所示。

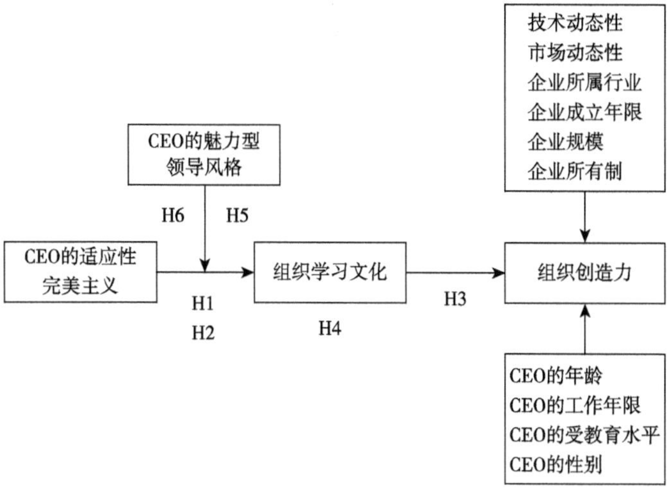

图 7-1　研究假设模型

第二节　研究设计与方法

一、数据搜集

我们历经五个月完成研究所有变量的调查。调查的企业涵盖了国有企业、私营企业、外资企业等所有制形式。调查问卷包括：《CEO/总经理问卷》和《核心员工问卷》,《CEO/总经理问卷》包括适应性完美主义、组织创造力、技术动态性、市场动态性、CEO 的基本信息及公司基本背景信息。核心员工填写组织学习文化和 CEO 的魅力型领导风格问卷。核心员工对组织学习文化、CEO/总经理魅力型领导风格具有整体性认知，因此其对组织学习文化、CEO/总经理的魅力型领导风格的评价在很大程度上能够反映组织的真实状况。

我们通过两个渠道收集调研数据。第一种渠道是借助河北省某高校《总经理特质与员工福利》课题进行数据收集，具体过程为：首先，从学校学生库中的家庭背景信息中选取家长或亲属为公司总经理的学生，共 232 位学生；其次，参与该课题的 2 名教师了解问卷调查所有过程，联系该学生辅导员，一起征求该学生意见，询问其是否愿意参与该项调查；再次，对该学生就调查过程与需要注意的问题进行说明，让其选择其认为比较易操作的调查方式（纸质问卷或电子问卷）；最后，由学生将问卷交于其家长或亲属，填写《CEO/总经理问卷》，并由其家长或亲属发放6～15份《核心员工问卷》于其公司员工填写；最后由该学生转寄纸质问卷或通过邮箱收回电子问卷。

问卷收集的第二种渠道是通过课题组老师的社会关系，采取便利性原则收集数据，具体过程为：第一，筛选社会关系中满足填写问卷要求的对象；第二，联系被试，对调研目的进行说明，征求其同意后邮寄问卷通过邮箱发送电子问卷；第三，以调查对象认为方便的方式给予其问卷（邮寄纸质问卷或通过邮箱发送电子问卷）；第四，告知其填写注意事项及要求；第五，由该对象转寄纸质问卷或通过邮箱发送电子问卷。

二、研究工具

本章研究需要通过主观测量的变量有适应性完美主义、魅力型领导、组织学习导向、组织创造力，以及控制变量技术动态性与市场动态性，各量表来源及代表性题项如表7-6所示。除了我们开发的组织创造力量表之外，本章涉及的其他量表均采用已有的成熟量表进行测量，并采用 back-translation（回译）方法进行翻译。

表 7-6　研究工具来源及填写对象

变量	来源	题项数	样例题项	填写对象
适应性完美主义	Enns 等（2002）	23	工作中发现错误会令我很不安； 如果我不给自己设定很高的标准，我可能会难成大器	CEO/总经理
魅力型领导	Avolio 等（1999）	12	我为他/她感到骄傲； 展现了他/她的影响力与自信	核心员工
组织学习导向	Calantone 等（2002）	17	管理层认为组织学习能力对组织的竞争优势非常重要； 组织的核心价值观认为学习对改进十分重要	核心员工
组织创造力	本研究开发	25	公司专门为创新/创造力活动留出预算； 公司不断寻求与现有业务相关的新机会	CEO/总经理
技术动态性	Atuahene-Gima 和 Murray（2007）	4	公司所处行业技术变化快； 行业技术变化快，给公司带来了很多机会	CEO/总经理
市场动态性	Atuahene-Gima 和 Murray（2007）	3	公司客户对产品偏好变化非常快； 新客户往往与现有客户有不同的产品需求	CEO/总经理

以下为本章采用已有测量工具进行测量具体流程。

首先，选择最适于本章研究情境的测量工具。通过文献检索与分析，找出各变量的常用量表。根据各个量表的概念、内涵及现有量表的信度和效度，选出最合适的调查量表。其次，翻译量表。由一位组织行为学领域博士生翻译成中文，并与 1 位组织行为专家、3 名组织行为专业高年级博士生确认语义及释义是否正确，之后请一名华裔留学生再翻译成英文，经过反复修订后形成本问卷内容。为求语意上更加具体且符合实际状况，本节的研究在大样本调查前咨询企业工作人员建议，遵循他们的建议对部分表述进行修改。最后，科学编排调查条目。根据研究对象，将类似的问题合并到一起。同时，为了尽量克服共同方法变异偏差，将问卷的自变量和因变量在问卷的空间上适当分离。在此基础上，为每一部分调查问题撰写指导语。

此外，已有研究发现 CEO 的性别（Hambrick and Mason，1984）、年龄（Hambrick and Mason，1984）、工作年限（Simsek，2007）和受教育水平（Daellenbach et al.，1999）会对组织结果产生影响，因此，我们将 CEO 的这四个特征作为控制变量进行控制；也有研究者研究指出，企业所有制（Zahra，1996）、所属行业（Damanpour，1991）、成立年限（Damanpour，1991）、企业规模（Damanpour，1991）会影响到组织创造性或创新性，因此在研究模型中将它们作为控制变量。其中企业成立年限以实际成立时间为准进行测量；企业规模以企业 CEO 或总经理报告的员工人数进行测量；所有制分为国有、私营、外资和其他四种类型，采用三个 0-1 型虚拟变量进行控制；行业被划分为电子信息技术、新材料及新能源、高技术服务、资源与环境技术及其他五个类别，采用四个 0-1 型虚拟变量进行控制；另外，有研究者指出外部技术和市场环境对组织创造力或创新也有可能存在影响（Atuahene-Gima and Murray，2007）。因此，我们将技术动态性和市场动态性作为控制变量，以排除外部环境对研究结果的影响。技术动态性和市场动态性通过 Atuahene-Gima 和 Murray（2007）开发的量表进行测量，技术动态性和市场动态性的题项如"行业技术变化快，给公司带来了很多机会"和"公司客户对产品偏好变化非常快"，采用利克特六点量表法进行测量，1 表示非常不同意，6 表示非常同意。

适应性完美主义与组织创造力量表由 CEO/总经理填写，魅力型领导与组织学习文化由核心员工填写，因此我们对适应性完美主义与组织创造力、魅力型领导与组织学习文化进行共同方法检验。我们采取 Harman 单因素检验（Harman，1960）方法，检验同源误差对结果的影响程度。将适应性完美主义与组织创造力所有题项进行探索性因子分析，分析结果显示第一个因子解释率（18.841%）占总解释率（72.473%）百分比为 25.997%，表明第一个因子解释率未占总解释率绝对比例。同时，不对 CEO 的魅力型领导与组织学习文化的共同方法变异偏差进行检验，将 CEO 的魅力型领导与组织学习文化所有题项进行探索性因子分析，分析结果显示第一个因子解释率（25.858%）占总解释率（81.430%）百分比为 31.755%，结果表明第一个因子解释率未占总解释率的绝对比例，因此我们认为共同方法变异偏差对本章研究结果不会产生很大影响。

第三节　数据分析与假设检验

一、描述性统计分析

通过上述两个渠道，有效回收 123 家企业问卷，CEO 样本具体信息见表 7-7。男性 CEO 占绝大多数（112 人，占 91.057%），女性共 11 人（占 8.943%）；在年龄方面，30 岁及以下 CEO 共 2 人（占 1.626%），31～40 岁 CEO 共 30 人（占 24.390%），41～50 岁 CEO 共 62 人（占 50.407%），51 岁及以上 CEO 共 29 人（占 23.577%）；在受教育水平方面，本科及以下学历 CEO 共 20 人（占 16.260%），硕士学历 CEO 共 83 人（占 67.480%），博士及以上学历 CEO 共 20 人（16.260%）；在本公司工作年限方面，5 年及以下的 CEO 共 13 人（占 10.569%），6～10 年的 CEO 共 61 人（49.593%），11～15 年的 CEO 共 29 人（占 23.577%），16～20 年的 CEO 共 12 人（占 9.756%），21 年及以上的 CEO 共 8 人（占 6.504%）。

表 7-7　CEO 样本信息

CEO 背景	类别	样本数	所占比例
性别	男	112	91.057%
	女	11	8.943%
年龄	30 岁及以下	2	1.626%
	31～40 岁	30	24.390%
	41～50 岁	62	50.407%
	51 岁及以上	29	23.577%
受教育水平	本科及以下	20	16.260%
	硕士	83	67.480%
	博士及以上	20	16.260%
工作年限	5 年及以下	13	10.569%
	6～10 年	61	49.593%

续表

CEO 背景	类别	样本数	所占比例
工作年限	11～15 年	29	23.577%
	16～20 年	12	9.756%
	21 年及以上	8	6.504%

注：本表所占比例一列由四舍五入而得，因此各部分相加与100%有偏差

有效收集的123家企业的平均成立年限为17.138年（标准差为14.092），公司平均人数为509.311（标准差为1096.157），为了降低人员规模差异性带来的影响，我们在数据分析时对规模取对数进行转换，转换后的均值为5.391（标准差为1.241）。在企业性质方面，国有企业有36家（占29.268%），私营企业有77家（占62.602%），外资或中外合资占6家（4.878%），其他性质有共4家（占3.252%）；在行业方面，电子信息技术共18家（占14.634%），高新技术改造传统行业共8家（占6.504%），资源与环境技术共47家（占38.211%），新材料与新能源共49家（占39.837%），其他行业共1家（占0.813%）。

二、信度与效度分析

我们采用AMOS 17.0进行验证性因子分析以检验变量效度（Bandalos,2002）。通过模拟研究发现,在样本容量较少的情况下,使用原始题项分析可产生接近30%的估计偏差。题项打包（item parceling）是解决此类问题的一个有效方法（Little et al.，2002）。由于本章研究的组织层有效样本为123家，CEO的适应性完美主义、CEO的魅力型领导、组织学习文化、组织创造力共77个题项，相对样本较少，我们根据Williams等（2009）的建议，根据各潜变量的维度或因子载荷进行题项打包处理。具体过程为，CEO的适应性完美主义、组织学习文化、组织创造力根据维度进行打包处理,即CEO的适应性完美主义根据四个维度合并成4个题项，组织学习文化根据四个维度合并成4个题项，组织创造力根据三个维度合并成3个题项，而CEO的魅力型领导是单一维度变量，我们的处理办法为根据验证性因子分析的因子载荷进行合并（最高与最低合并，次高与次低合并），最后形成6个题项。

我们采用123家企业数据进行验证性因子分析,验证性因子分析结果见表7-8。CEO的适应性完美主义、CEO的魅力型领导、组织学习文化、组织创造力四因子的拟合指数为χ^2/df =1.901，IFI=0.957，TLI=0.942，CFI=0.956，RMSEA=0.086，IFI、TLI、CFI均满足大于0.9的要求，RMSEA为0.086，略大于0.08，说明四

因子模型拟合指数基本满足研究需要。在此基础上，我们也提出 6 个竞争模型，以判断变量的聚合效度与区分效度。模型 1（组织学习文化与组织创造力合并，χ^2/df= 3.833，IFI=0.859，TLI=0.819，CFI=0.857，RMSEA=0.152）、模型 2（CEO 的适应性完美主义与 CEO 的魅力型领导合并，χ^2/df=4.521，IFI=0.825，TLI=0.774，CFI=0.823，RMSEA=0.170）、模型 3（CEO 的适应性完美主义与组织学习文化合并，χ^2/df=4.233，IFI=0.839，TLI=0.793，CFI=0.837，RMSEA=0.163）、模型 4（CEO 的魅力型领导与组织学习文化合并，χ^2/df=4.079，IFI=0.847，TLI=0.803，CFI=0.845，RMSEA=0.159）、模型 5（CEO 的适应性完美主义、CEO 的魅力型领导、组织创造力合并，χ^2/df=6.479，IFI=0.723，TLI=0.650，CFI=0.719，RMSEA=0.212）、模型 6（CEO 的魅力型领导、组织学习文化、组织创造力合并，χ^2/df=6.078，IFI=0.743，TLI=0.675，CFI=0.739，RMSEA=0.204）的拟合指数显著差于基础模型，这表明组织创造力三维度模型具有很好的聚合效度与区分效度。

表 7-8 测量模型比较

模型	因子	χ^2	df	χ^2/df	$\Delta\chi^2/\Delta$df	IFI	TLI	CFI	RMSEA	SRMR
基础模型	四因子	197.706	104	1.901		0.957	0.942	0.956	0.086	0.065
模型 1	三因子	410.115	107	3.833	70.803***	0.859	0.819	0.857	0.152	0.139
模型 2	三因子	483.777	107	4.521	95.357***	0.825	0.774	0.823	0.170	0.167
模型 3	三因子	452.960	107	4.233	85.085***	0.839	0.793	0.837	0.163	0.141
模型 4	三因子	436.417	107	4.079	79.570***	0.847	0.803	0.845	0.159	0.098
模型 5	二因子	705.250	109	6.479	169.181***	0.723	0.650	0.719	0.212	0.189
模型 6	二因子	662.535	109	6.078	154.943***	0.743	0.675	0.739	0.204	0.161

***表示 p<0.001

三、假设检验

表 7-9 为相关性分析结果。该结果表明组织学习文化与 CEO 的适应性完美主义正向相关（r=0.334，p<0.001）、组织创造力与 CEO 的适应性完美主义正向相关（r=0.524，p<0.001）、组织创造力与组织学习文化正向相关（r=0.295，p<0.01）。上述结果初步验证 CEO 的适应性完美主义、组织学习文化、组织创造力之间关系假设。

表 7-9　变量均值、标准差及相关系数

控制变量	1. CEO的性别	2. CEO的年龄	3. CEO的工作年限	4. CEO的受教育水平	5. 企业成立年限	6. 企业规模	7. 行业1	8. 行业2	9. 行业3	10. 行业4	11. 所有制1	12. 所有制2	13. 所有制3	14. 技术动态性	15. 市场动态性	16. CEO的适应性完美主义	17. 组织学习文化	18. 魅力型领导	19. 组织创造力
1. CEO的性别																			
2. CEO的年龄	−0.152																		
3. CEO的工作年限	0.080	0.308**																	
4. CEO的受教育水平	0.052	−0.023	−0.143																
5. 企业成立年限	−0.040	0.094	0.421***	−0.033															
6. 企业规模	−0.109	0.526**	0.152	0.033	0.395***														
7. 行业1	−0.103	−0.454***	−0.152	0.126	−0.131	−0.332**													
8. 行业2	0.039	0.032	0.224*	0.116	0.366***	0.313**	−0.105												
9. 行业3	−0.028	−0.285**	−0.164	−0.159	−0.092	−0.146	−0.036	−0.024											
10. 行业4	−0.169	0.373***	−0.137	−0.033	−0.150	0.289**	−0.217*	−0.152	−0.052										
11. 所有制1	−0.222*	0.349***	−0.088	−0.088	0.078	0.356**	−0.288**	−0.050	−0.100	0.390***									
12. 所有制2	0.118	−0.417***	0.036	−0.206*	−0.145	−0.550**	0.309***	−0.034	0.128	−0.275**	−0.557***								
13. 所有制3	0.336***	−0.084	0.044	0.277**	−0.037	−0.199*	−0.063	−0.042	−0.014	−0.091	−0.174	−0.113							

续表

控制变量	1. CEO的性别	2. CEO的年龄	3. CEO的工作年限	4. CEO的受教育水平	5. 企业成立年限	6. 企业规模	7. 行业1	8. 行业2	9. 行业3	10. 行业4	11. 所有制1	12. 所有制2	13. 所有制3	14. 技术动态性	15. 市场动态性	16. CEO的适应性完美主义	17. 组织学习文化	18. 魅力型领导	19. 组织创造力
14. 技术动态性	−0.129	0.012	0.078	−0.145	0.141	0.162	0.003	0.111	−0.016	−0.165	0.084	−0.016	−0.159						
15. 市场动态性	−0.064	-0.217^{*}	0.050	−0.117	0.201^{*}	-0.254^{**}	0.220^{*}	0.012	−0.138	-0.409^{***}	−0.121	0.179^{*}	−0.092	0.514^{**}					
16. CEO适应性完美主义	-0.336^{***}	0.231^{*}	0.114	0.006	0.164	0.216^{*}	−0.032	−0.139	−0.139	0.044	0.202^{*}	-0.294^{**}	−0.157	0.347^{***}	0.310^{***}				
17. 组织学习文化	−0.091	-0.222^{*}	0.139	0.145	0.209^{*}	−0.105	0.266^{**}	0.044	−0.083	-0.218^{*}	−0.045	0.008	−0.028	−0.077	0.293^{**}	0.334^{***}			
18. 魅力型领导	0.079	-0.278^{**}	0.194^{*}	0.223^{*}	0.178^{*}	-0.270^{**}	0.090	0.100	−0.074	-0.364^{***}	−0.108	0.136	0.100	−0.158	0.288^{**}	0.151	0.756^{**}		
19. 组织创造力	−0.143	−0.028	0.033	0.076	0.130	0.125	0.338^{***}	−0.020	-0.207^{*}	−0.052	0.044	−0.112	−0.131	0.572^{***}	0.469^{***}	0.524^{***}	0.295^{**}	0.047	
均值	0.084	44.656	11.119	2.000	17.138	5.391	0.146	0.065	0.008	0.382	0.626	0.283	0.488	4.191	3.648	5.129	4.686	4.835	4.890
标准差	0.275	6.919	5.611	0.573	14.920	1.241	0.341	0.248	0.090	0.431	0.566	0.473	0.155	1.108	1.307	0.483	0.591	0.565	0.689

*表示$p<0.05$；**表示$p<0.01$；***表示$p<0.001$

我们采用 Stata 12.0 进行层次回归分析来检验本章所提出的变量之间关系的假设，在分析过程中对所有交互项所涉及的变量均进行中心化处理，以避免潜在的多重共线性问题。回归分析结果见表 7-10 所示。

表 7-10　回归分析结果

变量	组织学习文化				组织创造力			
	模型 1	模型 2	模型 3	模型 4	模型 5	模型 6	模型 7	模型 8
CEO 的性别	−0.107	−0.013	−0.035	−0.021	0.021	0.095	0.046	0.097
CEO 的年龄	−0.273*	−0.295*	−0.060	−0.035	−0.032	−0.050	0.034	−0.005
CEO 的工作年限	0.259*	0.204*	0.010	0.014	0.068	0.024	0.006	−0.006
CEO 的受教育水平	0.166*	0.130	−0.073	−0.037	0.107	0.078	0.066	0.058
企业成立年限	0.066	0.054	0.035	0.080	0.021	0.011	0.005	0.003
企业规模	0.067	0.026	0.113	0.014	0.117	0.085	0.101	0.081
行业 1	0.140	0.144	0.252***	0.249***	0.362***	0.365***	0.328***	0.344***
行业 2	−0.029	0.071	−0.004	0.023	−0.098	−0.019	−0.091	−0.030
行业 3	−0.008	−0.004	0.017	−0.009	−0.091	−0.088	−0.089	−0.087
行业 4	−0.048	−0.061	0.084	0.097	0.151*	0.141*	0.162*	0.150*
所有制 1	0.094	0.112	−0.046	−0.009	−0.051	−0.037	−0.074	−0.053
所有制 2	−0.106	−0.006	−0.105	−0.061	−0.175*	−0.096	−0.150	−0.095
所有制 3	−0.065	−0.036	−0.027	−0.025	−0.051	−0.027	−0.035	−0.022
技术动态性	−0.323**	−0.391***	−0.074	−0.097	0.460***	0.406***	0.538***	0.465***
市场动态性	0.376**	0.259*	0.047	0.042	0.253**	0.159*	0.162*	0.120
自变量：								
CEO 的适应性完美主义		0.401***	0.183*	0.193**		0.319***		0.259**
中介变量：								
组织学习文化							0.241**	0.150*
调节变量：								
CEO 的魅力型领导			0.749***	0.641***				
交互项：								
CEO 的适应性完美主义 × 魅力型领导				0.199**				
R^2	0.317***	0.414***	0.699***	0.726***	0.567***	0.628***	0.607***	0.642***
ΔR^2		0.097**	0.285***	0.027*				

*表示 $p<0.05$，**表示 $p<0.01$，***表示 $p<0.001$

为了验证 CEO 的适应性完美主义与组织创造力之间关系（H1），我们首先将控制变量对组织创造力进行回归（模型 5），在此基础上再将 CEO 的适应性完美主义加入回归方程（模型 6）。模型 6 表明 CEO 的适应性完美主义对组织创造力有正向影响关系（β=0.319，p<0.001；R^2=0.628，p<0.001），H1 得到支持。

为了验证 CEO 的适应性完美主义与组织学习文化之间关系（H2），首先将控制变量对组织学习文化进行回归（模型 1），在此基础上再将 CEO 的适应性完美主义加入回归方程（模型 2）。模型 2 表明，在对控制变量（CEO 特征、企业特征等）进行控制的情况下，CEO 的适应性完美主义对组织创造力有正向影响（β=0.401，p<0.001；R^2=0.414，p<0.001），H2 得到支持。

为了验证组织学习文化与组织创造力之间关系（H3），首先将控制变量对组织创造力进行回归（模型 5），在此基础上再将组织学习文化加入回归方程（模型 7）。模型 7 表明，在对控制变量进行控制的情况下，组织学习文化对组织创造力有正向影响（β=0.214，p<0.01；R^2=0.607，p<0.001），H3 得到验证。

为了验证组织学习文化在 CEO 的适应完美主义与组织创造力之间关系的中介作用（H4），在研究模型 6 的基础上加入组织学习文化（模型 8）。模型 8 表明，在加入组织学习文化后，CEO 适应性完美在主义对组织创造力的影响关系由β=0.319（p<0.001）降低为β=0.259（p<0.01），同时组织学习文化对组织创造力的影响也是正向显著（β=0.150，p<0.05），表明组织学习文化部分中介 CEO 的适应性完美主义与组织创造力之间关系，即 H4 得到支持。

为了验证魅力型领导对 CEO 的适应性完美主义与组织学习文化之间关系的调节作用，我们采用 Aiken 等（1991）提出的方法进行检验。当 CEO 的适应性完美主义与魅力型领导的交互作用项进入回归方程后，二者交互项系数为β=0.199（p<0.01），模型解释率 R^2 达到 0.726，ΔR^2 为 0.027，在 0.05 水平上统计显著，表明魅力型领导正向调节适应性完美主义与组织学习文化之间关系，H5 得到支持。

为了更直观地揭示 CEO 的魅力型领导对适应性完美主义与组织创造力之间的调节作用，在图 7-2 中画出魅力型领导调节作用图。如图 7-2 所示，CEO 的魅力型领导对 CEO 的适应性完美主义与组织创造力之间关系起正向调节作用。具体而言，在 CEO 的魅力型领导风格较为突出的情况下，CEO 的适应性完美主义对组织学习文化的促进作用较强，而随着 CEO 的魅力型领导风格的减弱，CEO 的适应性完美主义对组织学习文化的促进作用逐渐降低。

为了验证 CEO 的魅力型领导是否调节 CEO 的适应性完美主义—组织学习文化—组织创造力之间的间接关系，根据 Zhang 等（2010）的验证程序，采用 Stata 12.0 编辑验证程序（Rabe-Hesketh and Skrondal，2008）。采用 Bootstrap 抽样 1000 次的方法，根据 bias-corrected（偏差纠正）区间判断中介作用是否被调节。Bootstrap 抽样分析结果显示，在低魅力型领导风格下，CEO 的适应性完美主义—组织学习文化—组织创造力之间间接作用为 0.076，偏差纠正置信区间为（−0.025，0.212）。

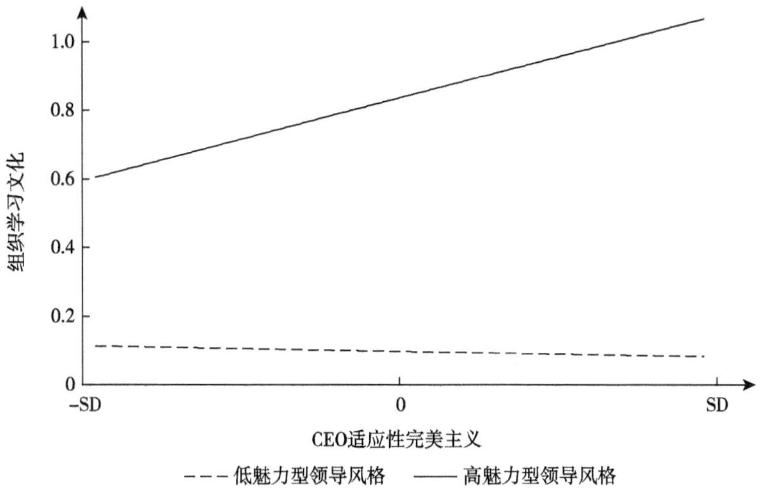

图 7-2　魅力型领导调节 CEO 的适应性完美主义与组织学习文化关系

说明在低魅力型领导风格下，CEO 的适应性完美主义—组织学习文化—组织创造力之间间接作用不显著；在高魅力型领导风格下，CEO 的适应性完美主义—组织学习文化—组织创造力之间间接作用为 0.150，偏差纠正置信区间为（0.054，0.309），说明在高魅力型领导风格下，CEO 的适应性完美主义—组织学习文化—组织创造力之间间接作用显著；在高低不同的魅力型领导风格下，CEO 的适应性完美主义—组织学习文化—组织创造力之间间接作用差异为 0.074，偏差纠正置信区间为（0.006，0.185），表明差异显著，即魅力型领导在 CEO 的适应性完美主义—组织学习文化—组织创造力之间起间接作用，H6 得到支持。

第四节　实证研究结论与贡献

一、研究结论

首先，CEO 的适应性完美主义会对组织学习文化、组织创造力产生直接作用。我们的一个重要理论发现是 CEO 的适应性完美主义会对组织学习文化和组织创造力带来积极的影响。高水平适应性完美主义的 CEO 以追求成功与卓越为动机，这一动机驱使其坚持不懈的努力（Frost et al.，1990；Hewitt and Flett，1991），不断探索最优的方案，以使问题得到完美解决（Lo and Abbott，2013）。因此，适应性完美主义的 CEO 在这种动机驱使下，可能会直接采取不断探索、不断学习战略，而这是组织学习文化的一个重要特性（Calantone et al.，2002；Wang，2008）。同时，根据高阶理论，我们认为通过鼓励企业不断学习与探索，适应性完美主义的 CEO 能将自身不断追求完美的属性附加于企业，进而塑造企业不断探索的属性（Hambrick and Quigley，2014），而企业这种不断探索的属性会促使其产生更多的新想法（March，1991）。因此，CEO 的适应性完美主义与组织学习文化、组织创造力存在内在联系。而以往的研究大多集中于 CEO 的自恋性格（Resick et al.，2009；Wales et al.，2013）、自信（Galasso and Simcoe，2011）、核心自我评价（Resick et al.，2009；Simsek et al.，2010）及 CEO 的不同领导风格（Carmeli et al.，2011；Peterson et al.，2012）对组织带来的影响，却忽视了组织情境中完美主义的研究。本章研究的目的之一是探讨 CEO 的适应性完美主义对组织学习文化和组织创造力之间的关系的。CEO 追求卓越与成功的动机，促使其坚持不懈地探索新方法完成目标，能为组织带来积极结果。本书结论支持这一观点，适应性完美主义的 CEO 会对组织学习文化和组织创造力带来积极的影响。这一发现丰富了 CEO 的性格特征对组织影响的研究，也拓展了完美主义在组织情境中的研究。

其次，组织学习文化中介 CEO 的适应性完美主义与组织创造力之间关系。另外，我们的第二个发现是 CEO 的适应性完美主义与组织创造力之间关系部分通过组织学习文化传递。这一发现有利于解释和支持 CEO 的适应性完美主义作为领导特质对组织创造力的影响过程（Judge et al.，2009）。这一结果的发现加深了我们对 CEO 的适应性完美主义如何影响组织创造力的理解，高阶理论认为 CEO 的特质会影响 CEO 所采取的组织策略或导向，进而会影响到组织结果（Hambrick and Mason，1984；Hambrick and Quigley，2014）。在 CEO 的自我要求的追求“完美”（Enns et al.，2002）过程中，适应性完美主义的 CEO 会推进公司追求组织内产品与流程的完美。CEO 会要求自己和组织投入更多精力，不断学习知识以应对问题（Wigert et al.，2012），以不断满足高标准的要求。组织学习文化契合这一角色，重视学习的态度是组织内的共同认知，组织采取措施促使组织成员将学习作为日常的工作重点，以学习来改进绩效、提升公司竞争力（Sinkula et al.，1997）。适应性完美主义的 CEO 鼓励投入学习，以完成高标准的要求，进而带来组织创造力的提升。重视学习、共享知识的组织学习活动能够促进组织以新方式解决问题（Hurley and Hult，1998）。因此，组织学习文化这一中介变量对于理解 CEO 的适应性完美主义与组织创造力之间的关系有重要作用。

最后，CEO 的魅力型领导调节 CEO 的适应性完美主义与组织学习文化之间关系，并调节 CEO 的适应性完美主义—组织学习文化—组织创造力这一间接过程。我们预期 CEO 的适应性完美主义的效应大小取决于 CEO 的魅力型领导风格，与理论预期一致，实证分析发现魅力型领导风格调节 CEO 的适应性完美主义与组织学习文化之间的关系。从高阶理论出发，CEO 的魅力型领导能够使组织内员工整体上认同并追随高层领导者（House，1976），有利于促进 CEO 的适应性完美主义对组织学习文化的转化。另外，本书研究结果亦与以资源观为基础（Barney，1991）的研究结论一致，领导风格作为一种组织资源有利于前因变量（如战略）向组织绩效的转换（Engelen et al.，2015）。这一调节效应的发现，有利于加深我们对 CEO 的特性产生影响的边界条件的理解。

二、研究贡献

研究结果发现，CEO 的适应性完美主义风格通过组织学习文化影响组织创造力。CEO 的适应性完美主义的本质是设定适当的高标准或目标，并以获取成功为动机。一方面，作为企业最高层领导者的 CEO，要发挥这种特征带来的积极作用，如在政策、标准制定方面通过表达对追求完美、不断探索以取得成功的理念，促使企业不断寻求解决问题的办法；另一方面，企业要注重企业文化的营造，企业应改变以往在经济快速发展期形成的数量增长的惯性思维，不断学习和吸收新知识及新理念，形成开放性和创造性思维模式，通过创新和高质量产品/服务/流程促使企业提升竞争优势。与此同时，发挥 CEO 的魅力型领导风格的作用，让企业认同并接受追求完美、不断探索的理念，如 CEO 在企业中可时常谈论其偏好与价值观，让组织接受并认同。这有利于 CEO 的适应性完美主义对组织学习文化产生促进作用，进而有效提升组织创造力。

另外，本书结论还为企业招聘、选拔和培训 CEO 有一定管理借鉴意义。CEO 的适应性完美主义会给组织带来积极结果，因此，企业在聘请职业经理人时可考虑将适应性完美主义的特征作为考察的一个内容，如在测评环节可通过适应性完美主义测量工具对其特征进行评价，考核其适应性完美主义特征倾向。另外，企业在对职业经理人培训时，可针对性地将追求完美、成功动机导向等理念与价值观内嵌于培训内容中。

我们基于高阶理论实证研究 CEO 的适应性完美主义对组织创造力的影响机制，但仍存在一些不足，有待将来研究进一步解决。

在研究设计方面，我们采取的是横截面的研究数据，各变量数据收集是在同一时间点进行。研究的 CEO 的适应性完美主义与组织创造力等变量之间关系仅是相关关系而不是因果关系，后续的研究可采用纵向数据收集方式，以避免以上研究中存在的问题。

在研究内容方面，我们聚焦于 CEO 的适应性完美主义对组织创造力带来的影响。组织层面的中介变量只考虑了组织学习文化，未来研究可进一步考虑管理实践、资源分配、战略导向等受 CEO 特质影响的因素作为中介变量，挖掘其他 CEO 的适应性完美主义与组织创造力之间的中间解释机制；另外，我们选取 CEO 的魅力型领导作为调节机制来解释，并未考虑影响 CEO 特质、价值观传递的组织制度因素，如 CEO 管理自主权，后续的研究可考虑其他变量对 CEO 的适应性完美主义与组织创造力之间关系的调节作用。

参考文献

连燕玲，贺小刚. 2015. CEO 开放性特征、战略惯性和组织绩效——基于中国上市公司的实证分析. 管理科学学报，18（1）：1-19.

刘新梅，耿紫珍，朱睿，等. 2013. 战略导向与组织创造力，三种类型组织学习的中介效应. 研究与发展管理，25（4）：104-115.

宁静，井润田. 2009. CEO 特征，R&D 强度以及外部环境关系的实证研究.科研管理，30（5）：178-186.

訾非，周旭. 2006. 中文 Frost 多维度完美主义问卷的信效度检验. 中国临床心理学杂志，14（6）：560-563.

Adler A. 1956. The Neurotic Disposition//Ansbacher H L，Ansbacher R R. The Individual Psychology of Alfred Adler. New York：Harper：239-262.

Aiken L S，West S G，Reno R R. 1991. Multiple Regression：Testing and Interpreting Interactions. New York：Sage Publications.

Aldea M A，Rice K G. 2006. The role of emotional dysregulation in perfectionism and psychological distress. Journal of Counseling Psychology，53（4）：498-510.

Altinay L，Madanoglu M，de Vita G，et al. 2016. The interface between organizational learning capability，entrepreneurial orientation，and SME growth. Journal of Small Business Management，54（3）：871-891.

Amabile T M. 1988. A model of creativity and innovation in organizations. Research in Organizational Behavior，10（1）：123-167.

Amabile T M. 1996. Creativity and Innovation in Organizations. Boston：Harvard Business School Press.

Argyris C，Schön D. 1978. Organizational Learning. Reading：Addison Wesley.

Atuahene-Gima K，Murray J Y. 2007. Exploratory and exploitative learning in new product development：a social capital perspective on new technology ventures in China. Journal of International Marketing，15（2）：1-29.

Avolio B J，Bass B M，Jung D I. 1999. Re-examining the components of transformational and transactional leadership using the multifactor leadership. Journal of Occupational and Organizational Psychology，72（4）：441-462.

Baker W E，Sinkula J M. 1999. Learning orientation，market orientation，and innovation：integrating and extending models of organizational performance. Journal of Market-focused Management，4（4）：295-308.

Bandalos D L. 2002. The effects of item parceling on goodness-of-fit and parameter estimate bias in structural equation modeling. Structural Equation Modeling：A Multidisciplinary Journal，9（1）：78-102.

Bantel K A，Jackson S E. 1989. Top management and innovations in banking：does the composition of the top team make a difference. Strategic Management Journal，10：107-124.

Barker V L Ⅲ，Mueller G C. 2002. CEO characteristics and firm R&D spending. Management Science，48（6）：782-801.

Barney J B. 1991. Special theory forum the resource-based model of the firm：origins，implications，and prospects. Journal of Management，17（1）：97-98.

Berson Y，Oreg S，Dvir T. 2008. CEO values，organizational culture and firm outcomes. Journal of Organizational Behavior，29（5）：615-633.

Bliese P D. 2000. Within-group Agreement，Non-independence，and Reliability：Implications for Data Aggregation and Analysis//Klein K J，Kozlowski S W J. Multilevel Theory，Research，and Methods in Organizations：Foundations，Extensions，and New Directions. San Francisco：Jossey-Bass，349-381.

Brown S L，Eisenhardt K M. 1995. Product development：past research，present findings，and future directions. Academy of Management Review，20（2）：343-378.

Burns D D. 1980. The perfectionist's script for self-defeat. Psychology Today，14（11）：34-51.

Burns T E，Stalker G M. 1961. The Management of Innovation. London：Tavistock.

Calantone R J，Cavusgil S T，Zhao Y S. 2002. Learning orientation，firm innovation capability，and firm performance. Industrial Marketing Management，31（6）：515-524.

Calori R，Johnson G，Sarnin P. 1994. CEOs' cognitive maps and the scope of the organization. Strategic Management Journal，15（6）：437-457.

Carmeli A，Schaubroeck J，Tishler A. 2011. How CEO empowering leadership shapes top management team processes：implications for firm performance. The Leadership Quarterly，22（2）：399-411.

Chaganti R，Sambharya R B. 1987. Strategic orientation and characteristics of upper management. Strategic Management Journal，8（4）：393-401.

Chan D W. 2008. Perfectionism and goal orientations among Chinese gifted students in Hong Kong. Roeper Review，31（1）：9-17.

Chang E C，Watkins A F，Banks K H. 2004. How adaptive and maladaptive perfectionism relate to positive and negative psychological functioning：testing a stress-mediation model in black and white female college students. Journal of Counseling Psychology，51（1）：93-102.

Chatterjee A，Hambrick D C. 2007. It's all about me：narcissistic chief executive officers and their effects on company strategy and performance. Administrative Science Quarterly，52（3）：351-386.

Chen Y S，Lin M J J，Chang C H. 2009. The positive effects of relationship learning and absorptive capacity on innovation performance and competitive advantage in industrial markets. Industrial

Marketing Management，38（2）：152-158.

Conger J A. 1999. Charismatic and transformational leadership in organizations：an insider's perspective on these developing streams of research. Leadership Quarterly，10（2）：145-179.

Conger J A，Kanungo R N，Menon S T. 2000. Charismatic leadership and follower effects. Journal of Organizational Behavior，21（7）：747-767.

Curran T，Hill A P. 2017. Perfectionism is increasing over time：a meta-analysis of birth cohort differences from 1989 to 2016. Psychological Bulletin，145（4）：410-429.

Cyert R M，March J G. 1963. A Behavioral Theory of the Firm. Englewood Cliffs：Prentice Hall.

Daellenbach U S，McCarthy A M，Schoenecker T S. 1999. Commitment to innovation：the impact of top management team characteristics. R&D Management，29（3）：199-208.

Dalton D R，Kesner I F. 1985. Organizational performance as an antecedent of inside/outside chief executive succession：an empirical assessment. Academy of Management Journal，28（4）：749-762.

Damanpour F. 1991. Organizational innovation：a meta-analysis of effects of determinants and moderators. Academy of Management Journal，34（3）：555-590.

den Hartog D N，House R J，Hanges P J，et al. 1999. Culture specific and cross-culturally generalizable implicit leadership theories：are attributes of charismatic/transformational leadership universally endorsed?. The Leadership Quarterly，10（2）：219-256.

Dixon N M. 1999. The Organizational Learning Cycle：How We Can Learn Collectively. New York：McGraw-Hill.

Dollinger M J. 1984. Environmental boundary spanning and information processing effects on organizational performance. Academy of Management Journal，27（2）：351-368.

Dunkley D M，Blankstein K R. 2000. Self-critical perfectionism，coping，hassles，and current distress：a structural equation modeling approach. Cognitive Therapy and Research，24（6）：713-730.

Dunkley D M，Zuroff D C，Blankstein K R. 2003. Self-critical perfectionism and daily affect：dispositional and situational influences on stress and coping. Journal of Personality and Social Psychology，84（1）：234-252.

Engelen A，Neumann C，Schwens C. 2015. "Of course I can"：the effect of CEO overconfidence on entrepreneurially oriented firms. Entrepreneurship Theory and Practice，39（5）：1137-1160.

Enns M W，Cox B J，Clara I. 2002. Adaptive and maladaptive perfectionism：developmental origins and association with depression proneness. Personality and Individual Differences，33（6）：921-935.

First M B，Gibbon M，Spitzer R L. 1997. User's guide for the structured clinical interview for DSM-IV axis II personality disorders. Washington：American Psychiatric Press.

Flett G L，Hewitt P L. 2002. Perfectionism and Maladjustment：an Overview of Theoretical，Definitional，and Treatment Issues//Flett G L，Hewitt P L. Perfectionism：Theory，Research，and Treatment. Washington：American Psychological Association：5-32.

Frost R O，Heimberg R G，Holt C S，et al. 1993. A comparison of two measures of perfectionism. Personality and Individual Differences，14（1）：119-126.

Frost R O，Marten P，Lahart C，et al. 1990. The dimensions of perfectionism. Cognitive Therapy and Research，14（5）：449-468.

Galasso A，Simcoe T S. 2011. CEO overconfidence and innovation. Management Science，57（8）：1469-1484.

Gatignon H，Xuereb J M. 1997. Strategic orientation of the firm and new product performance. Journal of Marketing Research，34（1）：77-90.

Gumusluoglu L，Ilsev A. 2009. Transformational leadership，creativity，and organizational innovation. Journal of Business Research，62（4）：461-473.

Gutierrez B，Spencer S M，Zhu G R. 2012. Thinking globally，leading locally：Chinese，Indian，and western leadership. Cross Cultural Management：an International Journal，19（1）：67-89.

Hamachek D E. 1978. Psychodynamics of normal and neurotic perfectionism. Psychology：A Journal of Human Behavior，15（1）：27-33.

Hambrick D C，Mason P A. 1984. Upper echelons：the organization as a reflection of its top managers. Academy of Management Review，9（2）：193-206.

Hambrick D C，Quigley T J. 2014. Toward more accurate contextualization of the CEO effect on firm performance. Strategic Management Journal，35（4）：473-491.

Harari D，Swider B W，Steed L B，et al. 2018. Is perfect good? A meta-analysis of perfectionism in the workplace. Journal of Applied Psychology，103（10）：1121-1144.

Harman H H. 1960. Modern Factor Analysis. Chicago：University of Chicago Press.

Hewitt P L，Flett G L. 1991. Perfectionism in the self and social contexts：conceptualization，assessment，and association with psychopathology. Journal of Personality and Social Psychology，60（3）：456-470.

Hill R W，Huelsman T J，Furr R M，et al. 2004. A new measure of perfectionism：the perfectionism inventory. Journal of Personality Assessment，82（1）：80-91.

Hollender M H. 1965. Perfectionism. Comprehensive Psychiatry，6（2）：94-103.

Hollender M H. 1978. Perfectionism，a neglected personality trait. The Journal of Clinical Psychiatry，39（5）：384.

House R J. 1976. A 1976 theory of charismatic leadership. Toronto：Faculty of Management Studies.

House R J. 1977. A 1976 Theory of Charismatic Leadership//Hunt J G，Larson L L. Leadership：The Cutting Edge. Carbondale：Southern Illinois University.

House R J，Aditya R N. 1997. The social scientific study of leadership：quo vadis?. Journal of Management，23（3）：409-473.

House R，Baetz M. 1979. Leadership：Some Empirical Generalizations and New Research Directions// Staw B. Research in Organizational Behavior. Greenwich：JAI Press：341-423.

Hult G T M. 1998. Managing the international strategic sourcing process as a market-driven organizational learning system. Decision Sciences，29（1）：193-216.

Hult G T M，Hurley R F，Knight G A. 2004. Innovativeness：its antecedents and impact on business performance. Industrial Marketing Management，33（5）：429-438.

Hurley R F，Hult G T M. 1998. Innovation，market orientation，and organizational learning：an integration and empirical examination. Journal of Marketing，62（3）：42-54.

James L R，Demaree R G，Wolf G. 1984. Estimating within-group interrater reliability with and without response bias. Journal of Applied Psychology，69（1）：85-98.

Johnson D P，Slaney R B. 1996. Perfectionism：scale development and a study of perfectionistic clients in counseling. Journal of College Student Development，37（1）：29-41.

Judge T A，Piccolo R F，Kosalka T. 2009. The bright and dark sides of leader traits：a review and theoretical extension of the leader trait paradigm. Leadership Quarterly，20（6）：855-875.

Jung D D，Wu A，Chow C W. 2008. Towards understanding the direct and indirect effects of CEOs' transformational leadership on firm innovation. Leadership Quarterly，19（5）：582-594.

Kaplan S N，Klebanov M M，Sorensen M. 2012. Which CEO characteristics and abilities matter?. The Journal of Finance，67（3）：973-1007.

Kawamura K Y，Hunt S L，Frost R O，et al. 2001. Perfectionism，anxiety，and depression：are the relationships independent?. Cognitive Therapy and Research，25（3）：291-301.

Kitchell S. 2009. CEO characteristics and technological innovativeness：a Canadian perspective. Canadian Journal of Administrative Sciences-Revue Canadienne Des Sciences De L'Administration，14（2）：111-121.

Kozlowski S W，Klein K J. 2000. A Multilevel Approach to Theory and Research in Organizations：Contextual，Temporal，and Emergent Processes//Klein K J，Kozlowski S W. Multilevel，Theory，Research，and Methods in Organizations：Foundations，and New Directions. San Francisco：Jossey-Bass：3-90.

Li J T，Tang Y I. 2010. CEO hubris and firm risk taking in China：the moderating role of managerial discretion. Academy of Management Journal，53（1）：45-68.

Little T D，Cunningham W A，Shahar G，et al. 2002. To parcel or not to parcel：exploring the question，weighing the merits. Structural Equation Modeling，9（2）：151-173.

Lo A，Abbott M J. 2013. Review of the theoretical，empirical，and clinical status of adaptive and maladaptive perfectionism. Behaviour Change，30（2）：96-116.

Lowe K B，Kroeck K G，Sivasubramaniam N. 1996. Effectiveness correlates of transformational and transactional leadership：a meta-analytic review of the mlq literature. The Leadership Quarterly，7（3）：385-425.

Lukas B A，Hult G T M，Ferrell O C. 1996. A theoretical perspective of the antecedents and consequences of organizational learning in marketing channels. Journal of Business Research，36（3）：233-244.

Lynd-Stevenson R M，Hearne C M. 1999. Perfectionism and depressive affect：the pros and cons of being a perfectionist. Personality and Individual Differences，26（3）：549-562.

Makri M，Scandura T A. 2010. Exploring the effects of creative CEO leadership on innovation in high-technology firms. Leadership Quarterly，21（1）：75-88.

March J G. 1991. Exploration and exploitation in organizational learning. Organization Science，2（1）：71-87.

Mavondo F T，Chimhanzi J，Stewart J. 2005. Learning orientation and market orientation：relationship with innovation，human resource practices and performance. European Journal of Marketing，39（11/12）：1235-1263.

Moorman C，Miner A S. 1998. Organizational improvisation and organizational memory. Academy of Management Review，23（4）：698-723.

Nadkarni S，Herrmann P O L. 2010. CEO personality，strategic flexibility，and firm performance：the case of the Indian business process outsourcing industry. Academy of Management Journal，53（5）：1050-1073.

Nasution H N，Mavondo F T，Matanda M J，et al. 2011. Entrepreneurship：its relationship with market orientation and learning orientation and as antecedents to innovation and customer value. Industrial Marketing Management, 40 (3): 336-345.

Norman R. 1985. Developing Capabilities for Organizational Learning//Pennings J M. Organizational Strategy and Change. San Francisco: Jossey-Bass: 217-248.

Pesämaa O, Shoham A, Wincent J, et al. 2013. How a learning orientation affects drivers of innovativeness and performance in service delivery. Journal of Engineering and Technology Management, 30 (2): 169-187.

Peterson R S, Smith D B, Martorana P V, et al. 2003. The impact of chief executive officer personality on top management team dynamics: one mechanism by which leadership affects organizational performance. Journal of Applied Psychology, 88 (5): 795-808.

Peterson S J, Galvin B M, Lange D. 2012. CEO servant leadership: exploring executive characteristics and firm performance. Personnel Psychology, 65 (3): 565-596.

Peterson S J, Walumbwa F O, Byron K, et al. 2009. CEO positive psychological traits, transformational leadership, and firm performance in high-technology start-up and established firms. Journal of Management, 35 (2): 348-368.

Porac J F, Thomas H. 1990. Taxonomic mental models in competitor definition. Academy of Management Review, 15 (2): 224-240.

Porter M E. 1980. Industry structure and competitive strategy: keys to profitability. Financial Analysts Journal, 36 (4): 30-41.

Powers T A, Koestner R, Zuroff D C, et al. 2011. The effects of self-criticism and self-oriented perfectionism on goal pursuit. Personality and Social Psychology Bulletin, 37 (7): 964-975.

Powers T A, Zuroff D C, Topciu R A. 2004. Covert and overt expressions of self-criticism and perfectionism and their relation to depression. European Journal of Personality, 18 (1): 61-72.

Rabe-Hesketh S, Skrondal A. 2008. Multilevel and Longitudinal Modeling Using Stata. College Station: Stata Press.

Ralston D A, Egri C P, Stewart S, et al. 1999. Doing business in the 21st century with the new generation of Chinese managers: a study of generational shifts in work values in China. Journal of International Business Studies, 30 (2): 415-427.

Real J C, Roldán J L, Leal A. 2014. From entrepreneurial orientation and learning orientation to business performance: analysing the mediating role of organizational learning and the moderating effects of organizational size. British Journal of Management, 25 (2): 186-208.

Resick C J, Whitman D S, Weingarden S M, et al. 2009. The bright-side and the dark-side of CEO personality: examining core self-evaluations, narcissism, transformational leadership, and strategic influence. Journal of Applied Psychology, 94 (6): 1365.

Rice K G, Preusser K J. 2002. The adaptive/maladaptive perfectionism scale. Measurement and Evaluation in Counseling and Development, 34 (4): 210-222.

Rice K G, Richardson C M E, Clark D. 2012. Perfectionism, procrastination, and psychological distress. Journal of Counseling Psychology, 59 (2): 288-302.

Richardson C M E, Rice K G, Devine D P. 2014. Perfectionism, emotion regulation, and the cortisol stress response. Journal of Counseling Psychology, 61 (1): 110-118.

Salancik G R, Pfeffer J. 1978. A social information processing approach to job attitudes and task design. Administrative Science Quarterly, 23 (2): 224-253.

Shafran R, Cooper Z, Fairburn C G. 2002. Clinical perfectionism: a cognitive-behavioural analysis. Behaviour Research and Therapy, 40 (7): 773-791.

Sheng M L, Chien I. 2016. Rethinking organizational learning orientation on radical and incremental innovation in high-tech firms. Journal of Business Research, 69 (6): 2302-2308.

Simsek Z. 2007. CEO tenure and organizational performance: an intervening model. Strategic Management Journal, 28 (6): 653-662.

Simsek Z, Heavey C, Veiga J F. 2010. The impact of CEO core self-evaluation on the firm's entrepreneurial orientation. Strategic Management Journal, 31 (1): 110-119.

Sinkula J M, Baker W E, Noordewier T. 1997. A framework for market-based organizational learning: linking values, knowledge, and behavior. Journal of the Academy of Marketing Science, 25 (4): 305-318.

Slade P D, Owens R G. 1998. A dual process model of perfectionism based on reinforcement theory. Behavior Modification, 22 (3): 372-390.

Slaney R B, Rice K G, Mobley M, et al. 2001. The revised almost perfect scale. Measurement and Evaluation in Counseling and Development, 34 (3): 130-145.

Slater S F, Narver J C. 1994. Market Orientation isn't Enough: Build a Learning Organization// Deshpandé R. Developing a Market Orientation. Thousand Oaks: Sage: 237-266.

Stoeber J, Becker C. 2008. Perfectionism, achievement motives, and attribution of success and failure in female soccer players. International Journal of Psychology, 43 (6): 980-987.

Stoeber J, Otto K. 2006. Positive conceptions of perfectionism: approaches, evidence, challenges. Personality and Social Psychology Review, 10 (4): 295-319.

Stoeber J, Stoll O, Pescheck E, et al. 2008. Perfectionism and achievement goals in athletes: relations with approach and avoidance orientations in mastery and performance goals. Psychology of Sport and Exercise, 9 (2): 102-121.

Strange J M, Mumford M D. 2002. The origins of vision: charismatic versus ideological leadership. The Leadership Quarterly, 13 (4): 343-377.

Terry-Short L A, Owens R G, Slade P D, et al. 1995. Positive and negative perfectionism. Personality and Individual Differences, 18 (5): 663-668.

Thompson E P. 1967. Time, work-discipline, and industrial capitalism. Past & Present, 38(1): 56-97.

Trice H M, Beyer J M. 1986. Charisma and its routinization in two social movement organizations. Research in Organizational Behavior.

Verona G. 1999. A resource-based view of product development. Academy of Management Review, 24 (1): 132-142.

Vroom V H, Pahl B. 1971. Relationship between age and risk taking among managers. Journal of Applied Psychology, 55 (5): 399-405.

Wales W J, Patel P C, Lumpkin G T. 2013. In pursuit of greatness: CEO narcissism, entrepreneurial orientation, and firm performance variance. Journal of Management Studies, 50(6): 1041-1069.

Wang C L. 2008. Entrepreneurial orientation, learning orientation, and firm performance. Entrepreneurship Theory and Practice, 32 (4): 635-657.

Weber M. 1947. The theory of social and economic organizations. New York: Free Press.

Wiersema M F, Bantel K A. 1992. Top management team demography and corporate strategic change. Academy of Management Journal, 35 (1): 91-121.

Wigert B，Reiter-Palmon R，Kaufman J C，et al. 2012. Perfectionism：the good，the bad，and the creative. Journal of Research in Personality，46（6）：775-779.

Williams L J，Vandenberg R J，Edwards J R. 2009. 12 structural equation modeling in management research：a guide for improved analysis. Academy of Management Annals，3（1）：543-604.

Woodman R W，Sawyer J E，Griffin R W. 1993. Toward a theory of organizational creativity. Academy of Management Review，18（2）：293-321.

Wowak A J，Mannor M J，Arrfelt M，et al. 2016. Earthquake or glacier? How CEO charisma manifests in firm strategy over time. Strategic Management Journal，37（3）：586-603.

Wu S B，Levitas E，Priem R L. 2005. CEO tenure and company invention under differing levels of technological dynamism. Academy of Management Journal，48（5）：859-873.

Yammarino F J. 1994. Indirect Leadership：Transformational Leadership at a Distance//Bass B M，Avolio B J. Improving Organizational Effectiveness Through Transformational Leadership. Thousand Oaks：Sage：26-47.

Yammarino F J，Bass B M. 1990. Transformational leadership and multiple levels of analysis. Human Relations，43（10）：975-995.

Yukl G. 1999. An evaluation of conceptual weaknesses in transformational and charismatic leadership theories. Leadership Quarterly，10（2）：285-305.

Zahra S A. 1996. Goverance，ownership，and corporate entrepreneurship：the moderating impact of industry technological opportunities. Academy of Management Journal，39（6）：1713-1735.

Zaltman G，Duncan R，Holbek J. 1973. Innovations and Organizations. New York：John Wiley & Sons.

Zhang X M，Bartol K M. 2010. Linking empowering leadership and employee creativity：the influence of psychological empowerment，intrinsic motivation，and creative process engagement. Academy of Management Journal，53（1）：107-128.